भारत-नेपाल सम्बन्ध के आयाम (मिथिला 1816-1950)

भारत-नेपाल सम्बन्ध के आयाम

(मिथिला 1816-1950)

डॉ० मुकेश कुमार झा

भारत में सन् 2024 में प्रकाशित

कल्पाज पब्लिकेशन
सी-30, सत्यवती नगर,
दिल्ली-110052
वेब साइट: www.kalpazpublications.com
ई-मेल: kalpaz@hotmail.com

Distribution Network
gyanbooks.com
India, USA, Canada, UK, Australia, France

भारत-नेपाल सम्बन्ध के आयाम
(मिथिला 1816-1950)

ISBN: 978-93-57222-752-0 (PB)

मुद्रित: ज्ञान प्रेस, दिल्ली

पुज्य पिता जी

पुज्य माता जी

समर्पण

मेरी यह पुस्तक अपने पितामह स्वर्गीय पंडित गणेश झा "गायक" तथा मेरे परम पुज्य पिता श्री बाल मुकुन्द झा एवं माता श्रीमती प्रेम रेखा झा को समर्पित है जिन्होंने उच्च शिक्षा एवं शोध-कार्य के लिए हमेशा मेरा मनोबल बढ़ाया एवं हर संभव सहयोग सर्वदा प्रदान किया।

– डॉ० मुकेश कुमार झा

विषय सूची

आभार		9
सांकेतिक शब्द सूची		13
अध्याय 1.	प्रस्तावना	17
अध्याय 2.	भारत-नेपाल सम्बन्ध की ऐतिहासिक पृष्ठभूमि	23
अध्याय 3.	भारत-नेपाल सम्बन्ध	35
अध्याय 4.	भारत-नेपाल सम्बन्धों के सामाजिक आयाम	57
अध्याय 5.	भारत-नेपाल सम्बन्धों के आर्थिक आयाम	71
अध्याय 6.	भारत-नेपाल सम्बन्धों के सांस्कृतिक आयाम	94
अध्याय 7.	भारत-नेपाल सम्बन्धों में मिथिला की भूमिका	138
	निष्कर्ष	143
	परिशिष्ट	147
1.	नेपाल का अंतर्राष्ट्रीय संबंध	147
2.	नेपाल का अन्तरिम (सं० 2007 साल) शासन नियमावली	150
3.	आनरेबुल ईस्ट इंडिया कम्पनी व हिज़ हाइनेस महाराजाधिराज सुरेन्द्र विक्रमशाह बहादुर, नेपाल के राजा, में संधि	164

4.	भारत सरकार और नेपाल सरकार के बीच शांति और मैत्री की संधि	166
5.	भारत-नेपाल प्रत्यर्पण की संधि	178
6.	नेपाल के महाराजाधिराज	182
	श्रोत-ग्रन्थ-सूची	183

आभार

प्रस्तुत पुस्तक ललित नारायण मिथिला विश्वविद्यालय के सामाजिक विज्ञान संकाय (इतिहास) के अंतर्गत पी.एच.डी. उपाधि हेतु उपस्थापित शोध प्रबन्ध का पुस्तकाकार रूप है। 1916 का वर्ष भारत के इतिहास का घोर पीड़ादायक, त्रासद और मर्मान्तक वर्ष है, जब सुगौली की संधि द्वारा अंग्रेजों ने भारत को दो भागों में विभाजित कर इसके उत्तरी भाग पर नेपाल के प्रभुत्व को स्वीकार लिया। विखंडन के इस पीड़ा को आज भी, शायद भविष्य में भी भोगने के लिए भारत अभिशप्त है। लेकिन क्या भौगोलिक विभाजन भारत की ऐतिहासिक, सांस्कृतिक अस्मिता को खंडित कर पाया? औपनिवेशिक काल में भारत नेपाल सम्बन्धों से भारत का सामाजिक, आर्थिक और सांस्कृतिक जीवन किस हद तक प्रभावित हुआ अथवा भारत की विशेष भौगोलिक अवस्थिति तथा नेपाल के साथ इसके ऐतिहासिक सांस्कृतिक अंतः सम्बन्धों ने किस सीमा तक भारत नेपाल सम्बन्धों को प्रभावित किया? प्रस्तुत भारत–नेपाल सम्बन्ध के आयाम (1816–1950) इतिहास के इन यक्ष प्रश्नों का गवेषणात्मक उत्तर है।

प्रस्तुत अध्ययन विषय के चयन का मार्गदर्शन पूर्व इतिहास विभागाध्यक्ष प्रो. रत्नरेश्वर मिश्र ने किया। अतः मैं सर्वप्रथम माननीय गुरूवर प्रो. मिश्र के प्रति हार्दिक कृतज्ञता ज्ञापित करता हूँ। शोध परियोजना प्रारूप की तैयारी से लेकर शोध कार्य सम्पन्न होने तक मैं अपने मार्गदर्शक आचार्य डा. धर्मेन्द्र कूमर, उपाचार्य, इतिहास विभाग, ललित नारायण मिथिला विश्वविद्यालय की उंगली पकड़ शोध की डगर

पर चला। डा. कूमर के सानिध्य में रहकर मैंने सम्पूर्ण पाठ ग्रहण किया और उसी का प्रतिफल प्रस्तुत पुस्तक है। अतः मैं अपने आचार्य गुरू डा. कूमर का चिर ऋणी रहुँगा। प्रस्तुत पुस्तक के माध्यम से मैं उन्हें शत्-शत् नमन करता हूँ।

मैं आभारी हूँ इतिहास विभाग के उन सभी गुरूजनों को जिनसे मैंने इतिहास का पाठ ग्रहण किया और शोध कार्य के लिए उद्यत हुआ। प्रो. मिश्र और डा. कूमर के अतिरिक्त डा. तुलाकृष्ण झा तथा डा. शंकर झा के प्रति मैं इसके लिए आभार व्यक्त करता हूँ।

श्रोतों तथा साक्ष्यों के संकलन में नेपाल के राष्ट्रीय अभिलेखागार काठमाण्डू, भारत नेपाल सांस्कृतिक केन्द्र काठमाण्डू सप्तू हाउस लाईब्रेरी, नई दिल्ली, इंडियन काउंसिल ऑफ वर्ल्ड अफेयर्स लाईब्रेरी नई दिल्ली और ललित नारायण मिथिला विश्वविद्यालय के केन्द्रीय एवं इतिहास विभाग के पुस्तकालयों के कर्मियों का भरपूर सहयोग मिला, जिसके लिए मैं उन्हें कृतज्ञता ज्ञापित करता हूँ।

मैं उन सभी लेखकों के प्रति आभार व्यक्त करता हूँ, जिनकी पुस्तकों एवं लेखो से मुझे सहायता मिली।

मैं कृतज्ञ हूँ अपने उन सभी मित्रों के प्रति खासकर श्री विजय कुमार झा के प्रति जिन्होंने इस कार्य को सम्पन्न करने में कदम-कदम पर मेरा साथ दिया।

मैं अपने माता-पिता, भाईयों श्री मनोज कुमार झा (अधिवक्ता), श्री दिलीप कुमार झा (स्नातकोत्तर, इतिहास) एवं जितेन्द्र मोहन झा का आभार व्यक्त करता हूँ जिन्होंने मुझे .सदैव शोध कार्य के लिए प्रेरित करते हुए उत्साहवर्द्धन किए। आशा करता हूँ कि भविष्य में भी मुझे इस प्रकार सहयोग एवं प्रोत्साहन मिलता रहेगा।

शीघ्रता से काफी कम समय में प्रकाशित करने के मेरे प्रयास में प्रकाशक महोदय का बहुमूल्य योगदान रहा है। इनके प्रति भी मैं आभारी हूँ।

प्रस्तुत पुस्तक के संबंध में विद्वानों, प्राध्यापकों समीक्षकों एवं पाठकों के अमूल्य सुझावों का हम विनम्र स्वागत करेंगे।

डॉ. मुकेश कुमार झा

पता- ग्राम-बलिया, पो.- उमरी,

भाया- झंझारपूर (आर.एस.)

जिला- मधुवनी, बिहार

पिन- 847403

दूरभाष- 06273 291933

मोबाईल- +91-9163833659, 9748875447

E-mail: mkjhamithila@gmail.com

सांकेतिक-शब्द-सूची

अ.	:	और अनुवर्ती
ए. एस. आई. ए. आर	:	आर्क्योलॉजिकल सर्वे ऑफ इण्डिया, एन्वल रिपोर्ट्स
अ. हि. नॉ. इ.	:	अर्ली हिस्ट्री ऑफ नार्थ इण्डिया, ले., सुधाकर चट्टोपाध्याय, कलकत्ता, 1958।
आई. ए.	:	इण्डियन एण्टिक्वरी, बम्बई।
आई. एच. क्यू.	:	इण्डियन हिस्टॉरिकल क्वार्टरली, कलकत्ता।
इ. आई.	:	एपिग्राफिया इण्डिका।
इ. आर. इ.	:	एन्साइक्लोपीडिया ऑफ रिलीजन एण्ड एथिक्स्।
ए. ने.	:	एन्श्येण्ट नेपाल, ले. डी. आर. रेग्मी कलकत्ता, 1980।
क्ला. ए.	:	दि क्लासिकल एज, र. च. मजूमदार एवं ए.डी. पुसाल्कर द्वारा सम्पादित, बम्बई, 1962।
कॉर्पस	:	कार्पस इन्स्क्रिप्शनम्, इंडिकेरम, भाग

		3, सम्पा. जे. एफ. फ्लीट, वाराणसी 1963।
गु. स. रा. व.	:	गुप्त एवं समकालीन राजवंश, श्री राम गोपाल, इलाहाबाद, 1969।
ग्लॉसरी	:	इण्डियन एपिग्राफीकल ग्लॉसरी, ले. दि. च. सरकार, दिल्ली 1966।
जे. आई. एच.	:	जर्नल ऑफ इण्डियन हिस्टरी, त्रिवेन्द्रम।
जे. आर. ए. एस. बी. (एल.)	:	जर्नल ऑफ रायल एशियाटिक सोसायटी ऑफ बंगाल (लेटर्स) कलकत्ता।
जे. ए.	:	जर्नल एशियाटिक।
जे. एन. एस. आई.	:	जर्नल ऑफ न्यूमिस्मेटिक सोसायटी ऑफ इण्डिया वाराणसी।
जे. ए. एस. बी.	:	जर्नल ऑफ एशियाटिक सोसायटी ऑफ बंगाल कलकत्ता।
जे. ओ. आई.	:	जर्नल ऑफ ओरियण्टल इन्स्टीट्यूट।
जे. बी. औ. आर. एस.	:	जर्नल ऑफ बिहार एण्ड उड़ीसा रिसर्च सोसायटी पटना।
ट्रेवेल्स्	:	ऑन शुऑन-च्वांग्स् ट्रेवेल्स् इन इण्डिया, ले., टो. वाटर्स, लन्दन, 1908।
नोली	:	नेपालिज् इन्स्क्रिप्शन्स् इन गुप्त कैरेक्टर्स, ले. आर. नोली. रोम, 1956।

पी. ओ. सी.	:	प्रोसीडिंग्स ऑफ ऑल इण्डिया ओरियण्टल कान्फ्रेन्स।
पूवॉ.	:	पूर्वोद्धृत।
स. इ.	:	सलेक्ट इन्सिक्रप्शन्स्, ले. दि. च. सरकार, कलकत्ता, 1956।
वा. गु. ए.	:	वाकाटक गुप्त एज (ए न्यू हिस्ट्री ऑफ एण्डियन पीपुल, खण्ड 4) दि. च. मजूमदार एवं ए. एस. अल्तेकर द्वारा सम्पादित, लाहौर, 1956।
हि. इ. गु.	:	ए हिस्ट्री ऑफ दि इम्पिरियल गुप्तज, ले., एस. आर. गोयल, इलाहाबाद 1967।
हि. नॉ. ई. इ.	:	हिस्ट्री ऑफ नार्थ ईस्टर्न इण्डिया ले., रा. गो. बसाक, कलकत्ता 1934।
हि. व.	:	दि हिस्ट्री ऑफ बंगाल, र. च. मजूमदार द्वारा सम्पादित, ढाका, 1973।
हि. ने.	:	हिस्ट्री ऑफ नेपाल, ले. डेनियल राइट, कलकत्ता, 1958।
जे. बी. बी. आर. ए. एस.	:	जर्नल ऑफ बोम्बे ब्रांच ऑफ रायल एशियाटिक सोसाइटी, बम्बई।

अध्याय 1

प्रस्तावना

प्रस्तुत अध्ययन, भारत-नेपाल सम्बन्ध के आयाम (1816-1950) न केवल आंग्ल-नेपाल युद्ध के बाद भारत-नेपाल सम्बन्धों की भूमिका की गहन पड़ताल है, बल्कि सांस्कृतिक समन्वय, संश्लेषण एवं एकात्मकता की उस सुदीघ ऐतिहासिक प्रक्रिया की गंभीर गवेषणा भी है, जो आद्यैतिहासिक काल से ही भारत तथा नेपाल के मध्य चल रही है और जिसकी बुनियाद पर ही भारत-नेपाल सम्बन्ध टिका हुआ है। वस्तुतः भारत और नेपाल के सांस्कृतिक इतिहास में कोई ऐसी विभाजक रेखा खींचना भारी मुश्किल है, जिसके आधार पर यह कहा जा सके कि रेखा के इस पार भारत और उस पार नेपाल है। राजनैतिक तौर पर आज भले ही भारत और नेपाल दो अलग-अलग सम्प्रभु राज्य हों, लेकिन सांस्कृतिक आधार पर दोनों सदैव एक रहे हैं। यह अलग बात है कि राजनैतिक तौर पर भी दोनों का इतिहास के विभिन्न दौर में जब तक एकाकार होता रहा है, विशेषरूप से मिथिला के कर्नाटों ने पूरे नेपाल पर या फिर मुगलों ने नेपाल तराई के बड़े भू-भाग पर प्रभुत्व कायम कर सांस्कृतिक संलयन की प्रक्रिया को तेज किया है। जाहिर है कि भारत नेपाल सम्बन्धों में विद्यमान एकजुटता मधुरता तथा बंधुत्वभाव इतिहास सिद्ध है। प्रस्तुत अध्ययन इस पुस्तक में ऐतिहासिक परिप्रेक्ष्य में 1816 से 1950 तक भारत-नेपाल सम्बन्धों में एक कारक के रूप में मिथिला की उपस्थिति को भी चिन्हित करने की कोशिश की गई है।

प्रारंभिक काल से ही भारत की सांस्कृतिक विस्तार जिस भौगोलिक परिक्षेत्र में रहा है, उसका हिमालय की तराई वाला इलाका आज नेपाल का अभिन्न हिस्सा है, अनुश्रुतियों के अनुसार भारत के पौराणिक राजवंश जनकों की राजधानी जनकपुर भी नेपाल में ही अवस्थित है यह उल्लेखनीय है कि नेपाल के बहुत बड़े भू-भाग पर आधुनिक काल तक शासन करने वाले मल्ल एवं लिच्छवियों का घनिष्ठ सम्बन्ध गणतंत्र काल में ही भारत से नहीं था, बल्कि उसके बाद भी सदियों तक नेपाल की लिच्छवी और मल्ल राज्यों के साथ भारत के मधुर सम्बन्ध बने रहे। मल्ल शासकों के राज दरबार में मध्य काल में भारतीय साहित्य को पर्याप्त संरक्षण मिला। उत्तर भारत की आधुनिक भाषाओं की प्रथम गद्य रचना ज्योतिरीश्वर ठाकुर कृत वर्णरत्नाकर मल्ल राजदरबार में ही सदियों तक संरक्षित रही। प्राचीन काल में मिथिला की प्रादेशिक अखंडता लगभग बनी रही भले ही इस अवधि में मिथिला की स्वतंत्र राजनीतिक प्रभुसत्ता न रही हो कर्नाट राजवंश के नेतृत्व में मिथिला के राजनीतिक पुनरोदय के काल में नेपाल की ताराई इलाकों पर कर्नाट शासकों हरिसिंह देव की पराजय जब गयासुद्दीन तुगलक के हाथों हुई तो हरिसिंह देव मिथिला की मुख्य भूमिका शासन त्यागने हेतु विवश हुआ और उनका शासन तराई क्षेत्र में सीमित होकर रह गया यह संभवत: राजनीतिक तौर पर मिथिला का प्रथम ऐतिहासिक विभाजन था। इसके पश्चात् पूरे सल्लनत एवं मुगलकाल में मिथिला का यह प्रादेशिक विभाजन तो बना रहा किन्तु केन्द्रीय सत्ता के द्वारा इन क्षेत्र की अनदेखी किए जाने के कारण कोई निश्चित सीमा नहीं थी।

मुगल काल में तराई के साथ साथ पहाड़ी क्षेत्र में भी कई राजाओं ने मुगल शासकों की अधीनता को स्वीकार किया था। बादशाह औरंगजेब ने नेपाल की तराई वाले इलाके की जमींदारी दरभंगा राज को प्रदान किया था। परंतु नेपाल में गोरखा राजवंश के उदय के साथ तराई पर इस पहाड़ी राजवंश का अधिकार पुख्ता हो गया और इस तरह 18वीं सदी में मिथिला वासियों ने पहली बार विभाजन की पीड़ा को महसूस किया। यह उल्लेखनीय है कि 14वीं सदी के पूर्वार्द्ध में हुए मिथिला के

विभाजन के बावजूद इसकी सांस्कृतिक एकता सदैव बनी रही, खान-पान, रहन-सहन, शादी-विवाह, व्यापार-वाणिज्य आदि के मामले में सम्पूर्ण मिथिला की सांस्कृतिक पहचान पर शासनिक विभाजन का कोई असर नहीं पड़ा था, लेकिन गोरखों के राजनीतिक अभ्युदय एवं तराई इलाकों पर पहाड़ियों के बढ़ते प्रभाव के कारण मिथिला के विभाजित अंगों के बीच की दूरी बढ़ना प्रारंभ हुआ।

सन् 1915-16 ई. के बीच भारत-नेपाल युद्ध के पश्चात् सुगौली सन्धि के द्वारा भारत तथा नेपाल के बीच सीमा को सुनिश्चित कर दिए जाने के फलस्वरूप भारत के प्रादेशिक विभाजन पर अंतिम मुहर लग गई इसके उपरांत भारत नेपाल रिश्तों का मिथिला के दोनों हिस्सों के सांस्कृतिक अंत: सम्बन्धों पर प्रभाव पड़ना बिल्कुल स्वाभाविक था। भारत के स्वधीनता संग्राम के दौरान यदि नेपाल भारतीय क्रांतिकारियों का प्रिय शरणस्थल बना और इसी प्रकार नेपाल में चले लोकतांत्रिक आंदोलन के दौरान नेपाली कांग्रेस के नेताओं का भारत आश्रयदाता बना तो इसमें नेपाल तथा भारत में बँधे मिथिला की सांस्कृतिक एवं प्रजातीय एकता की एक निश्चित भूमिका थी। 1951 ई. में नेपाल के राणा शासन के अंत और राजा त्रिभुवन के नेतृत्व में सही अर्थों में संवैधानिक राजतंत्र की स्थापना में भारत की जो एक निर्णायक सकारात्मक भूमिका रही, उसमें मिथिला के योगदान को नजरअंदाज नहीं किया जा सकता है। यह गौरतलब है कि तत्कालीन भारत के राजदूत सी. पी. एन. सिंह मिथिलांचल के ही थे और नेपाल में प्रभाव वृद्धि में उन्हें नेपाली मिथिला वासियों का भरपूर सहयोग मिला था जिसके बदौलत ही वे एक ऐतिहासिक कार्य को अंजाम देने में सफल हो सके। जाहिर है कि भारत नेपाल रिश्तों के बीच मिथिला की नियति न केवल राजनीतिक तौर पर आधुनिक काल में बँटी रही है बल्कि सुगौली संधि के बाद मिथिला की सांस्कृतिक एकता के विखंडन का जो दौर चला उसके परिणामस्वरूप भारतीय मिथिला और नेपाली क्षेत्र के बीच बढ़ती राजनीतिक दूरी का प्रभाव उनके सांस्कृतिक जीवन पर भी न्यूनाधिक पड़ना स्वाभाविक था।

लेकिन आंग्ल-नेपाल युद्ध और ब्रिटिश साम्राज्यवादी स्वार्थों के कारण ब्रिटिश भारत और नेपाल के बीच जब-तब बनते-बिगरते रिश्तों के बीच जो एक चीज समान रूप से सदैव बनी, वह थी सांस्कृतिक एक्यभाव एवं भाईचारे का सदियों पुराना रिश्ता।

यह गौरतलब है कि नेपाल में ब्रिटिश हस्तक्षेप के परिणाम स्वरूप भारत और नेपाल के बीच प्राचीन काल से ही विद्यमान सम्बन्धों का चरित्र ही बदल गया। उपनिवेशवाद की चाभी से भारत-नेपाल सम्बन्धों को संचालित करने की कोशिश भारतीय प्रायद्विप में ब्रिटीश राज की समाप्ति तक होती रही। ऐतिहासिक परिप्रेक्ष्य में औपनिवेशिक काल में भारत-नेपाल संबंध का असर मिथिला और नेपाल के सामाजिक-आर्थिक-सांस्कृतिक जीवन पर पड़ा। सहकार और सम्मिल की ऐतिहासिक धारा तो इस अवधि में भी प्रवाहित होती रही लेकिन राजनीतिक रिश्तों में आयी तब्दीली से यह धारा पूरे तौर पर अप्रभावित रही है।

प्रस्तुत शोध कार्य को प्रारंभ करते समय एक प्रमुख कठिनाई यह थी कि अब तक इस विषय पर कोई अध्ययन नहीं हो पाया था। भारत-नेपाल संबंध और नेपाल के इतिहास पर तो असंख्य कार्य हुए हैं। नेपाल के इतिहास का अध्ययन तो बिना भारतीय संदर्भ के हो ही नहीं सकता था और यही बात ठीक उलट अर्थ में मिथिला के इतिहास पर भी लागू होता है, क्योंकि मिथिला का न केवल उत्तरी भाग आधुनिककाल में नेपाल के प्रभुत्व में है, बल्कि कभी सम्पूर्ण नेपाल पर मिथिला का अधिपत्य भी रहा है। ऐसे में भारत-नेपाल संबंधों में मिथिला की हैसियत एक सेतु की हो जाती है, जो स्वयं विखंडित रह कर भी दोनों देशों को ऐतिहासिक सामाजिक-आर्थिक और सांस्कृतिक आधार पर जोड़ती है। लेकिन इस विषय पर अब तक विद्वानों एवं गवेषकों का ध्यान नहीं जा सका है। इस अध्ययन का जोर भारत-नेपाल सम्बन्धों के इतिहास में मिथिला कारक के निरूपण एवं इसकी व्यवस्था पर है, जो निस्संदेह एक मौलिक खोज साबित होगी।

प्रथम अध्याय में प्रस्तावना के अतिरिक्त प्रस्तुत अध्ययन को छः अध्यायों के अन्तर्गत पूरा किया गया है। सर्वप्रथम दूसरे अध्याय में भारत नेपाल संबंधों के इतिहास में मिथिला कारक के अतीत पर दृष्टिपात किया गया है, जिसके लिए नेपाल के इतिहास का विवेचन किया जाना जरूरी था। इस अध्याय में नेपाल के इतिहास के आवागमन से यह स्पष्ट होता है कि नेपाल की संस्कृति के निर्माण तथा विकास में मिथिला की महती भूमिका रही है। शोध प्रबन्ध के तीसरे अध्याय में 1816 ई. से 1950 ई. तक भारत-नेपाल सम्बन्ध का सर्वेक्षण किया गया है, जिससे पता चलता है कि संबंधों में आंग्ल-नेपाल युद्ध की कटु स्मृति और ब्रिटिश औपनिवेशिक चालों की खटास तो थी, लेकिन सांस्कृतिक एकता की सदियों पुरानी सह-सम्बन्धों का अटूट बंधन भी था। चौथे अध्याय में भारत-नेपाल सम्बन्धों के मिथिला के संदर्भ में सामाजिक सरोकार इतने गहरे हैं कि भारत-नेपाल सम्बन्धों में पैदा होने वाले हर दरार को भरने में वे सक्षम हैं। यही तथ्य आर्थिक जीवन पर भी लागू होता है, जिसकी चर्चा पांचवें अध्याय में की गई है। गौरतलब है कि ब्रिटिश काल की सरकार के कई निषधों के बावजूद मिथिला और नेपाल का आर्थिक सम्बन्धों पर कभी कोई आंच नहीं आई। दोनों क्षेत्रों के बीच व्यापार-वाणिज्य का सतत प्रवाह अध्ययन काल में निर्वाध प्रवाहित होता रहा। छठे अध्याय में भारत नेपाल सम्बन्ध और मिथिला के सांस्कृतिक आयाम का विवेचन किया गया है, जिससे पता चलता है कि मिथिला और नेपाल के बीच सांस्कृतिक सम्बद्धता काफी गहरा है। यह सांस्कृतिक समन्वय और संशलेषण का ही परिणाम है कि नेपाल को कभी भारत से दूर नहीं जाने देती है। वस्तुतः नेपाल की सांस्कृति अस्मिता मिथिला संस्कृति से जुड़ी है तो स्वभाविक रूप से नेपाल में मिथिला संस्कृति के कई पक्ष भी सम्पोषित होते रहे हैं। अंतिम सातवें अध्याय में भारत-नेपाल संबंधों में मिथिला की अवस्थिति का पता लगाने की कोशिश की गई है और निष्कर्षतः यह निरूपित किया गया है कि निस्संदेह भारत-नेपाल संबंध अध्ययन अवधि में मिथिला-नेपाल सह-सम्बंधों की आधारशिला विकसित हुई थी।

प्रस्तुत अध्ययन में ऐतिहासिक आलोचनात्मक पद्धति का अवलम्बन किया गया है। भारत-नेपाल के सह-सम्बन्धों के पक्षों की जानकारी के लिए मौखिक साक्ष्यों का भी सहारा लिया गया है। खासकर स्थानीय व्यापार-वाणिज्य तथा प्रव्रजनन सम्बधी कई तथ्यों के लिखित साक्ष्य उपलब्ध नहीं होते, जिसके लिए मौखिक साक्ष्यों का सहारा लिया जाना जरूरी था। विशेष रूप से मिथिला और नेपाल के बीच खुली सीमा होने तथा भारत-नेपाल कूटनयिक सम्बन्धों से परे मजबूत सामाजिक, आर्थिक और संस्कृति रिश्तों को इतिहास के पन्ने में ढूढ़ना कहीं अधिक बेहतर था। अतः यह कोशिश की गई है कि भारत-नेपाल सम्बन्धों के परिप्रेक्ष्य में मिथिला तथा नेपाल के जीवन्त रिश्तें को क्षेत्र सर्वेक्षण के द्वारा रेखांकित किया जाए।

आज जबकि नेपाल एक गणराज्य बन चुका है और वहाँ साम्यवाद का एक मजबूत राजनीतिक शक्ति के रूप में उदय हुआ है जो भारत-नेपाल सम्बन्धों को पुनपरिभाषित करने की जोरदार माँग करती है, तो यह जरूरी हो गया है कि भारत-नेपाल सम्बन्धों के उस कालखंड पर विशेष नजर डाली जाए, जब भारत पर एक साम्राज्यवादी शक्ति का प्रभुत्व था और वह भारत की भांति नेपाल को भी अपने औपनिवेशक शिंकजे में कसना चाहता था। परिस्थिति विषम उस कालविधि में भी थी और आज भी है। उस समय नेपाल विरोधी शक्ति भारत में प्रभावी थी, आज भारत विरोधी तत्व नेपाल में प्रभावी होने की चेष्टा में है। अतः प्रस्तुत अध्ययन का प्रासंगिक महत्व है और इसे ध्यान में रखते हुए इसे पूरा किया गया है।

अध्याय 2

भारत-नेपाल सम्बन्ध की ऐतिहासिक पृष्ठिभूमि

भारत-नेपाल संबंधों का भव्य भावना मिथिला की आधार भूमि पर टिकी है। ऐतिहासिक-सांस्कृतिक आधार पर जिस भू-भाग को मिथिला के नाम से जाना जाता है, उसका बड़ा दक्षिणी हिस्सा आज यदि भारतीय गणराज्य का अभिन्न हिस्सा है, तो उत्तरी भाग नेपाल का तराई इलाका है, जो सगरमाथा, जनकपुर तथा कोसी अंचलों में फैला हुआ है। वस्तुतः पर्वतीय नेपाल को भारत से जोड़ने में ऐतिहासिक युगों में मिथिला सेतु का काम करता रहा है। यह मिथिला है, जहाँ से वैदिक आर्य सभ्यता से लेकर विभिन्न ऐतिहासिक कालखंडों में भारतीय सभ्यता-संस्कृति का प्रसार नेपाल की उपत्यका में होता रहा है। हालांकि 1814 में ब्रिटिश

औपनिवेशिक स्वार्थों की वेदी पर मिथिला को दो भागों में खंडित कर दिया गया, लेकिन संस्कृति के निर्झर प्रवाह को भारत और नेपाल के बीच खींची गई कुटिल भू-राजनीतिक विभाजक रेखा कभी बाधित नहीं कर पायी। निसंदेह यह मिथिला की विशिष्ट भौगोलिक अवस्थिति और अटूट ऐतिहासिक बंधन था, जिसने बिटिश औपनिवेशिक काल की प्रतिकूल परिस्थिति में नेपाल और भारत को बांधे रखा और आज भी मिथिला की यह बंधनकारी भूमिका जारी है, जो विवाद के क्षणों में रिश्तों की गर्माहट को भी ठंडा नहीं पड़ने देती है। भारत-नेपाल संबंधों के इतिहास में मिथिला की इस महती भूमिका को रेखांकित करने का प्रयास प्रस्तुत अध्याय में किया गया है। मिथिला की इस भूमिका को ऐतिहासिक आधार पर चिन्हित करने के लिए सर्वप्रथम यह जरूरी होगा कि नेपाल के इतिहास पर एक नजर डाली जाए। तान्त्रिक ग्रन्थों की नेपाल में उपलब्धि आज भी वहाँ पर बौद्ध धर्म का कभी प्रचुर प्रचार एवं प्रसार का द्योतक तथा साक्षात प्रमाण है।

नेपालः भूमि एवं निवासी

हिमालय की तुषाराच्छादित पर्वत श्रृंखला हरित-भरित नेपाल बिहार राज्य एवं उत्तर प्रदेश के उत्तर में एक स्वतंत्र राष्ट्र के रूप में विश्व के मानचित्र में सुशोभित दृष्टिगत होता है। इसके उत्तर में चीन प्रशासित तिब्बत दक्षिण में भारत का उत्तर-प्रदेश, बिहार एवं बंगाल राज्य, पूर्व में सिक्किम और पश्चिम में उत्तर प्रदेश का कूमायूँ अंचल है। पौराणिक साक्ष्यों के अनुसार नेपाल का मैदानी क्षेत्र मिथिला का अभिन्न हिस्सा था जिसका केन्द्र नेपाल का जनकपुर था। दरअसल नेपाल को मिथिलावासियों के साथ-साथ किरात, सतुवार, थारू, नेवारी, लिच्छवी, गुरूंग, तमांग, मूमी, शेरपा आदि विभिन्न जनजातियों ने प्रचीन काल में उपनिवेशित किया, जिनमें कई जनजातियाँ भारत से गई थी। कालान्तर में भारत के विभिन्न अंचलों से

राजपूत और अन्य कई जातिय समूह भी नेपाल गये। जाहिर है कि नेपाल के तराई क्षेत्र को उपनिवेशित कर मिथिला ने जहाँ इस क्षेत्र में अपना सांस्कृतिक विस्तार किया, वही पर्वतीय प्रदेशों को आबाद करने वाले कई जनजातियाँ और साहसिक जत्थे भारतीय थे।

नेपाल में राज्य संरचना का उदय इन्हीं जातिया समूहों के प्रयत्नों का परिणाम था। प्राचीन काल में नेपाल मूलतः पर्वतीय राज्य था, जबकि मैदानी इलाका मिथिला था। ऐतिहासिक युगों में मैदानी क्षेत्र में राजनीतिक उठा पटक होते रहे। परन्तु नेपाल कभी पराधीन नहीं हुआ, और उसकी स्वाधीनता बनी रही। उसकी सभ्यता एवं संस्कृति का विनाश नहीं हुआ। वहाँ आर्य सभ्यता, आर्य-धर्म, आर्य-शासन एवं स्वराज्य सदा वैसा ही बना रहा, जैसा कि आज हम उसे पाते हैं। जाहिर है कि नेपाल राज्य के निर्माण और उसकी ऐतिहासिक यात्रा में मिथिला और अन्य भारतीय तत्वों का भारी योग था।

गोपाल वंश

प्राचीन नेपाल के इतिहास का उद्‌गम-श्रोत अनुश्रुतियाँ मात्र है। जिनके अनुसार सम्भवतः ऐतिहासिक युग के आरम्भ के पूर्व गोपाल नामक क्षत्रिय ने किसी 'ने' ऋषि के सहयोग से काठमांडू की उपत्यका में राज्य संस्था की नीव रखी और ऋषि आचार्य, 'ने' के नाम पर इस राज्य को 'ने-पाल' (ने का घर) कहा गया। शासन काल की घटनाओं का पता हमें इतिहास नहीं देता है। केवल इतना पता है कि गोपाल वंश के आठवें क्षितिपाल के शासन-काल में आभीरों ने नेपाल पर आक्रमण किया, जिसमें आक्रामक दल की विजय हुई और गोपाल कुल के शासन का नेपाल में अन्त हो गया।

आभीर-वंश

गोपाल वंश के अष्टम् एवं अन्तिम राजा को समर में परास्त कर

नेपाल के सिंहासन पर आभीर नृपति विजयी हुआ। परन्तु उसके नाम, धाम तथा काम का पता नहीं चला है। आभीर अथवा अहीर वास्तव में विदेशी थे। ईसवी सन् के आरम्भ काल के लगभग आभीरों अथवा आहीरों ने भारत में प्रवेश कर पश्चिमी भारत के राजनीतिक इतिहास में उथल-पुथल एवं क्रांति उत्पन्न कर दी थी। संभवतः उसी वीर जाति की पूर्ववर्ती किसी एक शाखा ने गोपाल वंश के अन्तिम गोपाल वंश के अन्तिम नेपाल-नरेश को परास्त कर नेपाल के सिंहासन को अधिकृत किया तथा वहाँ नेपाल में आभीर राज-कुल की नींव डाली थी। उस कुल के केवल ३ राजाओं ने नेपाल में राज किया। आभीर भूपतियों के शासन एवं कार्य-कलाप की जानकारी नहीं मिलती है। उस राजवंश के अन्तिम भूपति राजा भूवन सिंह के शासन-काल में किरातों का आक्रमण नेपाल पर हुआ जिसमें आभीर-राज का रण-पराभव हुआ और नेपाल के राज्य सिंहासन पर विजेता किरातों का अधिपत्य हो गया।

किरात राज-वंश

भारतीय प्राचीन साहित्य वेद, पुराण तथा पाश्वद्वर्त्ती ग्रन्थों में भी वनवासी किराता जाति का नाम अनेक स्थलों में आया है सम्भवतः हिमालय एवं गंगा के बीच पार्वत्य वन प्रदेशों में रहने वाली तिब्बती-बर्मी जाति का नाम किरात है। किरात कुल के २९ राजाओं ने नेपाल में राज्य किया। किरात कुल का शासन नेपाल पर लगभग ७00 वर्षों की अति लम्बी अवधि तक रहा, पर उस काल की राजनीतिक एवं सामाजिक स्थिति का ज्ञान हमें प्राप्त नहीं है। इस राजवंश का शासन जिस युग में नेपाल में चालू था, उस अवधि में उत्तर भारत में क्रमशः हर्यककुल, शिशुनाग-राजकुल, नन्द-वंश, मौय-वंश, शुंग (मित्र) वंश, कन्व-वंश एवं आन्ध्र-वंश का राज्य शासन होना इतिहास बताता है। अशोक ने अपने धर्म-विजय के अभियान में नेपाल की यात्रा की थी। उस काल में वहाँ किरात-वंशीय राजा स्थुंकी का शासन था। बौद्ध अनुश्रुतियों के अनुसार अशोक ने अपनी कन्या चारूमती एवं जामाता देवपाल के साथ नेपाल में जाकर वहाँ अपने बिहार और स्तूप बनवाये थे।

निमिष राजकुल

किरात-कुल के अन्तिम राजा गस्ति के शासन-काल में सोमवंशीय क्षत्रिय कुल के महत्वाकांक्षी वीर निमिष ने आक्रमण किया। उसने युद्ध

में किरात-भूप को पराभूत कर नेपाल के राज्य-सिंहासन पर अधिकार कर लिया। किर्कपॉट्रिक वंशावली के अतिरित्त अन्य प्राप्त वंशावलियाँ किरात-राजकुल के अवसान के पश्चात् एवं सूर्यवंशीय लिच्छवि-राजकुल के नेपाल में उदय के पूर्व ५ राजाओं के नाद देती है जो मिथिला के सोमवंशीय क्षत्री थे। संभवतः मौर्योत्तर कालीन राजनीतिक अस्थिरता की दौड़ में मिथिला के निमिष ने नेपाल में स्वतंत्र राज्य की स्थापना की और उसी के नाम पर इस राजकुल का नामकरण किया गया। निमीष राजकुल का सबसे बड़ा प्रतापी राजा भास्करवर्मण था। जिसने नेपाल में मिथिला संस्कृति का प्रयास किया। नेपाल में इसी राजकुल ने भूमि अनुदान की प्रथा प्रारंभ की।

लिच्छवी राजवंश

ईसा-पूर्व ५वीं शदी में मगध सम्राट् अजातशत्रु के साथ रण में लिच्छवियों की पराजय के पश्चात् द्वितीय शताब्दी तक लिच्छवियों का इतिहास अंधकार में पड़ा है। लगभग छः सौ वर्षों से भी अधिक अवधि के बाद हम उस कुल को लोकतांत्रिक नहीं, अपितु राजतांत्रिक शासक के रूप में शासन करते नेपाल में पाते हैं। बहुत संभव है कि जिस काल में मध्य एशिया से शक्तिशाली असभ्य एवं अत्याचारी जातियों का आक्रमण उत्तर भारत पर आरम्भ हुआ, उस समय उनके अनाचार से बचने के विचार से लिच्छवियों की कुछ शाखाओं ने बिहार की समतल भूमि का परित्याग कर हिमालय के बीहड़ वन की शरण ली हो। प्रथम शदी अन्तिम चरण अथवा द्वितीय शताब्दी के आरम्भ में लिच्छवी वंशीय राजा भूमिवर्मन निमिश वंश के अन्तिम नरेश भास्करवर्मन के पश्चात् नेपाल के सिंहासन पर आसीन हुआ। १११ ई० में नेपाल नरेश ने अपने राज्य में एक नये संवत् का आरंभ किया था। डा० आर० सी० मजूमदार के अनुसार यह सम्वत् संभवतः लिच्छिवियों के नेपाल के सिंहासन पर आसीन होने के उपलक्ष्य में आरम्भ किया गया था।

इतिहास बताता है कि कीकट-सम्राट अजातशत्रु द्वारा ईसा-पूर्व ५वीं सदी में लिच्छवियों के विनाश तथा वैशाली से निष्कासन के लगभग ८00 (आठ सौ) वर्षों के पश्चात् भी चौथी शताब्दी में लिच्छवियों का राज्य वैशाली में था। वहाँ के लिच्छवि-नरेश का शौर्य-प्रताप व्यापक था और उस कुल की प्रतिष्ठा सारे उत्तर भारत में थी। उनके प्रभावशाली शासन-काल के लगभग गुप्त राजवंश के संस्थापक श्री गुप्त एवं उसके

पुत्र घटोत्कच गुप्त का अभ्युदय एक छोटे राज्य के राजा के रूप में प्रयोग और साकेत (अयोध्य) के बीच संभवतः प्रयाग के पास कौशम्बी में लगभग तीसरी शताब्दी के अन्त में हुआ था, जिन्होंने शीघ्र ही मगध पर भी अपना अधिपत्य कायम कर लिया। घटोत्कच गुप्त के पुत्र चन्द्रगुप्त प्रथम का राज्यभिषेक ३२० ई० में हुआ। गुप्त सम्वत् का आरम्भ उसी काल से माना जाता है। चन्द्रगुप्त का विवाह वैशाली के लिच्छवि नृप की राजकुमारी कुमारदेवी के साथ हुआ था। गुप्त राजवंश का तृतीय प्रतापी भूपति चन्द्रगुप्त प्रथम था, जिसने लिच्छवि कुल की कन्या का पाणिग्रहण कर अपने को गौरवान्वित माना था। उसने अपने चलाये सिक्कों में लिच्छवि-दुहिता-कुमार देवी का चित्र भी अपने चित्र के साथ उत्कीर्ण करवाया था। महाराज चन्द्रगुप्त प्रथम का पुत्र इतिहास-प्रसिद्ध सम्राट समुद्रगुप्त लिच्छवि-तनया कुमारदेवी के गर्भजात पुत्र होने के कारण लिच्छवि-दौहित्र था।

समुद्रगुप्त लगभग ३४0 ई० में अपने पिता के पश्चात् गुप्त-सिंहासन का उत्तराधिकारी हुआ। वह वीर योद्धा एवं महान विजेता था। चौथी शताब्दी में मध्य के लगभग उसने अपना दिग्विजय अभियान आरंभ किया था। उत्तर एवं पूर्वीय भारत के अनेक राजाओं के साथ नेपाल के लिच्छवी नरेश ने भी समुद्रगुप्त की प्रभुसत्ता स्वीकार कर उसे अपना सम्राट माना था। समुद्रगप्त-तनय चन्द्रगुप्त द्वितीय (विक्रमादित्य) के पौत्र (कुमारगुप्त के पुत्र) स्कन्दगुप्त की मृत्यु संभवतः ४६७ ई० में हुई थी। उसके पश्चात् ५वीं शताब्दी के अंतिम चरण में गुप्त शक्ति का हास आरंभ भी हुआ। उसी काल के लगभग नेपाल में शासन करने वाले लिच्छवि-नरेश मानदेव प्रथम ने गुप्त-साम्राज्य से नेपाल को स्वतंत्र कर अपने राज्य की सीमाओं का विस्तार किया। उसके शासनकाल में लिच्छवि नेपाल को स्वतंत्र कर अपने राज्य की सीमाओं का विस्तार किया। उसके शासनकाल में लिच्छवि नेपाल में अति शक्तिशाली हो गये थे। कुछ विद्वानों की राय में नेपाल में मानदेव का शासन-काल छठी शताब्दी के प्रथम चरण मान्य हैं। सातवीं शदी के आरम्भ में नेपाल के लिच्छवि-कुल के नृपति पर आपत्ति का आना बताया गया है। आभीर उस अंचल में पुनः शौर्यशील हुए और उनकी शक्ति एवं प्रसार-लिप्सा फिर से पनप उठी। अपने लिए राज्य स्थापित कर लेने हेतु सब प्रयत्न हुए। इसी बीच नेपाल की राजधानी में गृह-कलह ने प्रवेश कर अपना

अड्डा जमाया। नेपाल नरेश के माथे पर संकट का पहाड़ टूट पड़ा। लिच्छवियों को अनेक आंतरिक विद्रोहों और आक्रमणों का भी सामना करना पड़ा।

लगभग ५९५ ई० महत्वाकांक्षी महामात्य अंशुवर्मन ने लिच्छवि नरेश को पंगु बना नेपाल की वास्तविक सत्ता को हथिया लिया। इसी समय संभवत: नेपाल हर्षवर्द्धन की प्रभुसत्ता स्वीकार करने के लिए विवश हुआ। हर्षवर्द्धन की मृत्यु की बाद लिच्छवी राजवंश का पुनरोदय नरेन्द्रदेव के नेतृत्व में हुआ। लेकिन शीघ्र ही नेपाल में फिर से तिब्बत की प्रभुसत्ता कायम हो गई जो ८ वीं सदी के प्रारंभ तक बनी रही। इसी दौड़ान नेपाल में शक्तिशाली सामंतों का प्रादुर्भाव हुआ और राज्यसत्ता का विकेन्दीकरण हुआ। फिर भी लिच्छवियों को लगभग पाँच सौ वर्षों के शासनकाल में मिथिला तथा भारत के साथ उसके गहरे रिस्ते बने रहे। भारतीय भक्ति आन्दोलन से सारा नेपाल सराबोर होता रहा। वैष्णव, शैव, शक्ति, बौद्ध, तांत्रिक आदि धार्मिक मतों ने नेपाल के सांस्कृतिक जीवन का भारतीयकरण किया, जिसमें मिथिला ने सेतु का काम किया।

मिथिला का कर्णाट राजवंश

ग्यारहवीं शताब्दी के आरम्भ के लगभग नेपाल के अधीन मांडलिक सामन्त नृपतियों की शक्ति बहुत बढ़ गयी थी। देश के भिन्न-भिन्न भागों में दो अथवा तीन भूपतियों का शासन पृथक्-पृथक् होना आरंभ हो गया था। उनकी राजधानियाँ पाटन, काठमांडू एवं भटगाओं में थीं। शक्तिशाली सामन्त सरदाद-गण प्राय: नये राजा को चुनते और उनकी राजपद पर प्रतिष्ठित करते थे। ग्यारहवीं शदी के अवसान के लगभग 1098 ई. में तिरहुत के कर्मान वंशीय राजा नान्यदेव ने नेपाल की विजय की। नान्यदेव ने सारे नेपाल पर अपना अधिपत्य स्थापित कर लिया तथा वहाँ की तीनों राजधानियों से सम्पूर्ण विहित देश पर अपने मृत्यु पर्यंत 1147 ई. तक राज करता रहा। परंतु नान्यदेव का नेपाल पर शासन-काल सुखपूर्वक व्यतीत न हो सका था। ११४७ ई० में हुई। नेपाल के उन राजवशों के राजे, जिन्हें नान्यदेव ने राज्यच्यूत तो कर लिया था पर उनका विनाश नहीं किया था, उसके जीवन-कला में भी उसके करद मांडलिक राजा बनकर अपने-अपने शासन-क्षेत्र में शासन करते रहे थे। उन मांडलिक सामान्तों से कर्णाट कुल के सम्राट को वार्षिक

राज-कर प्राप्त होता था। नान्यदेव की मृत्यु के पश्चात् उसके कुल के तिरहुत के भूपतियों की नाममात्र की प्रभूसत्ता नेपाल के मांडलिक नृपों पर लगभग दो सदियों तक बनी रही।

लिच्छवियों के शासन के अन्तिम चरण में शासन-सूत्र को ढीला कर मांडलिकों एवं सददरों ने स्थान-स्थान पर स्वतंत्र होकर राष्ट्र की अखण्डता को नष्ट कर दिया था। देश में मत्स्य-न्याय का बोलबाला हुआ। शक्तिशाली मल्ल-कुल के क्षत्रियों ने अब नेपाल के सिंहासन पर अपना प्रभुत्व स्थापित किया।

मल्ल राज-कुल

बुद्ध युग में जब वैशाली के लिच्छवि-गणतंत्र एवं वज्जि संघ का प्रताप दिगन्तव्यापी था उस काल में मल्लों का भी शैर्यशील गणतंत्र अपने शासन-क्षेत्र में शासन कर रहा था और वह संघ का पराक्रमी सदस्य भी था। अजातशत्रु के साथ युद्ध में वज्जि संघ की पराजय के साथ उसका भी पराभव हुआ था संभवत: नेपाल की गद्दी को अधिकृत करने वाला मल्ल-वंश उन्ही प्राचीन मल्लों के कुलज थे। मल्ल राजवंश का संस्थापक वीर अरि मल्ल था। तेरहवीं शताब्दी में मल्लों का राज्य नेपाल में कायाम हुआ। १२८७ ई० में नेपाल के तत्कालीन मल्ल-भूप पर पूर्व दिशा से खसिया नामक पहाड़ी जाति के किसी सरदार ने आक्रमण कर उसे तहस-नहस कर डाला। उसकी विजय वहाँ चिरस्थायी नहीं रह सकी। पर उसने मल्लों की शक्ति को बहुत अंश में तोड़ दिया, जिससे देश की राजनीतिक अंखडता भंग हो गयी और भविष्य में दूसरे शत्रुओं के लिए नेपाल-विजय सुलभ हो गयी।

कर्णाट क्षत्रिय राज कुल का तिरहुत-नरेश हरिसिंह देव, उसके वंशज और नेपाल

यह वह काल था जिस समय उत्तर भारत में हिन्दू राजाओं का प्रताप-सूर्य अस्ताचलगामी हो चुका था और मुस्लिम शक्ति का देश में अभ्युदय होना आरंभ हो गया था। तेरह वीं शताब्दी के अंत तक उत्तर भारत के अधिकांश हिस्सों के मालिक तुर्क-अफगान हो चुके थे। पूर्वोत्तर भारत का केवल एक छोटा सा राज्य तिरहुत, जो नेपाल के

पड़ोस में पड़ता था, ही ऐसा जनपद शेष था, जिस पर चौदहवीं सदी के प्रथम चरण तक हिन्दू राजवंश राज कर रहा था यह दिल्ली के गियासुद्दीन तुगलक को सह्य नहीं हुआ। बंगाल विद्रोह का दमन करने के पश्चात् दिल्ली लौटते समय उसने तिरहुत होकर ही प्रत्यागमन किया। कर्णाटकुल का प्रसिद्ध राजा हरिसिंह देव राज करता था। इतिहास लेखक फरिस्ता के अनुसार राजा हरिसिंह देव ने सिमराओं गढ़ से सेना के साथ निकल कर बादशाह गियासुद्दीन तुगलक के आक्रमण का प्रबल प्रतिरोध किया, किन्तु भाग्य ने उसे उस काल साथ नहीं दिया। भयंकर युद्ध के पश्चात् हरिसिंह देव को विश्वास हो गया कि सुल्तान की विशाल वाहिनी का सफलतापूर्वक सामना करना उस समय उसके लिए संभव नहीं था। अतः युद्ध त्याग कर अपने चुने हुए परिक्षित साथियों, सरदारों, मंत्रियों एवं सेना के साथ उसने नेपाल के वन्य प्रदेश की शरण ली, जहाँ पूर्व में उसके पूर्वजों का साम्राज्य था। खसिया सरदारों के आक्रमण ने मल्ल भूप की रीढ़ तोड़ दी थी। उनकी सामरिक शक्ति का ह्रास हो चुका था। अतः हरिसिंह देव ने भटगांओं में अपनी राजधानी बनायी तथा काठमांडू और पाटन को मल्ल भूपों के अधीन कर उसके उपभोग के हेतु रहने दिया। मल्लों ने उसे अपना सम्राट स्वीकार कर लिया।

हरिसिंह देव का नेपाल-आक्रमण वहाँ के मल्ल-वंशीय भूप जयरूद्र मल्ल के शासन-काल में हुआ था। उसने भटगाओं (नेपाल की एक राजधानी) के सिंहासन पर अधिपत्य स्थापित कर १४ वीं शदी के द्वितीय चरण के आरंभ से उसके उत्तरार्द्ध तक २८ वर्ष राज किया। उसके बाद उस कुल के और तीन शासकों के शासन का पता नेपाल का इतिहास देता है।

नेपाली उत्कीर्ण लेखों एवं वंशावलियों के उल्लेखों से पता चलता है कि हरिसिंह देव तथा जयरूद्र मल्ल के शासन काल में १३२८ ई० की शरद ऋतु आदित्य मल्ल के नेतृत्व में खासियों ने पुनः नेपाल पर आक्रमण किया और ठीक उसी समय मल्ल-कुल-भूप जयरूद्र मल्ल की मृत्यु भी हो गई। परन्तु उस आदित्य मल्ल को विफल होकर लौटना पड़ा। हरिसिंह देव के पुत्र मतिसिंह के पास जिस चीनी सम्राट् ने दो बार अपना दूत-मंडल भेजा था, उसका नाम हांउ-ऊ था। उसने राजा मतिसिंह को अपने पत्र में मा-त-ल लिखकर सम्बोधित किया था। उसने

अपने दूत मंडल के नेता के हाथ एक मोहर भी मतिसिंह के पास प्रेषित की थी। उसी मोहर के द्वारा उसने नृपति की नेपाल पर प्रभुसत्ता की स्वीकृति दी थी। मतिसिंह ने भी बदले में चीन सम्राट के पास एक स्वर्ण मंडप तथा अपनी पवित्र पुस्तकें उसकी राजधानी पेकिंग में प्रेषित की थीं। उसी प्रकार का आदान-प्रदान पुनः १३१0 एवं १४१३ ई० में हुआ था। शक्तिसिंह के पास चीन-सम्राट ने चीनाश ५३५ में जो पत्र भेजा था, उसमें 'शक्तिसिंह राम' उत्कीर्ण मोहर अंकन था।

जयस्थिति मल्ल एवं उसके पुत्रगण तथा वंशज

श्यामसिंह के पश्चात् कर्णाट-राजकुल का विक्रम शनैःशनैः विलीन होता दीखता है। उत्थान के पश्चात् पतन तथा पतन के पश्चात् उत्थान प्रकृति के नियम हैं कर्णाट-राजवंश-कुल के शौर्यवसान-काल में मल्ल-वंश का जय स्थिति मल्ल नाम एक राजकुमार अतिमहत्वकांक्षी निकला। उसने कर्णाट-राजपरिवार के सदस्य जगतसिंह की पुत्री जाजल्ल देवी से विवाह किया। वह कर्णाट कुमारी जाजल्ल देवी मल्ल-कुल-भूप जयरूद्र मल्ल की पुत्री जाजल्ल देवी से विवाह किया। वह कर्णाट कुमारी जाजल्ल देवी मल्ल-कुल-भूप जयरूद्र मल्ल की पुत्री नायका देवी से उत्पन्न हुई। नायका देवी जगतसिंह का अर्द्धागिणी थी और जगतसिंह जयरूद्र मल्ल का जमाता था। जयस्थिति मल्ल ने उपयुक्त सम्बन्धों के कारण मल्ल एवं सूर्यवंशी कर्णाट-कुल के सिंहासनों पर अधिकार कर सम्पूर्ण नेपाल पर अपना अधिपत्य स्थापित कर लिया। उसने मल्ल राजकुल के जमाता होने के नाते अपने को दोनों राजकुलों का वैधानिक प्रतिनिधि घोषित किया था।

जयस्थिति मल्ल के द्वितीय पुत्र ज्योति मल्ल ने अपनी विजयों द्वारा राज्य की सीमाओं में वृद्धि की। उसकी महत्वाकांक्षा सम्राट-पद प्राप्त करने की थी। उसका पुत्र यक्ष मल्ल अपने पिता से भी अधिक दुरत्यय एवं दुर्द्धर्ष वीर था। उसने अपने पराक्रम से नेपाल के शत्रुओं में विघटनकारी शक्तियों का अपचय किया तथा अखण्ड नेपाल का उसने सम्राट बनकर शासन किया वह ९४२५ ई० के लगभग नेपाल के सिंहासन पर आसीन हुआ था। वह बहुत बड़ा विजेता था। निस्संदेह वह मल्ल वंश का सबसे विक्रमी एवं प्रसिद्ध भूपति था। किन्तु उससे एक महान् राजनैतिक भूल हुई। उसने अखण्ड नेपाल साम्राज्य को चार भागों में विभक्त किया। उसके तीन पुत्र एवं एक पुत्री थी। उसने अपनी चारों

सन्ततियों को साम्राज्य का एक-एक भाग देकर उन्हें पृथक-पृथक राज करने का अवसर दिया। चारों ही अपने-अपने राज्य में सार्वभौम स्वतंत्र नरेश हुए। चारों राज्यों की शक्तियों का समन्वय करनेवाला कोई संघ शासन नहीं रह गया था। यक्ष मल्ल ने स्वयं चक्रवर्ती भूप का पद प्राप्त किया था। पर उसकी सन्तान उस स्थिति में न रही। यक्ष मल्ल तीनों पुत्रों एवं जमाता में सौहार्द नहीं था। सभी कलह-प्रिय थे और एक दूसरे के राज्यांश को हड़प लेने की चेष्टा में लगे हुए थे। उनके तथा उनके वंशजों के बीच चिरव्यापी झगड़े ने देश को बिगाड़ दिया। देश की उन्नति का अवरोध हुआ। सारे विकास कार्य रूक गये। राज्य में राजनैतिक अस्थिरता एवं अव्यवस्था के कारण अराजकता फैल गयी। यह अवस्था वहाँ १७६८ ई० तक बनी रही। आपसी संघर्ष ने चारों राज्यों के बल-विभव को क्षीण कर दिया। छोटे-छोटे सामन्त राज्य जहाँ-तहाँ स्वतंत्र होकर पनप उठे। चारों ओर हौल-खौल मच गया। परिणाम यह हुआ कि विक्रमी यक्ष मल्ल के वंशजगण, जो विभाजित नेपाल के गद्दियों पर विराजमान थे, विक्रम-विहीन हो गये, और मल्ल कूल-भूपों के हाथ से राजसत्ता निकलने लग गयी। शासन की नसें ढीली हो चुकी थीं। अत: शासन सूत्र के संचालन करने में वे सभी अक्षम हो गये और राज्य उनके हाथ से निकल गया।

गोरखा क्षत्रिया राजकुल

सप्त गण्डकी (गण्डक की सात धाराओं के बीच की भूमि) के मध्य भू-भाग पर उस काल गोरखा राजपूतों (क्षत्रियों) का शासन था। उसका मांडलिक राजा पृथि नारायाण (पृथ्वी नारायण) जनप्रिय था। प्रजा उसे प्रेम एवं आदर की दृष्टि से देखती थी। उसमें संगठन-शक्ति प्रचुर थी। शत्रु उसके वीरता के सामने सदा भयभीत रहता था। राजा पृथी नारायण ने तत्कालीन राजनीतिक परिस्थिति से लाभ उठा कर देश के अन्याय मांडलिक सामन्त राजाओं का संगठन किया। उसने उन सबों का सौहार्द प्राप्त किया। वह स्वयं पराक्रमी एवं अनुभवी था। उसका गोरखा वीर ने १७६८ ई० में अग्रसर होकर मल्ल-भूपों को अपदस्थ किया तथा नेपाल के राज्य सिंहासन को अधिकृत कर उस पर अपने को आसीन राजा पृथी नारायण के वंशज-भूपों ने नेपाल के सार्वभौम साम्राज्य प्राप्त कर 'वीर विक्रमशाह' देव का अधिकार-सूचक विरूद धारण किया था।

महाराज पृथी नारायण विजित शत्रुओं के प्रति उदार एवं क्षमाशील नहीं था। उसने नेपाल विजय के पश्चात् पाटन से सभी क्रिश्चियन पादरियों एवं अनुयायियों को निकाल बाहर किया। कीर्तिपुर के अधीश्वर ने विकट युद्ध के पश्चात् पराजित होने पर पृथी नारायण के अधीन किया गया था। इस अपराध में उसने वहाँ के सभी पुरूषों की नाक एवं ओठ कटवा दिये।

जिस समय नेपाल में गोरखा क्षत्रियों का उदय हो रहा था, उसी समय भारत में ब्रिटिश ईस्ट इंडिया कम्पनी अपनी साम्राज्यवादी पाँव पसार रही थी। दोनों शक्तियों के पाँव जब अपने-अपने प्रभाव क्षेत्र में जम गये तो टकराव होना स्वभाविक हो गया। १८१४ ई० का आंगल-नेपाल युद्ध इसी टकराहट का परिणाम था।

भारत-नेपाल सम्बन्ध और मिथिला इतिहास के अध्ययन से यह स्पष्ट है कि नेपाल राज्य के निर्माण और इसकी ऐतिहासिक यात्रा का मिथिला एक प्रमुख सहभागी रहा है। वस्तुत भारत-नेपाल सम्बन्धों के विकास में मिथिला की महत्वपूर्ण एवं निर्णायक भूमिका रही है। आधुनिक काल में भारत-नेपाल सम्बन्धों की प्रगाढ़ता इसी ऐतिहासिक पृष्टभूमि में बनी रही हैं आंग्ल-नेपाल युद्ध ही नहीं, बल्कि जब कभी भी सम्बन्धों में तनाव पैदा हुए यह नेपाल का मिथिला संस्कृति के साथ ऐतिहासिक संश्लेषण था, जिसने तनावों को टूट के कगार तक पहुँचाने से बनाया।

संदर्भः

1. बालचन्द्र शर्मा, नेपाल की ऐतिहासिक रूपरेखा, काठमाण्डू, २०३७ सं०
2. गिरिजा किशोर झा, मिथिला आ नेपालक, वाराणसी २००८
3. आर० सी० मजुमदार, एन्शिएन्ट इंडिया,
4. राम प्रकाश शर्मा, मिथिला का इतिहास, दरभंगा, १९७९
5. रेग्मी, एन्शिएन्ट एंड मेडिएवल नेपाल
6. डेनियल राईट, हिस्ट्री ऑफ नेपाल, दिल्ली, १९७३
7. जॉन हाल्टन, 'द हर्ट ऑफ बिहार'।

अध्याय 3

भारत-नेपाल सम्बन्ध

नेपाल में गोरखा शक्ति और भारत में ईस्ट इंडिया कम्पनी के राजनीतिक उत्कर्ष के साथ भारत-नेपाल सम्बन्धों की युगों पुरानी परम्परा टूट गई। अब पारस्परिक सहकार एवं सांस्कृतिक, प्रगाढ़ता पर उपनिवेशवादी वर्चस्व हावी हो गया। अंगेजों ने न केवल नेपाल का आर्थिक दोहन किया, बल्कि भारत में अपने औपनिवेशिक सत्ता को पुर्ण करने के लिए नेपाल से सैन्य ऊर्जा भी प्राप्त किया। १८१६ से १९५० के बीच भारत-नेपाल सम्बन्धों के चरित्र में इस बदलाव का अध्ययन प्रस्तुत अध्याय में किया गया है।

नेपाल में गोरखा राज्य का उदय और ईस्ट इंडिया कम्पनी

दिल्ली के सुल्तान अलाउद्दीन खिलजी ने जब मेवाड़ को अधिकृत किया था, तो वहां के राजवंश की एक शाखा दक्षिण की ओर चली गई थी, जिसमें आगे चलकर मराठा शक्ति का उत्कर्ष हुआ और एक अन्य शाखा कुमायूँ के पहाड़ों में जाकर बस गई थी। कुमायूँ से ये लोग पूर्व दिशा में और आगे बढ़े, और कालीगण्डक की घाटी में पालपा और गोरखा बस्तियों में जा बसे। वहां के मूल निवासियों को अपनी अधीनता में ले आने में इन्हें विशेष कठिनाई नहीं हुई। मेवाड़ के राजपूतों के साथ बहुत से ब्राह्मण भी इस काल में हिमालय के इस प्रदेश में जाकर आबाद हो गये थे। उनके धर्म, सभ्यता और सामाजिक जीवन का पालपा और गोरखा प्रदेशों के पुराने निवासियों पर भी प्रभाव पड़ा, और

धीरे-धीरे वे सब हिन्दुओं के राजपूत वर्ग में सम्मिलित हो गये। वर्तमान नेपाल राज्य के इन पश्चिमी प्रदेशों में पन्द्रहवीं, सोलहवीं और सत्रहवीं सदियों में किसी एक संसुगठित राज्य की सत्ता नहीं थी। वहाँ अनेक छोटे-बड़े पहाड़ी राज्य विद्यमान थे, जिन में विविध राजपूत राजाओं का शासन था। इनमें गोरखा का राज्य सबसे शक्तिशाली था। अठारहवीं सदी के प्रारंभिक भाग में गोरखा राज्य का स्वामी नर भूपाल शाह था। नेपाल घाटी के राज्यों में आपस में झगड़ों से लाभ उठाकर उसने इस घाटी पर आक्रमण कर दिया और काठमाण्डू के उत्तर में स्थित नवाकोट पर कब्जा कर लिया। पर वह देर तक इसे अपने अधीन नहीं रख सका। काठमाण्डू के राजा से परास्त होकर वह अपने राज्य में लौट आया और १७४२ में वहीं उसकी मृत्यु हुई। नर भूपाल शाह के बाद उसका पुत्र पृथ्वीनारायण शाह गोरखा राज्य का स्वामी बना। राजगद्दी पर आरूढ़ होने के समय उनकी आयु केवल १२ वर्ष की थी।

नेपाल की घाटी पर विजय करने का जो उपक्रम नर भूपाल शाह ने आरंभ किया था, पृथ्वीनारायण शाह ने उसे पूर्ण किया। अपनी विजय-यात्रा का श्रीगणेश करने से पूर्व उसने काशी की यात्रा की और इस तीर्थ-यात्रा का उपयोग उसने नये अस्त्र-शस्त्रों व युद्ध-नीति से परिचय प्राप्त करने के लिए भी किया। अठारहवीं सदी के मध्य भाग में ईस्ट इंडिया कम्पनी उत्तरी भारत में अपने प्रभुत्व का विस्तार करने में तत्पर थी। अनेक नगरों में अंग्रेजों की व्यापारिक कोठियां कायम हो चुकी थी, जहां उनके सैनिक भी निवास करते थे। पृथ्वीनारायण साह ने उनसे सम्पर्क स्थापित किया और नये सैन्य-संगठन के ढंग से परिचय प्राप्त किया। अपने देश को वापस लौट कर इस राजा ने गोरखा सेना का नई शैली से संगठन किया और उसे नवीन अस्त्र-शस्त्रों से सुसज्जित किया। अब वह समय आ गया था, जबकि पृथ्वीनारायण साह ने अपने पिता के अधूरे छोडे हुए कार्य को पूरा करने के लिए प्रवृत्त हो सकता था। नेपाल की घाटी में अब भी अनेक छोटे-छोटे राज्य थे, जिनमें काठमाण्डू, भटगांव और पाटन के राज्य मुख्य थे। इनके निवासी निवार

लोग थे, जो गोरखा या परबतिया लोगों से भिन्न थे। काठमाण्डू का राजा जयप्रकाश था और भटगांव और पाटन पर भी उसी के राजकुल के व्यक्तियों का शासन था। पृथ्वीनारायण साह ने निरन्तर युद्धों के बाद नेपाल की घाटी के इन विविध राज्यों को जीतकर अपने अधीन किया। नेपाली राजाओं ने पृथ्वीनारायण शाह के विरूद्ध भारत के अंग्रेजों से भी सहायता की प्रार्थना की और बेतिया से मेजर किनलोच १७६७ ई० में एक सेना के साथ नेपाल में प्रविष्ट भी हुआ। पर वह पराजित होकर वापस लौट आया और नेपाल में गोरखा शासन स्थापित हो गया। इस प्रकार नेपाल में अंग्रेजों का प्रथम हस्तक्षेप इनके लिए अपमानजनक साबित हुआ।

१७७२ में राजा पृथ्वीनारायण शाह की मृत्यु हो गयी। नेपाल के इतिहास में उनका स्थान बड़े महत्व का है। उसने नेपाल की घाटी और उसके चारों ओर के पार्वत्य प्रदेश में एक सुव्यवस्थित शासन स्थापित करने में अपूर्व सफलता प्राप्त की थी। इस क्षेत्र के सब छोटे-छोटे राज्यों पर विजय कर उसने उन्हें अपने अधीन कर लिया था और नेपाल के भावी उत्कर्ष के लिए मैदान तैयार कर दिया था। अब उसका पुत्र प्रतापसिंह शाह नेपाल की राजगद्दी पर आरूढ़ हुआ। पर १७७७ ई० में उनकी भी मृत्यु हो गई और उसकी विधवा रानी राजेन्द्रलक्ष्मी अपने नावालिग पुत्र रणबहादुर के नाम पर राज्य करने लगी। इस काल मे गोरखा सेनाओं ने ठेठ नेपाल के पश्चिम के सप्तगंडकी (गंडक नदी के शाखाओं द्वारा सिंचित) प्रदेश और पूर्व के सप्त-कोशिकी (कोसी नदी द्वारा सिंचित) प्रदेश की विजय की। राजेन्द्रलक्ष्मी के बाद रण बहादुर के चाचा बहादुर शाह ने रीजेन्ट के रूप में ५ वर्ष (१७८७-९२) तक नेपाल के शासन-सूत्र का संचालन किया। इस काल में घाघरा नदी द्वारा सिंचित पहाड़ी प्रदेश और कुमायूँ को जीतकर गोरखा राज्य के अधीन किया गया। निस्संदेह, इस समय गोरखा लोग बहुत शक्तिशाली थे और अपने साम्राज्य के प्रसार के लिए प्रयत्नशील थे। उन्होंने तिब्बत पर भी चढ़ाई की, पर इसमें उन्हें सफलता प्राप्त नहीं हो सकी। इस काल में तिब्बत पर चीन का अधिपत्य स्वीकार किया जाता था। गोरखा आक्रमण

का बदला लेने के लिए एक चीन की सेना ने नेपाल पर चढ़ाई कर दी गोरखा सेना उसका मुकाबला (१७९२ में) नहीं कर सकी और परास्त हो गई। यह अवसर था जबकि चीन के आक्रमण से अपने देश की रक्षा करने के प्रयोजन में बहादुर शाह ने अंग्रेजों से सहायता की याचना की और उनके साथ एक ऐसी व्यापारिक सन्धि करने के लिए वह तैयार हो गया, जिसके कारण अंग्रेजों को नेपाल में भी अनेक प्रकार के विशेषाधिकार प्राप्त हो जाते थे। इस समय भारत का गर्वनर-जनरल लार्ड कार्नवालिस था। अंग्रेज राजदूत जब तक काठमाण्डू पहुँचा, चीन-नेपाल युद्ध का अन्त हो चुका था और चीन द्वारा परास्त हो जाने के कारण नेपाल ने चीन के सम्राट् का आधिपत्य स्वीकार कर लिया था। बहादुर शाह ने यह समझा कि अंग्रेजों के साथ मैत्री स्थापित करने का यह अच्छा अवसर है। वह अभी रीजेन्ट की स्थिति में ही नेपाल का शासन कर रहा था, क्योंकि वहां का राजा रणबहादुर अभी नबालिग था। अंग्रेजों की सहायता से बहादुर शाह ने स्वयं राजा बनने और रणबहादुर को कैद करने का षड्यंत्र किया। पर नेपाल के लोग यह सहन नहीं कर सके। वे उसके विरूद्ध हो गये और रण बहादुर ने अपने चाचा को कैदकर शासन-सूत्र को स्वयं १७६५ में अपने हाथों में ले लिया। कुछ समय बाद कैदखाने में ही बहादुर शाह की हत्या कर दी गई।

राणा बहादुर भी लंबे समय तक नेपाल का शासन नहीं कर सका। दो वर्ष की आयु के अपने पुत्र गीर्वाण युद्ध विक्रम शाह को राजगद्दी पर बैठाकर और अपनी बड़ी रानी राजराजेश्वरी को रीजेन्ट नियुक्त कर वह सन्यासी हो गया। पर शीघ्र ही वह सन्यासी के जीवन से उकता गया और फिर राज्य-कार्य में हस्तक्षेप करने लगा। इस समय दामोदर पाण्डे नेपाल का प्रधानमंत्री था। उसे रणबहादुर की गतिविधि पसन्द नहीं थी। उसने निश्चय किया, कि रणबहादुर को कैद कर लेने में ही राज्य का हित है। दामोदर पाण्डे से अपनी रक्षा के लिए रणबहादुर नेपाल छोड़कर काशी चला आया और वहां आकर उसने अंग्रेजों की शरण ली। उसे खर्च के लिए जितने धन की आवश्यकता होती थी, अंग्रेज उसे

प्रसन्नतापूर्वक प्रदान करते रहते थे, क्योंकि उनका विचार था कि रणबहादुर को अपना वशवर्ती बनाकर वे नेपाल में भी अपने प्रभुत्व का विस्तार कर सकेंगे। १८०१ में अंग्रेजों ने रण बहादुर के साथ एक संधि की, जिसकी एक शर्त यह थी कि काठमाण्डू के दरबार में एक रजिडेन्ट की नियुक्ति की जायेगी। फरवरी १८०२ में कैप्टिन नॉक्स ने डॉ० फ्रासिस हैमिल्टन के साथ काठमाण्डू में प्रवेश किया और रण बहादुर के साथ की गई सन्धि के आधार पर यह दावा किया, कि उसे नेपाल दरबार में स्थान प्रदान किया जाय। परन्तु नेपाल की अधिशासिका राजराजेश्वरी और अन्य प्रमुख सरदार इस सन्धि के विरूद्ध थे। वे भली-भांति जानते थे, कि किसी देश को अपने प्रभुत्व में लाने के लिए अंग्रेज लोग इसी उपाय को प्रयोग में लाते हैं। जिन सरदारों ने इस सन्धि का विरोध किया, उनका नेता अमरसिंह थापा था। नेपाल के राज्य के विस्तार में उसने बहुत कृतित्व प्रदर्शित किया था, अतः शासन और सेना पर उसका बहुत प्रभाव था। प्रमुख सरदारों के विरोध के कारण काठमाण्डू में कैप्टिन नॉक्स की स्थिति बहुत डांवाडोल हो गई और वह १८०३ में वापस लौट आया।

अग्रेंजों की सहायता से नेपाल की राजगद्दी की पुर्नप्राप्ति में विफल होने के बाद १८०४ में रणबहादुर ने काशी से नेपाल की ओर प्रस्थान किया। राजराजेश्वरी अपने पति का विरोध नहीं कर पायी और रण बहादुर ने उसकी रीजेन्सी का अन्त कर शासन सूत्र अपने हाथों में ले लिया। उसने भारत प्रवास के दौरान अंग्रेजों के सैन्य संगठन को नजदीक से देखा था। नेपाल आकर रणबहादुर ने काठमाण्डू में एक नये किले का निर्माण कराया और अपनी सेना का पुनर्गठन किया। फिर प्रबल वेग से साम्राज्य विस्तार के कार्य में जुट गया। उसने पुर्वोत्तर भारत के कई इलाकों के अलावा मोरगं समेत मिथिला के उत्तरी भाग में भी साम्राज्य विस्तार किया। दरभंगा राज्य ने गोरखों के साम्राज्य विस्तार की ओर ईस्ट इंडिया कम्पनी की ध्यान भी आकर्षित किया, लेकिन गोरखा शक्ति से लोहा लेने की हिम्मत कम्पनी नहीं जुटा पायी।

आंग्ल-नेपाल युद्ध

१८०९ ई० तक नेपाल का साम्राज्य अपनी चरमसीमा तक पहुँच चुका था वर्तमान समय में जो प्रदेश नेपाल राज्य के अन्तर्गत हैं उनके अतिरिक्त कूमायूँ, गढ़वाल और टिहरी के प्रदेश भी उसके अन्तर्गत थे। यमुना सतलुज नदी के बीच पार्वत्य प्रदेश भी उसके अधीन था और पूर्व में सिक्किम तथा दार्जिलिंग के प्रदेश भी उसकी अधीनता स्वीकार करते थे। उस तराई के साथ-साथ कुछ प्रदेश जो आजकल बहराइच और गोरखपुर जिले में है उस समय नेपाल की तराई के ही भाग थे। पर १९ वी० सदी के इस प्रारंभिक भाग में ब्रिटेन की ईस्ट इंडिया कम्पनी भी भारत में अपने प्रभुत्व को स्थापित करने में तत्पर थी और उत्तरी भारत के अनेक प्रदेश उसकी अधीनता में आ चुके थे। इस दशा में यह सर्वर्था स्वभाविक था कि अंग्रेजों का नेपाल के साथ भी संघर्ष प्रारंभ हो। जिस समय लार्ड कार्नवालिस भारत का गवर्नर जनरल था अवध के नवाब के साथ अंग्रेजों ने एक संधि की थी जिसके अनुसार अवध में एक अंग्रेजी सेना रख दी गयी थी और इस सेना का खर्च चलाने के लिए गोरखपुर और बहराईच जिलों की मालगुजारी अंग्रेजों को प्रदान कर दी गयी थी। ये दोनों जिले हिमालय की तराई के साथ-साथ स्थित हैं नेपाल की दक्षिणी सीमा इनके साथ लगती है। कौन से प्रदेश नेपाल में है और कौन से इन जिलों में इस प्रश्न पर समय-समय पर विवाद उत्पन्न होते रहते थे। यह विवाद विशेषतया बूटवल और शिवराज नामक बस्तियों के सम्बन्ध में था। इस विवाद का अंत करने के लिए १८१३ में दोनों देशों ने अपने-अपने प्रतिनिधि नियत कर दिये गये थे। पर जब मार्च १८१४ में उनसे बातचीत शुरू हुई तो अंग्रेज प्रतिनीधि नियत कर दिये गये थे। पर जब मार्च १८१४ में उनके बातचीत शुरू हुई तो अंग्रेज प्रतिनिधियों जानबूझकर नेपाली को यह अल्टिमेटम दिया कि २५ दिनों के अंदर इन बस्तियों की खाली कर लिया जाय। इस अवधि के समाप्त होते ही गोरखपुर के कलक्टर ने इस पर कब्जा कर लिया और वहाँ अपने कर्मचारी नियुक्त कर दिये जब यह समाचार काठमाण्डू

पहुँचा तो नेपाल को परिस्थिति की गंभीरता का भान हुआ। नेपाल दरबार के बहुसंख्यक नेता इस सम्मति के थे कि इन बस्तियों को अंग्रेजों को दे देना चाहिए और इनके लिए ब्रिटेन से युद्ध नहीं करना चाहिए पर प्रधानमंत्री भीमसेन थापा युद्ध के पक्ष में या उसके परामर्श से नेपाल दरबार ने अग्रेजों का मुकाबला करने का निर्णय किया और मई १८१४ में एक नेपाली सेना ने बूटबल और शिवराज पर कब्जा कर लिया। पर अमरसिंह थापा को यह बात पंसद नहीं आयी। वह चतुर राजनीतिज्ञ था उसका कहना था कि कुमायूँ, गढ़वाल और यमुना तथा सतलुज के बीच के पार्वत्य प्रदेश पर नेपाल का शासन स्थापित हुए अभी अधिक समय नहीं हुआ है अतः अंग्रेजों के विरूद्ध संघर्ष शुरू करने के लिए अभी उपयुक्त अवसर नहीं आया है। विषशतयों जबकि रंजतीसिंह और मराठे भी उनके साथ संधि कर चुके हैं इस समय अंग्रेज भारत में किसी भी बड़े युद्ध में नहीं थे अतः वह अपनी सभी शक्ति नेपाल के विरूद्ध लगा सकते थे। इस दशा में अमरसिंह थापा ने नेपाल दरबार को यह परामर्श दिया कि बुटबल और शिवराज अंग्रेजों को लौटाकर उनके साथ संधि कर लेने में ही नेपाल का हित है। नेपाल की सरकार ने यह बात स्वीकार कर ली और अमरसिंह थापा को यह अधिकार दे दिया कि वह अंग्रेजों के साथ संधि की बात शुरू कर दे। अमरसिंह ने लुधियाना में स्थित अंग्रेजी सेना के सेनापति के पास संधि का संदेश भेजा पर उसने उसकी कोई परवाह नहीं की इसी प्रकार काठमाण्डू दरबार द्वारा जो राजदूत संधि की बात चलाने के लिए लार्ड हेस्टिंगस के पास भेजा गया था उसे भी निराशा का सामना करना पड़ा। हेस्टिंग्स कट्टर साम्राज्यवादी था और भारत में ब्रिटिश सत्ता के विस्तार के लिए कटिबद्ध था नेपाल की ओर से सुलह के लिए जो प्रयत्न किए जा रहे थे उन्हें उसने उस देश की निर्बलता का प्रमाण समझा और यह निर्णय किया कि सैन्य शक्ति का प्रयोग कर नेपाल राज्य को भी हस्तगत कर लिया जाय।

इस निर्णय के अनुसार अक्टूबर १८१४ में पांच अंग्रेजी सेनाओं ने नेपाल राज्य पर आक्रमण प्रारंभ कर दिया। एक सेना ओक्टरलेनी के नेतृत्व में सतलुज नदी के साथ-साथ उत्तर दिशा में आगे बढ़ती हुई

शिवालक की उपत्यका में पलासिया तक पहुँच गई। दूसरी सेना जिलेस्पी के नेतृत्व में मेरठ से चली और देहरादून में प्रवेश कर गई इस सेना को यह आदेश दिया गया था कि देहरादून से बढ़कर नाहन पर कब्जा कर ले और सतलुज के रास्ते से बढ़ती हुई अंग्रेजी सेना से जा मिले। साथ ही यह सेना गढ़वाल पर भी आक्रमण करे। तीसरी सेना गोरखपुर से बुटवल के रास्ते पालपा पर आक्रमण के लिए भेजी गयी। चौथी सेना पटना से काठमाण्डू की ओर भेजी गयी और पांचवी सेना को यह आदेश दिया गया कि वह सिक्किम के राजा को नेपाल के विरूद्ध विद्रोह कर देने के लिए प्रेरित करें। इस प्रकार अंग्रेजों और नेपाल में युद्ध प्रारंभ हुआ जो अंग्रेजी सेना मेरठ से देहरादून भेजी गई थी उसने २४ अक्टूबर १८१४ के दिन इस नगर पर कब्जा कर लिया जिसके कारण नेपाली सेना ने देहरादून से ४ मील दूर नालापानी में जाकर आश्रय लिया और उसकी किलाबंदी की। यहाँ अंग्रेजी और नेपाली सेनाओं में घनघोर युद्ध हुआ जिसमें अंग्रेंजी सेनापति जिलेसपी मारा गया, पर अंत में अंग्रेज नालापानी को जीतने में समर्थ हो गये और उनकी सेना यमुना को पार कर नहान पहुँच गई। गोरखपुर से जो अंग्रेजी सेना नेपाल की तराई में प्रविष्ट हुई थी उसे अपने ध्येय में विशेष सफलता प्राप्त नहीं हो सकी। यही दशा पटना वाली सेना की भी हुई। पर जिस पूर्वी सेना को सिक्किम की ओर आगे बढ़ने का आदेश दिया गया था, सिक्किम के राजा ने उसका साथ दिया जिसके कारण वह मिथिला के उत्तर में नेपाल के मोरंग प्रदेश पर कब्जा करने में सर्मथ्य हो गया। पंजाब से जिस सेना ने सतलुज के साथ-सांथ आगे बढ़ना शुरू किया था उसे अमरसिंह थापा की नेपाली सेनाओं का मुकाबला करना पड़ा। अमरसिंह और उसके पुत्र रंजोरसिंह ने डटकर अंग्रेजों से युद्ध किया और प्रत्येक किले की रक्षा के लिए अपनी शक्ति लगा दी। यदि इस समय काठमाण्डू दरबार तत्परता से काम करती तो संभवतः नेपाल का यह साम्राज्य कायम रह सकता। नेपाल चीन से सहायता प्राप्त कर सकता था और भारत के विविध राजाओं को भी अंग्रेजों के विरूद्ध उठ खड़े होने के लिए प्रेरित कर सकता था। अमरसिंह की यही नीति थी,

उसने पंजाब के सिख राजा रंजीत सिंह से सहायता प्राप्त करने का प्रयत्न भी किया पर इसमें उसे सफलता नहीं मिली। इस बीच में अनेक रण क्षेत्रों में अंग्रेजों को अच्छी सफलता प्राप्त हो रही थी। इस दशा में नेपाल की सरकार ने यही उचित समझा कि अंग्रेंजों से संधि कर युद्ध को समाप्त कर दिया जाय। मई १८१५ में मुजफ्फरपुर के उत्तर में सुगौली नामक स्थान पर नेपाल के राजदूतों ने संधि की बातचीत शुरू की। अग्रेजों की मुख्य शर्तें निम्न थी- 1. सिक्किम पर नेपाल के अधिपत्य को समाप्त कर दिया जाय। 2. पाली नदी के पश्चिम के सभी प्रदेशों पर से नेपाल अपने अधिकार का परित्याग कर दे। 3. काठमाण्डु में अग्रेज रेजिडेन्ट नियुक्त किया जाय। 4. काठामण्डु दरबार इन शर्तो को स्वीकृत कर लेने के लिए तैयार था। पर इस बीच में अमरसिंह थापा नेपाल पहुँच गया और उसने इस संधि के विरूद्ध आवाज उठायी। उसके विरोध के कारण संधि की बातचीत समाप्त हो गयी और अंग्रेजी सेना ने रक्सौल-आमलेख गंज के मार्ग से नेपाल पर चढ़ाई कर दी। इस आक्रमण में अंग्रेजों को अच्छी सफलता प्राप्त हुई और अब काठमाण्डु दरबार ने यही उचित समझा की अंग्रेजों की सभी शर्तो को स्वीकार कर उनके साथ संधि कर ली जाय। 3 मार्च १८१६ के दिन संधि पत्र पर हस्ताक्षर कर दिये गये, जिसके कारण वे सब प्रदेश अब नेपाल के हाथों से निकल गये जो पिछले वर्षो में उसने अधिगत किये थे। यह ऐतिहासिक सुगौली की संधि थी, पर्वतीय प्रदेशों के बदले मिथिला के उत्तरी भाग पर नेपाल के प्रभुत्व को स्वीकार कर लिया।

इस सन्धि के कुछ दिन बाद अमरसिंह थापा की मृत्यु हो गयी और राजा गीर्वाण विक्रम भी मर गया, अब उसका पुत्र राजेन्द्र विक्रम साह नेपाल की राजगद्दी पर आरूढ़ हुआ। इस समय उसकी आयु केवल तीन वर्ष की थी अतः शासन सूत्र प्रधानमंत्री भीमसेन थापा के हाथों में रहा। अंग्रेजों और नेपाल में संधि हो जाने का एक महत्वपूर्ण परिणाम यह हुआ कि कुमायूँ, गढ़वाल, टिहरी और यमुना सतलुज के मध्यवर्ती पार्वत्य प्रदेश पर अंग्रेजों का प्रभुत्व स्थापित हो गया। इनके जो

विविध राजा पहले नेपाल की अधीनता स्वीकृत करते थे अब उन्होंने अंग्रजों के प्रभुत्व में रहना स्वीकार कर लिया।

सन् १८३७ तक नेपाल का शासन सूत्र भीमसेन थापा के हाथों में रहा अब राजा राजेन्द्र विक्रम साह १९ साल की आयु का हो गया था और शासन कार्य हाथ बटाने की स्थिति में आ गया था। १८३७ में उसने भीमसेन थापा को पदच्यूत करके रामजंग पाण्डे को प्रधानमंत्री के पद पर नियुक्त किया, रामजंग पाण्डे अग्रेजों की बढ़ती हुई शक्ति से बहुत उद्धीग्न था। काठमाण्डू में अंग्रेज रेजीडेन्ट की नियुक्ति उसे जरा भी पसंद नहीं थी। वह चाहता था कि अंग्रेजों के विरूद्ध हथियार उठाये जाये और उन सब प्रदेशों को फिर से प्राप्त करने का प्रयत्न किया जाय, जो सुगौली की संधि के कारण नेपाल के हाथों के निकल गये थे। उसने सेना की शक्ति को बढ़ाने पर विशेष ध्यान दिया और अपने अनेक राजूदत इस प्रयोजन से भारत भेजे ताकि वे वहाँ के राज्यों को अग्रेजों के विरूद्ध उठ खड़े होने के लिए प्रेरित करें। ये दूत ग्वालियर, रिवा, नागपुर, हैदराबाद, लाहौर, जोधपुर, सिक्किम और भूटान आदि में गये और वहाँ के राजाओं के साथ उन्होंने बातचीत शुरू की। अंग्रेंजों को इन पर संदेह न होने पाये अतः ऊपर से यह प्रदर्शित किया गया कि ये युवक राजा राजेन्द्र विक्रम शाह के विवाह सम्बन्ध में तय करने के लिए भारत आये हैं पर अंग्रेंज लोग नेपाली राजूदतों की गतिविधि को संदेह की दृष्टि से देख रहे थे। अतः उन्होंने नेपाल की सीमा पर अपनी सेना में वृद्धि कर दी। इधर नेपाल के राजूदतों को भारतीय राज्यों में अंग्रेजों के विरूद्ध उभरने में सफलता नहीं मिली। इस स्थिति में रामजंग पाण्डे का उत्साह कम हो गया और नेपाल तथा अंग्रेजों में दूसरी लड़ाई शुरू नहीं हो पायी।

नेपाल में राणाओं के शासन का काल

प्रधानमंत्री रामजंग पाण्डे जिस ढंग से अपने देश से अंग्रेजी प्रभुत्व का अंत करने और नेपाल के खोये हुए प्रदेशों को फिर से प्राप्त करने के लिए प्रयत्न कर रहा था, अंग्रेज उससे बहुत चिंतित थे। इस समय

काठमाण्डु के दरबार में अग्रेजी रजिडेन्ट के पद पर होगसन नियुक्त था। वह बहुत चतुर व्यक्ति था वह जानता था कि नेपाल में अनेक शक्तिशाली सरदारों की सत्ता है जिनके पारस्परिक ईर्ष्या-द्वेष से लाभ उठाकर इस देश की शक्ति को क्षीण किया जा सकता है। वह अपने कार्य में सफल हुआ और उसके प्रयत्न से नेपाल के सरदारों में द्वेष की भावना तीव्र हो गयी। इसी के परिणामस्वरूप कतिपय सरदारों ने एक षड्यंत्र किया जिस द्वारा राजा राजेन्द्र विक्रम शाह की बड़ी रानी को विष देकर हत्या कर दी गई। यह रानी रामजंग पाण्डे की समर्थक थी और उसकी सत्ता के मुख्य आधार थी। उसकी मृत्यु के बाद काठमाण्डु दरबार में रामजंग पाण्डे का प्रभाव कम हो गया और उसके स्थान पर मातवरसिंह को प्रधानमंत्री पद पर नियुक्त किया गया। मातवरसिंह भीमसेन थापा का भतीजा था और पाण्डे परिवार का मुख्य विरोधी था। उसने मई १८४२ में इस परिवार के अनेक प्रमुख व्यक्तियों को गिरफ्तार कर फाँसी पर चढ़ा दिया।

मातवरसिंह भी देर तक नेपाल के शासन सूत्र का संचालन नहीं कर सका। उसका भांजा जंग बहादुर बहुत महत्वकांक्षी व्यक्ति था और अंग्रेजों का पक्षपाती एवं मित्र था। होगसन उसी के द्वारा नेपाल के दरबार की योजनाओं का पता करता रहता था, उसने अब अपने मामा के विरूद्ध षड्यंत्र किया और १८ मई १८४५ को जब मातवरसिंह राजा राजेन्द्र विक्रम साह की छोटी रानी से मिलने के लिए अंत:पुर में आया हुआ था जंगबहादुर को गोली मारकर उसकी हत्या कर दी। मातवरसिंह की मृत्यु के बाद फतहजंग चौतरिया को प्रधानमंत्री नियत किया गया और नये मंत्रीमंडल में उसने जंगबहादुर को भी स्थान प्रदान किया पर जंगबहादुर इतने से ही संतुष्ट नहीं हुआ वह नेपाल शासन सूत्र को अपने हाथों में लेने के लिए उत्सुक था, मातवरसिंह के बाद जो नयी सरकार काठामाण्डु में कायम हुई थी उसमें प्रधान सेनापति का पद गगन सिंह को दिया गया था। रानी के साथ उसकी घनिष्ठ मैत्री थी जिसके कारण सरकार पर उसका विशेष प्रभाव था। १४ सितम्बर १८४६ के दिन जब वह अपने घर में बैठा हुआ पूजा कर रहा था एक खिड़की से एक गोली

ने आकर उसके जीवन लीला को समाप्त कर दिया यह हत्या भी जंग बहादुर ने ही की थी। पर रानी को उस पर संदेह नहीं हुआ क्योंकि गगन सिंह की रानी के साथ मैत्री थी। अतः उसने अपने मित्र के हत्यारे का पता करने और समुचित दंड देने के लिए राज्य के सभी प्रमुख सरदारों को दरबार में बुलाया जंग बहादुर के लिए यह उत्तम अवसर था। वह भी दरबार में उपस्थित हुआ और उसने अपनी सेना को यह आदेश दिया कि वह दरबार के बाहर तैयार रहे और उसकी आज्ञा की प्रतिक्षा करे। इस समय तक नेपाल में सेना का ऐसा सुव्यवस्थित संगठन नहीं हुआ था कि उसके सब सैनिक तथा सेनानायक नियंत्रण में रहते हुए प्रधान सेनापति और सरकार के आदेशों का ही पालन किया करें। अपनी-अपनी सेना पर विविध सरदारों व सेनापतियों का प्रभाव होता था और वह उन्हीं के आदेशों का पालन किया करती थीं। वीर किशोर पाण्डे नामक युवक पर गगन सिंह की हत्या का आरोप लगाया गया और उसे हथकड़ी लगाकर दरबार में उपस्थित किया गया। अपने मित्र की हत्या के आरोप में अभियुक्त को प्राणदण्ड देने के लिए रानी इतनी उत्सुक थी की उसने उस पर बाकायदा मुकदमा चलाने की कोई आवश्यकता नहीं समझी। राजा राजेन्द्र विक्रमशाह और प्रधानमंत्री फतहजंग ने रानी को समझाया कि अभियुक्त को अपनी सफाई का अवसर देना चाहिए पर उसने उनकी एक न सुनी और जंग बहादुर की प्रेरणा से यही निर्णय किया कि वीर किशोर पाण्डे के घात से ही गगन सिंह की हत्या का प्रतिशोध संभव है। दरबार का वातावरण इस समय बहुत गरम हो गया था। विविध सरदार एक दूसरे की गतिविधि को आंशका की दृष्टि से देख रहे थे। जंगबहादुर इसी अवसर की प्रतीक्षा में था। उसने अपने सैनिकों को ईशारा किया, प्रधानमंत्री फतहजंग चौतरिया पर गोली चलायी गयी और वह वहीं पर ढ़ेर हो गया। इसके बाद जंग बहादुर के सैनिकों ने ३० प्रमुख सरदारों और उनके १०३ अनुचरों की हत्या की ये सब सरदार निशस्त्र दशा में ही दरबार में उपस्थित हुए थे और उनकी सेनाएँ भी उनके साथ नहीं थी। इस दशा में जंग बहादुर का षड्यंत्र सफल हो गया और उसके सब विरोधी मौत के घाट उतार दिये गये। जो सरदार

इस समय जंग बहादुर के षड्यंत्र के शिकार हुए उसमें रणजोर सिंह भी एक था जो अमर सिंह थापा का पुत्र था और जिसने अंग्रेजों के विरूद्ध युद्ध में अनुपम वीरता प्रदर्शित की थी। अब जंग बहादुर के लिए अपनी महत्वकांक्षाओं को पूर्ण करने के लिए मैदान साफ हो गया था। नेपाल में अब कोई ऐसा शक्तिशाली सरदार नहीं रह गया था जो उसके मुकाबले में खड़ा हो सकता। राजा और रानी उसके सम्मुख असहाय थे उन्होनें अब उसे ही प्रधानमंत्री और प्रधान सेनापति के पदों पर नियुक्ति कर दिया।

राजा राजेन्द्र विक्रम साह को यह सहन नहीं हुआ कि उसकी स्थिति जंग बहादुर के हाथों में कठपुतली के समान हो जाय, वह नेपाल छोड़कर भारत चला गया और रानी ने भी उसका अनुसरण किया। भारत जाकर उन्होंने एक सेना एकत्रित की और नेपाल की तराई पर चढ़ाई कर दी पर इस आक्रमण में उन्हें सफलता प्राप्त नहीं हो सकी। जंग बहादुर को अपने रास्ते के इस कांटे को भी दूर करने के लिए उत्सुक था। अत: राजेन्द्र विक्रम शाह को राज्यच्युत कर उसके पुत्र सुरेन्द्र विक्रम साह को मई १८४७ में नेपाल का राजा बनाया।

जंग बहादुर को अब भी पूर्ण संतोष नहीं था। वह राज्य का वास्तविक कर्त्ता-धर्त्ता बनना चाहता था। कुछ समय बाद उसने राजा सुरेन्द्र विक्रम साह को एक सनद पर हस्ताक्षर करने के लिए प्रेरित किया। जिसके द्वारा यह व्यवस्था की गई कि प्रधानमंत्री का पद जंगबहादुर के वंश में स्थिर रहे। जंग बहादुर के बाद उसके भाई आयुक्रम से प्रधानमंत्री के पद पर रहें और उनकी मृत्यु के अनन्तर उसके और उसके भाईयों के पुत्रों में जो आयु में अधिक हो उसने महाराजा और राणा की उपाधियाँ प्राप्त की। इस प्रकार नेपाल में १८४७ में राणाओं के उस शासन का प्रारंभ हुआ जो १०४ वर्षों तक कायम रहा। सन् १९५१ में इस राणा शासन का अंत हुआ। इस शासन में राजा के स्थिति नाममात्र की थी और वास्तविक शासन शक्ति राणाओं के हाथों में थी जो आयुक्रम और वंशक्रम के अनुसार प्रधानमंत्री और प्रधान सेनापति के पदों पर आरूढ़ होते थे।

जंग बहादुर के शक्ति प्राप्त कर लेने पर नेपाल में उन सरदारों का अंत हो गया जो अंग्रेजों के विरोधी थे, थापा, पाण्डे और चौतरिया आदि कुलों के सरदार न केवल नेपाल के पूर्ण स्वतंत्रता के पक्षपाती थे, अपितु साथ ही अपने देश के उत्कर्ष के लिए भी उत्सुक थे। इसके विपरीत जंग बहादुर अंग्रेजों का घनिष्ट मित्र था और उन्हीं के समर्थन व सहयोग से नेपाल की शासन नीति के संचालन का पक्षपाती था। १८१६ की संधि के अनुसार अंग्रेज रेजीडेन्ट काठमाण्डु में निवास करने ही लगा था। जंगबहादुर की अंग्रेजों के प्रति जो मैत्री भावना थी उसके कारण अब नेपाल की राजनीति पर उनके प्रभाव में और अधिक वृद्धि हो गयी। १८४८ में अग्रेजों और सिख में दूसरे युद्ध का प्रारंभ हुआ इस अवसर पर जंग बहादुर ने अंग्रेजों की सहायता का प्रस्ताव किया वह चाहता था कि एक नेपाली सेना सिखों के विरूद्ध लड़ाई के लिए पंजाब भेजी जाय। पर लार्ड डलहौजी ने इसकी कोई आवश्यकता नहीं समझी पर इससे यह भलिभांति समझा जा सकता है कि इस समय नेपाल की सरकार का अग्रेजों के प्रति क्या रूख था। १८५0 में जंग बहादुर ने इंग्लैंड और यूरोप की यात्रा की लंदन में उसने महारानी विक्टोरिया से भेट की विदेश यात्रा से वापस लौटने पर उसके अंग्रेजी सरकार के साथ सम्बन्ध और भी मधुर हो गये। नेपाल पर ब्रिटिश प्रभाव अब निरंतर बढ़ता गया यद्यपि वह एक स्वतंत्र राज्य था पर जंग बहादुर की नीति सब मामलों में ब्रिटेन का समर्थन करने की थी।

१८५७ में भारत में प्रथम स्वतंत्रता युद्ध का प्रारंभ हुआ। उत्तरी भारत सर्वत्र अंग्रेजी शासन के विरूद्ध विद्रोह शुरू हो गये। नेपाल के अनेक सरदारों के मन में यह विचार उत्पन्न हुआ कि इस अवसर का उपयोग अपने देश की पूर्ण स्वतंत्रता के लिए किया जा सकता है। नेपाल अब ब्रिटेन का वशवर्ती राज्य था और अंग्रेजी रेजीडेन्ट की सत्ता वहाँ के देश भक्तों की आँखों में शूल की तरह चुभा करती थी। पर जंग बहादुर अंग्रेजों का मित्र था। भारत के स्वतंत्रता युद्ध में उसने अंग्रेजी सरकार का साथ देने का निर्णय किया और एक नेपाली सेना अंग्रेजों की

सहायता के लिए भेज दी गयी। अनेक ऐसे नेपाली सरदार भी इस सेना में भर्ती हो गये जो हृदय से अंग्रेजों के शत्रु थे। उनकी योजना यह थी कि भारत जाकर वे विद्रोह कर देंगे। पर दुर्भाग्य से जंग बहादुर को उनकी इस योजना का पता चला गया। वे गिरफ्तार कर लिये गये और फाँसी पर चढ़ाये गये भारत के स्वतंत्रता युद्ध को विफल बनाने में जंग बहादुर की नेपाली सेना में कर्त्तत्व प्रदर्शित किया। अपनी कृतज्ञता प्रदर्शित करने के लिए अंग्रेजों ने १८६० में तराई के प्रदेश में २०० मील लम्बा जमीन का एक टुकड़ा नेपाल को प्रदान किया जो घाघरा नदी के पूर्व और गोरखपुर जिले के उत्तरी भाग में स्थित था। साथ ही ब्रिटिश सरकार की ओर से जंग बहादुर को सर की उपाधि प्रदान की गई जिसे स्वीकार करते हुए नेपाल के इस प्रधानमंत्री ने यह वचन दिया कि यदि भविष्य में कभी ब्रिटेन को नेपाल की सहायता की आवश्यकता होगी तो वह बड़ी खुशी से प्रदान की जायेगी।

१८७६ में राणा जंग बहादुर की मृत्यु हुई उसके बाद उसका भाई रणोद्दीप नेपाल का प्रधानमंत्री व प्रधान सेनापति बना उसके शासन काल में युवराज त्रिलोक विजय ने राणाशाही से मुक्त होने का प्रयत्न किया पर उसे सफलता नहीं मिली। इसी प्रकार का एक यत्न १८८१ में किया गया जिसमें नेपाल के ५५ प्रमुख सरदार सम्मिलित थे। यह प्रयत्न भी असफल रहा इसके नेताओं को भी गिरफ्तार कर प्राणदण्ड दिया गया। वस्तुत: अब नेपाल की सब शासन शक्ति राणाओं के हाथों में आ गयी थी और उन्हें अपदस्थ कर सकना सुगम नहीं था। पर प्रधानमंत्री के पद पर कौन सा राणा नियुक्त हो इस सम्बन्ध में झगड़े होते रहे। जंग बहादुर ने जो व्यवस्था की थी उसके अनुसार प्रधानमंत्री की मृत्यु के अनन्तर राणा परिवार में जो पुरूष ज्येष्ठ हो वही उसका स्थान ले सकता था। पर अनेक महत्वांकाक्षी एवं उद्दण्ड प्रकृति के राणाओं के लिए यह संभव नहीं होता था कि वे प्रधानमंत्री के स्वर्गवास की शांतिपूर्वक प्रतीक्षा करते रहें वे षड्यंत्र द्वारा उसका अंत कर देने के लिए प्रयत्नशील रहते थे। इसलिए १८८५ में रणोद्दीप की हत्या कर दी गयी और राणा के कुल के अन्य अनेक व्यक्ति मौत के घाट उतार दिये

गये। इस षड्यंत्र का नेता वीर समशेर था, जो अब प्रधानमंत्री बना उसके विरूद्ध भी अनेक बार षड्यंत्र किए गए पर वह १९०० ई० तक सफलतापूर्वक नेपाल का शासन करता रहा। उसके शासन काल के कपितय नेपाली नेताओं ने यह यत्न किया कि राणाशाही का अंत कर फिर से राजा के शासन की स्थापना की जाय। पर यह यत्न सफल नहीं हो सकता और राणाओं का प्रभुत्व नेपाल में कायम रहा।

१९०० ई० में वीर समशेर की मृत्यु के बाद उसका भाई देव शमसेर प्रधानमंत्री बना वह प्रगतिशील विचारों का व्यक्ति था उसकी योजना थी कि नेपाल में भी एक परिषद् की स्थापना की जाय जिसमें जनता के प्रतिनिधियों को भी स्थान प्रदान किया जाय। पर वह देर तक प्रधानमंत्री के पद पर नहीं रह सका। उसके भाई चन्द्र शमसेर ने उसे पकड़ कर कैद कर लिया और स्वयं प्रधानमंत्री बन गया। १९१२ में अपनी मृत्यु के समय तक वह नेपाल का कर्त्ता-धर्त्ता बना रहा उसके विरूद्ध जो भी षड्यंत्र हुए उनको विफल बनाने में उसने असाधारण सफलता प्राप्त की। ३० वर्ष के लगभग अपने सुदीर्घ शासनकाल में चन्द्र शमसेर ने जब भी अवसर आया अंग्रेजों की खुले दिल से सहायता की। १९१४-९८ के महायुद्ध में नेपाली लोगों को बड़ी संख्या में अंग्रेजी सेना में भर्ती किया गया और उन्हें यूरोप के युद्ध क्षेत्रों में भेजा गया अंग्रेज लोग नेपालियों के सैनिक योग्यता से भलिभांति परिचित थे। उन्होंने उन्हें अपनी सेना में भर्ती करना शुरू किया और भारत की अंग्रेजी सेना के वे महत्वपूर्ण अंग बन गये। देश की उन्नति पर भी चन्द्र शमसेर ने ध्यान दिया, काठमाण्डु में त्रिभुवन चन्द्र कॉलेज की स्थापना की गई जिसके द्वारा नेपाल में नये ज्ञान-विज्ञानों की शिक्षा देना प्रारंभ हुआ। बहुत से नेपाली विद्यार्थियों को इस काल में उच्च शिक्षा के लिए विदेशों में भी भेजा गया। नेपाल में नवयुग के सूत्रपात में इससे बहुत सहायता मिली। यहाँ यह उल्लेख करना उपयुक्त होगा कि राणाओं के शासन काल में वास्तविक शासन शक्ति प्रधानमंत्री के हाथों में रहती थी। पृथ्वीनारायण साह द्वारा स्थापित गोरखा राजवंश के व्यक्ति इस काल में काठमाण्डू के राजगद्दी पर विराजमान रहे। उन्हें पंच सरकार के नाम से

सम्बोधित किया जाता था और उनके नाम के साथ श्री श्री श्री श्री लगाया जाता था। पर राणा वंश के प्रधानमंत्री महाराजा और त्रिसरकार कहलाते थे और उनके नाम के साथ भी श्री श्री श्री लगाया जाता था। चन्द्र शमसेर की मृत्यु के बाद भी समशेर प्रधानमंत्री बना पर वह केवल दो वर्ष तक इस पद पर रह सका। उसके बाद १९३२ में युद्ध समशेर प्रधानमंत्री के पद पर आरूढ़ हुआ और १९४५ तक उसने नेपाल का शासन किया। उसके शासन काल में नेपाल और अंग्रेजी सरकार के मैत्री समबन्ध में और भी वृद्धि हुई। १९३९-४५ का द्वितीय महायुद्ध उसी के समय में हुआ जिसमें नेपाल ने अंग्रेजों की दिल खोल कर सहायता की। १९४५ में युद्ध समशेर ने स्वेच्छापूर्वक अपने पर का परित्याग कर दिया और उसका भतीजा पद्म समशेर प्रधानमंत्री बना। अप्रैल १९४८ में उसने भी अपने पद का त्याग कर दिया और मोहन शमसेर ने उसका स्थान ग्रहण किया उसी के समय में नेपाल में वह क्रांति हुई जिसके परिणाम स्वरूप राणाओं के शासन का अंत हुआ और पृथ्वीनारायण शाह के वंशज महाराजाधिराज पचं सरकार त्रिभुवन ने नेपाल के शासन सूत्र को अपने हाथों में ले लिया।

१०४ वर्षों (१८४६-१९५०) तक नेपाल पर राणाओं का शासन रहा यह शासन पूर्णतया निरंकुश एवं स्वेच्छाकारी था नेपाल के राणा प्रधानमंत्री स्वेच्छापूर्ण शासन करते थे और लोकतंत्र संस्थाओं का वहाँ सर्वथा अभाव था। इन शासकों ने देश की उन्नति के लिए कुछ न कुछ यत्न अवश्य किया। उन्होंने नये ढ़ंग से सेना का संगठन किया, अनेक शिक्षणालय स्थापित किये। नेपाली विद्यार्थियों को विदेशी शिक्षा के लिए भेजा और देश में कतिपय व्यवसायों के विकास का भी प्रयत्न किया। पर इनसे जनता को संतोष नहीं हो सकता था। लोकतंत्र वाद की जो लहर इस काल में संसार के सभी देशों को व्याप्त कर रही है। नेपाल को भी इससे अछूता रह सकना संभव नहीं था। भारत के साथ नेपाल का घनिष्ठ सम्बन्ध है। महात्मा गांधी के नेतृत्व में कॉग्रेस जिस ढंग से भारत की स्वंतत्रता के लिए प्रयत्नशील थी और अनेक क्रांतिकारी पार्टियाँ जिस प्रकार अंग्रेजी शासन को पलट देने के लिए उद्योग कर

रही थी। नेपाल पर भी उसका प्रभाव पड़ना अवश्यंभावी था। नेपाल के बहुत से नवयुवक शिक्षा प्राप्त करने के लिए भारत आया करते थे। ये देश के राष्ट्रीय आंदोलन के संपर्क में आए और इनमें से कतिपय कॉग्रेस प्रबल हो चुका था। अनेक देशी रियासतों में भी प्रजापरिषदें स्थापित हो गई थी, जो जनता के अधिकारों के लिए मांगें प्रस्तुत करने में तत्पर थी। १९३८ में नेपाल में भी प्रजा आंदोलन जोर पकड़ने लगा। पर राणाओं के निरंकुश शासन के कारण उसे विशेष सफलता प्राप्त नहीं हुई। इस दशा में पटना में प्रवासी नेपालियों ने एक नेपाली प्रजा परिषद् की स्थापना की जिसका उद्देश्य में वैध राजसत्ता की स्थापना करना था। इसने भारत में अपने केन्द्र कायम किये और वहां से ही जन-स्वतंत्रता के आंदोलन का प्रारंभ किया। नेपाल में शुक्रराज शास्त्री ने गीता के प्रवचन को निमित्त बनाकर भाषण की स्वतंत्रता का अधिकार को प्राप्त करने का प्रयत्न किया। इस पर उन्हें गिरफ्तार कर लिया गया और छः साल की कैद की सजा दी गई। पर इससे वहाँ लोकतंत्रवाद का आंदोलन दबा नहीं। अक्टूबर १९४० में नेपाल में बहुत से लोगों को गिरफ्तार किया गया। इनमें से ४ को प्राणदंड दिया गया। इनकी लाशों का प्रदर्शन करके जनता को यह चेतावनी दी गई कि नेपाल में राजद्रोहियों को ऐसी सजा दी जाती है।

१९४४ में जब कांग्रेस के नेतृत्व में भारत में अंग्रेजों भारत छोड़ो का आंदोलन प्रारंभ हुआ, तो उसमें अनेक नेपालियों ने भी भाग लिया। इनमें श्री बी.पी. कोईराला, श्री एस. पी. उपाध्याय और डा. डी.आर. रेगमी के नाम उल्लेखनीय हैं। महायुद्ध की समाप्ति पर संसार में सर्वत्र राष्ट्रीय स्वतंत्रता और लोकतंत्रवाद के आंदोलनों ने बहुत प्रबल रूप धारण कर लिया था। नेपाल भी इनके प्रभाव से अछूता नहीं रहा सका। जनवरी, १९५६ में अपने नेपाली नेता वाराणसी में एकत्र हुए और उन्होंने नेपाली नेशनल कॉग्रेस की स्थापना की। श्री जयप्रकाश नारायण में एकत्र हुए और उन्होंने नेपाली नेशनल काँग्रेस की स्थापना की। श्री जयप्रकाश नारायण और डॉ. राममनोहर लोहिया जैसे भारतीय समाजवादी नेताओं ने इस कांग्रेस के निर्माण में सहयोग दिया। इस नेपाली काँग्रेस का पहल

अधिवेशन जनवरी, १९४७ में कलकत्ता में हुआ। इसका अध्यक्ष श्री टंकाप्रसाद आचार्य को निर्वादित किया गया था, जो काठमाण्डु में कैद की सजा भुगत रहे थे। भारत के स्वतंत्रता आंदोलन की दृष्टि में रखते हुए नेपाली नेशनल कॉग्रेस ने भी यह निश्चय किया, कि जनता के अधिकारों की प्राप्ति के लिए सत्याग्रह के उपाय का आश्रय लिया जाए। इसी के अनुसार विराट्नगर और भारत की सीमा के समीप के अनेक अन्य नगरों में सत्याग्रह प्रारंभ किया गया। १९४८ में विक्रम महेन्द्र शाह के नेतृत्व में नेपाली डेमोक्रेटिक पार्टी संगठित हुई, जिसका उद्देश्य प्रायः वही थे, जो कि नेपाली नेशनल कॉग्रेस के थे। मार्च १९५० में इन दोनों संगठनों को मिलाकर नेपाली कॉग्रेस का निर्माण किया गया, जिसका पहला अधिवेशन श्री मातृका प्रसाद कोईराला की अध्यक्षता में कलकत्ता में हुआ। इसमें संदेह नहीं कि अब नेपाल में लोकतंत्रवाद का आंदोलन निरंतर प्रबल होता जा रहा था। इस समय तक भारत स्वतंत्र हो चुका था और चीन में भी सुसंगठित कम्यूनिस्ट रिपब्लिक की स्थापना हो गयी थी। इस दशा में यह सर्वथा स्वाभाविक था कि नेपाल में भी राणाओं के निरंकुश स्वेच्छाचारी शासन का अंत करने के लिए प्रयत्न प्रारंभ हो।

नेपाल में राणा शासकों के लिए भी यह संभव नहीं था कि वे जनता के इन आंदोलनों की उपेक्षा कर सके। यही कारण था कि राणा पद शमशेर ने फरवरी १९४८ में एक घोषणा द्वारा यह सूचित किया था, कि वह नेपाल में लोकतंत्रवाद के अनुसार शासन-सुधार करने के लिए उद्यत है। वह देश के लिए एक संविधान के निर्माण के लिए भी तैयार थे। उसका प्रस्ताव था कि नेपाल में सर्वत्र पंचायतों की स्थापना की जाये और वहाँ की पार्लियामेंट में दो सदन हों। मंत्रिमंडल के सदस्यों की नियुक्ति सर्वसाधारण जनता में भी की जाए और नागरिकों के मूलभूत अधिकारों का भी प्रतिपादन किया जाए। पर राणा परिवार के बहुसंख्यक सदस्य इन प्रस्तावों के विरोधी थे। इसी प्रकार पद्म शमशेर ने प्रधानमंत्री के पद से त्यागपत्र दे दिया था और मोहन शमशेर इस पद पर नियुक्त हुआ था।

नवम्बर १९५० में नेपाली काँग्रेस ने सत्याग्रह की निति का परित्याग कर सशस्त्र क्रांति का मार्ग का अवलम्बन किया। उसकी ओर से सशस्त्र दलों का संगठन किया गया, जिनमें भारत में प्रवास करने वाले नेपाली बड़ी संख्या में सम्मिलित हुए। राणा परिवार के अनेक व्यक्ति भी इस सशस्त्र क्रांति के समर्थक थे ओर महाराजा त्रिभुवन की भी उनके साथ सहानुभूति थी। राणा कुल के सब लोग एक समान स्थिति नहीं रखते, वे क, ख ओर ग वर्गों में विभक्त थे। केवल क वर्ग के राणा ही प्रधानमंत्री पद को प्राप्त करने की आशा रख सकते थे। अन्य वर्ग के राणाओं का समर्थन नेपाली काँग्रेस को प्राप्त था। सशस्त्र नेपाली दलों ने तराई के अनेक स्थानों पर चढ़ाई शुरू की और नेपाल में भी विद्रोह आरंभ हो गये। इस दशा में महाराजा त्रिभुवन ने पहले काठमाण्डू के भारतीय दूतावास में आकर शरण ली और फिर वह भारत सरकार के एक हवाई जहाज द्वारा दिल्ली चला आया। भारत के प्रयत्न से राणा सरकार इस बात के लिए तैयार हो गई कि नेपाल में लोकतंत्र शासन स्थापित किया जाए और मंत्रिमंडल में राणाओं के साथ-साथ नेपाली काँग्रेस के नेताओं को भी स्थान दिया जाए।

इस प्रकार फरवरी १९५१ में भारत के प्रयत्नों से नेपाल में १०४ वर्षों से चल रहे स्वेच्छाचारी राणाशाही का अन्त और संवैधानिक राजतंत्र की स्थापना हुई। भारत के सहयोग से नेपाल लोकतंत्र के मार्ग पर आगे बढ़ने लगा, लेकिन मार्ग आसान न था। नेपाल को लोकतांत्रिक गणराज्य में परिणत करने के लिए अभी काफी कठिन उथल-पुथल भरे संघर्ष को सुदीर्घ दौर से गुजरना था। लेकिन भारत ने सदैव नेपाल में प्रगतिशील लोकतांत्रिक शक्तियों का समर्थन किया।

१८८६ से १९५१ के बीच भारत-नेपाल सम्बन्धों के सर्वेक्षण से यह स्पष्ट है कि अंग्रेजों ने शस्त्र और षड्यंत्र दोनों ही हथियारों का उपयोग कर नेपाल को हमेशा वंशवर्ती बनाये रखा तथा उसका भरपूर आर्थिक दोहन किया जा सके। उन्होंने भारत में अपनी शक्ति को मजबूत बनाये रखने के लिए भी नेपाल पर अपने प्रभाव का उपयोग किया।

लेकिन भारत में राष्ट्रीय स्वाधीनता संग्राम के उफान के साथ नेपाली जनमानस भी इनके साथ जुड़ गया। न केवल भारतीय राष्ट्रीय आंदोलन में नेपाल के लोगों ने भाग लिया, बल्कि इससे प्रेरणा लेकर ब्रिटिश औपनिवेशक वर्चस्व तथा उससे गठजोड़ किए राणाशाही शासन के अंत के लिए प्रबल संघर्ष भी किया। भारत में ब्रिटिश सत्ता के अंत के साथ आजाद भारत की सरकार के सहयोग से नेपाली आवाम ने अन्तत: जीत हासिल की और वे संवैधानिक राजतंत्र की स्थापना के साथ लोकतंत्र बहाली के अभियान पर चल पड़े। हालांकि मंजिल अभी दूर थी, लेकिन भारत-नेपाल संबंध ने इस प्रकार १९५० के बाद एक नया मोड़ लिया।

1. राम प्रकाश शर्मा, मिथिला का इतिहास, दरभंगा
2. डेनियल राईट, हिस्ट्री ऑफ नेपाल, नई दिल्ली १९९३
3. बालचन्द्र शर्मा, नेपाल की ऐतिहासिक रूपरेखा, काठमाण्डू २०३७ सं.
4. डी. आर. रेग्मी, माडर्न नेपाल कलकत्ता, १९६१
5. डी. आर. रेग्मी, ए सेन्चूरी ऑफ फैमिली ऑटोक्रेसी इन नेपाल, वाराणसी १९५८
6. डेविड बोल्ट द' गरखाज लंदन, १९६७
7. के.सी. चौधरी ऐग्लो नेपालीज रिलेसन्स कलकत्ता, १९६०
8. मार्गेट फिसर और लियोरोज, इंग्लैण्ड तिब्बत, चीन १७६५-१९५८
9. एन.बी. थापा, ए हिस्ट्री ऑफ नेपाल, काठमाण्डु १९६०
10. बी.डी. सनवाल नेपाल एण्ड द ईस्ट इंडिया कंपनी, बम्बई १९६५

11. श्रीमान् नारायण, इंडिया एण्ड नेपाल, इलाहाबाद १९६८

12. लारेन्स ओलीफैन्ट, जर्नी टू काठमाण्डू, द केपिटल ऑफ नेपाल, लंदन १८५२

13. रमाकान्त, इंडो नेपालीज रिलेसन्स १८१६

14. डी.आर. रेग्मी, माडर्न नेपाल

15. ऋषिकेश साहा, नेपाल एण्ड दल वर्ल्ड, काठमाण्डु १९५५

16. एन.बी. थापा, ए हिस्ट्री ऑफ नेपाल, काठमाण्डु १९६०

17. जितेन्द्र राज शर्मा, नेपाल-इडिया रिलेशन्स, काठमाण्डु १९६५

18. सतीश कुमार, राणा पॉलिसी इन नेपाल, ओरिजिन एण्ड ग्रोथ दिल्ली १९८६

19. जी.पी. भट्टाचार्य, इंडिया एण्ड पॉलिटिक्स ऑफ माडर्न नेपाल, कलकत्ता, १९७०

20. भोला भट्टाचार्य, ए स्टडी रिसेन्ट नेपालीज पॉलिटिक्स, कलकत्ता, १९७०

21. आर.एस. चौहान, द' पॉलिटिक्स डेवलमेंट इन नेपाल, १९५०-७०, दिल्ली १९७१

अध्याय-4

भारत-नेपाल सम्बन्धों के सामाजिक आयाम

किन्हीं दो देशों का राजनैतिक संबंध काफी हद तक उन दोनों के पारस्परिक सामाजिक जीवन को भी प्रभावित करता है। भारत और नेपाल परस्पर मित्रता के भाव से बंधे रहे हैं। वो ब्रिटिश भारत हो या स्वतंत्र भारत नेपाल के साथ अन्तरंग संबंध को कभी खत्म नहीं होने दिया। प्रस्तुत अध्याय में भारत-नेपाल सम्बन्धों का मिथिला के सामाजिक जीवन पर पड़ने वाले प्रभावों का अध्ययन किया गया है।

स्वाभाविक भी है कि दोनों का सामाजिक जीवन अक्षुण्ण रहे क्योंकि दोनों की भौगोलिक दशा समान है। सिगौली संधि ने दोनों का यद्यपि विभाजित कर दिया किन्तु पारस्परिक जनमानस को बाँट न सका। मिथिला जो कि नेपाल और भारत के भूभागों पर स्थित है निश्चय ही नेपाल और भारत के सामाजिक संबंधों की गहराई को और भी प्रगाढ़ करने में सफल भूमिका अदा करता रहा है।

विदित हो कि जनकपुर राजा जनक की राजधानी रही वहीं सीतामढ़ी जो कि वर्तमान मिथिला में स्थित है जनकलली सीता की जन्मभूमि रही है। इस प्रकार दोनों ही स्वाभाविकत: प्राचीनकाल में एक शरीर के हृदय के रूप में विद्यमान रहे। मिथिला के अन्तर्गत जनकपुर धाम, राजविराज, विराटनगर तथा दरभंगा, मधुवनी, सीतामढ़ी, पूर्णिया सुपौल, मधेपुरा, चंपारन, मुजफ्फरपुर, मुगेर, समस्तीपुर, बेगूसराय तथा सहरसा को रखा गया है। यहाँ प्रथम तीन नेपाल की राजनैतिक सीमा के अन्तर्गत आते हैं। मिथिला और नेपाल को जब पृथकत: चर्चा करते हैं तो गौणरूप से ही प्रथम तीन को स्वीकारते हैं मुख्यरूप से अन्तिम 13 की परिगणना की जाती है।

भारत और नेपाल के विभाजन रेखा सुगौली संधि के अन्तर्गत नेपाल और मिथिला का सामाजिक जीवन पर कोई खास प्रभाव नहीं पड़ा। खुली सीमा होने के कारण सामाजिक सम्बन्धों में दूरी आने के बजाय इन दोनों के मध्य विविध प्रकार में साहचर्य बढ़े। नेपाल सरकार ने मैथिलों को प्रश्रय दिया कि वे नेपाल में आएँ तथा सदा के लिए हो जाए। बहुत से व्यक्ति अपना बसेरा नेपाल को स्वीकार किया तो वहीं पर मैथिल भी बने रहे उन्होंने कभी उन दोनों जगहों में फर्क ही नहीं समझा। दोनों के मध्य पारस्परिक वैवाहिक संबंध भी अत्यन्त महत्वपूर्ण रहा जो आज के सन्दर्भ में भी प्रासंगिक बना हुआ है। आज भी लोग अपने पुत्र का विवाह पारस्परिक रूप से करते हैं।

इस सन्दर्भ में सौराठ सभा का भी महत्वपूर्ण योगदान है। यह एक प्रकार की सभा है जहाँ वर बैठते हैं कुछ निश्चित नियमों से कन्या पक्ष के लोग वर का चयन करते हैं। सौराठ सभा ने मिथिला और नेपाल के बीच सामाजिक सम्बन्धों को वैवाहिक आधार पर प्रगाढ़ से प्रगाढ़तर बनाया जहाँ नेपाल से भारी संख्या में विवाह के इच्छुक दुल्हे तथा वर की तलाश में लोग प्रतिवर्ष जुटते रहे। सौराठ सभा में वैवाहिक सम्बन्धों के निर्धारण की परम्परा हाल के वर्षों तक लोकप्रिय थी। यह ब्राह्मणों की सभा है जो प्राय: आषाढ़ के महीनों में आयोजित होती है। ब्राह्मण

और अन्य जातियों के वैवाहिक सम्बन्ध सौराठ सभा के अतिरिक्त भी एक सामान्य सी बात है। इसमें देश की सीमाएँ या नागरिकता के नियम कभी बाधक नहीं बने।

वैवाहिक संबंध के सन्दर्भ में यह कहना आवश्यक है कि यह भारत और नेपाल के राजनैतिक संबंध का ही प्रतिफल है जो आज के समय में विवाह प्रचलित है क्योंकि भारत सरकार ने इसे प्रतिबंधित नहीं किया है वैसे भी आज के वैश्वीकरण के दौर में सामाजिक संबंधों का इस प्रकार निर्वहण निश्चय ही नेपाल और मिथिला के नागरिकों के सामाजिक समरसता को दर्शाता है, क्योंकि जहाँ एक ओर भारत और नेपाल के बीच जब-तब तनाव भी पैदा होते रहे, वहाँ इन संबंधों का व्यापक चलन शुभ संकेत ही माना जा सकता है। ऐसे में यह कहना आवश्यक है कि भारत सरकार को आवश्यक उपाय करने चाहिए कि ये संबंध और भी घनिष्ठ हो।

विवाह के अतिरिक्त दोनों के रीतिरिवाज, परम्पराएं समान हैं। यदि इनके पर्वों को ही लें तो ये स्पष्ट हो जाते हैं पर्वों में नागपंचमी, जनौपूर्णिमा, कृष्णाष्टमी, चौठचन्द्र, विजयादशमी, दीपावली, छठ, विवाह पंचमी, तिल-संक्रान्ति, बसन्त पंचमी, शिवरात्रि, होली, रामनवमी आदि पर्व मिथिला और नेपाल दोनों ही बड़े उल्लास के साथ एक ही रस्म से मनाते हैं। इन पर्वों में तो यह अन्तर समझ में ही नहीं आता कि कौन मैथिल कौन नेपाली सभी एक रंग एक समान एक मानसिकता एक हृदय हो जाते हैं उस समय ये भूल जाते हैं कि इन दोनों की राष्ट्रीयता भिन्न राष्ट्रों की है। सामाजिक सरोकारों के इस घनिष्ठ रिश्ते में भारत-नेपाल सम्बन्धों की महक को आसानी से देखा जा सकता है।

अब यहाँ प्रश्न उठता है कि ऐसा कैसे संभव है। उत्तर भी

स्वाभाविक है। नेपाल कुछ समय पूर्व तक भी हिन्दूराष्ट्र रहा है किन्तु दिल से धर्मनिरपेक्ष जो कि नेपाल की नवनिर्मित संविधान में भी दृष्टिगत होने लगी है वहीं दूसरी ओर मिथिला का जनमानस मूलतः हिन्दू संस्कृति को स्वीकार करती है यहाँ ध्यातव्य है कि इसका आशय यह नहीं कि वह अन्य पंथ को अस्वीकार करती है यहाँ पर हिन्दू कहने का आशय मात्र दोनों अर्थात् मैथिल एवं नेपाली समाज की एकता का बिन्दु बताना मात्र है। इन कारणों से ही दोनों के पर्व परस्पर सौहार्द्र भाव सक मनाए जाते हैं।

इसके साथ ही अन्य कारण भी हैं जो मिथिला और नेपाल के समाज को निकट बनाए हुए है।

नेपाल-भारत एक-दूसरे के पूरक हैं

नेपाल-भारत-मैत्री के सम्बन्ध में बहुत कुछ लिखा गया है और बहुत कुछ कहा भी गया है। मगर, यथेष्ट न तो लिखा जा सका है और न कहा ही जा सका है। इसकी वहज क्या है? इसकी वजय यही है कि नेपाल-भारत-मैत्री की गहराई इतनी ज्यादा है कि साधारण आदमी इसकी गहराई तक पहुँच नहीं सकता और न सर्वसाधारण इसकी महानता को समझ ही सकते हैं। हकीकत तो यह है कि जल के बिना जैसे मछली जीवित नहीं रह सकती-वैसे ही नेपाल के बिना भारत और भारत के बिना नेपाल का अस्तित्व मेरे विचार में प्रायः कठिन है। इस तथ्य को कोई क्यों न न्यूनतम करने की धृष्टता करे पर सत्य-सत्य ही है और अडिग भी। इसी सत्यता के आधार पर हमारी मैत्री की नींव खड़ी है। आज से नहीं सदियों से न तो कोई इसे हिला सका है, न कोई इसे डिगा सका है और न कोई ऐसा कर सकेगा। राम प्रकाश शर्मा की निम्नलिखित पंक्तियाँ द्रष्टव्य है-

'रहा सदा नेपाल मित्र भारत का गम से।

दोनों में था स्नेह पुनीत चक्रधर से।।

पंचायती प्रजातन्त्र के प्रवर्त्तक नेपाल-नरेश श्री ५ महाराधिराज महेन्द्र के सुयोग्य शासनकाल में नेपाल-भारत की मैत्री जग में दिन-प्रतिदिन और अधिक सुदृढ़ एवं मजबूत होती रही। सहयोग सद्‌भावना एवं समानता के आधार पर। यह मैत्री विशुद्ध मैत्री थी, प्रेमपूर्ण-मैत्री थी, सम्मानजनक मैत्री थी। जिसे नेपाल और भारतवासी श्रद्धा एवं भक्ति के साथ माने और इसे अनन्त काल तक अविछिन्न कायम रखने के लिए दत्तचित्त हैं।

नेपाल और भारत की मैत्री में समस्याएँ कुछ भी नहीं हैं-पर, समानताएँ अत्यधिक हैं। दोनों मुल्क समान राजनीतिक विचारधारा के हैं। दोनों मुल्क प्रजातन्त्र के समर्थक और शान्ति के पुजारी हैं। भारत में संसदीय प्रजातन्त्र पनपा रहा और नेपाल में पंचायती प्रजातन्त्र खिला रहा। दोनों पद्धतियाँ अपने-अपने स्थान में वाटिका के दो रंगीन गुलाब की तरह शोभायमान हैं। इस दलविहीन आध्यात्मिक पंचायती प्रजातन्त्र के माध्यम से ही नेपाल में शोषण रहित समाज की सृजना सम्भव हुई और भूमिसुधार जैसे क्रान्तिकारी कदम से आर्थिक समानताएँ कायम की गई हैं। इसके अलावा शिक्षा, स्वास्थ्य, यातायात निर्माण इत्यादि विकास और प्रगति के सभी क्षेत्र में नेपाल ने महत्वपूर्ण उपलब्धियाँ हासिल की गई-और दिन-प्रति-दिन हर क्षेत्र में स्वावलम्बी होता रहा। इसी तरह मित्रराष्ट्र भारत भी संसदीय प्रजातन्त्र के माध्यम से हर क्षेत्र में महत्वपूर्ण तरक्की की।

अन्तर्राष्ट्रीय समस्याओं पर भी नेपाल व भारत का समान दृष्टिकोण रहा। पञ्चशील के दोनों उपासक रहे हैं, असंलग्न पर राष्ट्र नीति तो दोनों की अमूल्य निधि है और उपनिवेशवाद के दोनों ही घोर विरोधी हैं। हमारी भौगोलिक, ऐतिहासिक, सांस्कृतिक, धार्मिक, सामाजिक व आर्थिक समानताएँ हमारी मैत्री को एक ऐसे मजबूत सूत्र में आबद्ध कर देती हैं कि कोई भी इसे तोड़ नहीं सकता। भाषा की दिशा में भी दोनों मुल्कों में काफी समानताएँ हैं। भाषा, बोली की थोड़ी-सी भिन्नता के बावजूद हमारी लिपि एक है और उसकी जननी संस्कृत है।

भारत के सर्वांगीन विकास के लिए नेपाल जितना शुभेच्छु है भारत भी नेपाल की आर्थिक प्रगति के लिए उतना ही अभिरूचि रखता है। नेपाल-भारत-सहयोग के आधार पर नेपाल में अनेक योजनाएँ कार्यान्वित हो रही हैं जो नेपाल और भारत दोनों मित्र राष्ट्रों के लिए लाभप्रद हैं। कोशी योजना, गण्डक योजना और त्रिशूली जल-विद्युत योजना आदि नेपाल-भारत-सहयोग के ज्वलन्त उदाहरण हैं। जो दोनों राष्ट्रों की आर्थिक उन्नति में महत्वपूर्ण हैं। इसके अलावा मित्रराष्ट्र भारत से नेपाल को विभिन्न विकास कार्य के लिए जो आर्थिक सहायता मिल रही है-वह बहुत प्रशंसनीय है। खासकर, भारतीय सहायता से जो 'झापा-जनकपुर सड़क' का अभी निर्माण होने जा रहा है इसे एक करोड़ नेपाली-भारतीय मित्रों द्वारा प्रदान किया गया एक अनमोल उपहार समझते हैं-इसकी शुरूआत और समाप्ति की आतुरता के साथ प्रतीक्षा कर रहे हैं। यह आर्थिक गठजोड़ सामाजिक सह-सम्बन्धों की परिणति है जो अध्ययन अवधि ही नहीं बल्कि युगों-युगों से बना रहा है।

जिस प्रकार हम हर क्षेत्र में एक रूपता एवं सहयोगात्मक भावना रखते हैं-उसी प्रकार नेपाल-भारत व्यापार भी आधारित है। बहुत-सी जीवनोपयोगी वस्तुएँ-जैसे कपड़ा, किरोसिन, पेट्रोल, मशीनरी पार्टस्, चाय, कोरोगेटेड शीट्स्, आल्मूनियम के बर्तन, लोहा इत्यादि भारत से आयात की जाती है और आवश्यकताओं की परिपूर्ति की जाती है। वैसे तो नेपाल का व्यापार क्षेत्र अधिक व्यापक होता जा रहा है, फिर भी हमारे अनुभव में लगभग ७५ प्रतिशत व्यापार भारत से ही होता है। इसी प्रकार भारत भी जीवन की अत्याधिक आवश्यक सामग्री-जैसे धान, चावल, लकड़ी, जूट इत्यादि उल्लेखनीय परिमाण में नेपाल से आयात करता है; जिससे बंगाल, बिहार और उत्तर-प्रदेश आदि प्रान्तों में खाद्यान्न सम्बन्धी समस्याएँ बहुत हद तक हल हो जाती हैं। नेपाल की उच्चकोटि की लकड़ी के जरिए भारत में काष्ठ-कला व विकास में भारी सहयोग मिल रहा है और भारतीय रेलवे उसकी पटरी पर से दूर-दूर तक पहुँच जाती है। भारत-नेपाल पारस्परिक आर्थिक सम्बन्ध मिथिला के सामाजिक

जीवन को गहरे तौड़ प्रभावित करता है। हजारों मिथिलावासी नेपाल के साथ व्यापार-वाणिज्य के कार्यों में संलग्न हैं। इससे न केवल सामाजिक संवाद बढ़ा है बल्कि जीवन स्तर को सुधारने का भी मौका मिलता है।

अन्तर्राष्ट्रीय रंगमंच पर अवतरित हो रहा नया नेपाल संसार के अन्य देशों के लिए आकर्षक तो है ही और सभी अपना मित्र इसे बनाना चाहते हैं। अंग्रेज भारत इसमें नेपाल की अधिकाधिक सहायता करे, यह हम सभी चाहते हैं। नेपाल भारत की मैत्री के माध्यम से विश्व-युद्ध के कगार पर खड़ी संत्रस्त मानवता को त्राण मिले, तभी वैदिक संस्कृति की जिय-वैजयन्ती संसार में पुनः फहरा सकती है। आशा है, नेपाल और भारत संकीर्ण स्वार्थों की बलि देकर इसे और प्रयत्नशील रखेंगे। 1950 के बाद भारत ने नेपाल को आर्थिक सहयोग देने के लिए अपना खजाना खोल दिया, जिससे सामाजिक सम्बन्धों का भौतिक आधार विस्तृत हुआ।

नेपाल और भारत की मित्रता आज की नहीं, आदिकाल से अक्षुण्ण चली आ रही है। इतिहास के पन्ने उलटने से दोनों देशों में यदाकदा राजनीतिक कारणों से थोड़ा-मोड़ा धुँधलापन भी हम अवश्य पाते हैं: परन्तु कालान्तर में वह स्वतः निर्मल हो गया मिलता है। वैसे हमें नेपाल भले ही देशप्रेम, देश-भक्ति आदि कारणों से विशाल दिखाई देता हो-किन्तु राष्ट्र-निर्माता श्री ५ बड़ा महाराजा पृथ्वीनारायण शाह के शब्दों में हम-"दो पत्थरों के बीच का कन्द"-के समान हैं। यह इसलिए कि नेपाल दो महान मित्र राष्ट्र भारत और चीन के मध्य में बसा एक छोटा देश है। नेपाल और चीन का सम्बन्ध भी पुराना है। जिस समय बौद्ध-धर्म का प्रचार जोरों पर था और उसकी पताका नेपाल में लहरा रही थी-उस समय धार्मिक दृष्टिकोण से भी नेपाल से चीन ज्यादा दूर नहीं था। नेपाली राजकुमारी भृकुटि ने तिब्बत में बौद्धधर्म का प्रचार कर उसे चीन तक प्रसारित कर दिया था। इसके बावजूद नेपाल और चीन की सीमा-रेखाओं तक पहुँचने का पथ प्राकृतिक रूप में दुर्गम होने के कारण भारत जैसी निकटता चीन से नेपाल की नहीं हो पाई। मोटे तौर पर नेपाल-भारत मैत्री की विवचेना के लिए हमें इसके विविध कारणों

को ढूँढना होगा। यह एक गम्भीर और महत्वपूर्ण विषय है; अतएव सूक्ष्म विवेचना के विस्तार में न जाकर हम कुछेक स्थल आधारों को ही लें।

नेपाल-भारत के उत्तर में स्थित है। हमारी पूर्वी सीमा सिक्कम और दक्षिण-पूर्वी सीमा मेची नदी तथा भारत के दार्जिलिङ्ग (पश्चिम बंगाल) से प्रारम्भ होकर बिहार, उत्तर प्रदेश होते हुए पश्चिमी सीमा महाकाली (शारदा) नदी तक पहुँचती है। नेपाल का आकार चतुष्कोण होकर पूर्व से पश्चिम तक फैला है-जिसकी लम्बाई २७६ कोस और चौड़ाई ४५ कोस से लेकर ७८ कोस तक तथा क्षेत्रफल १६,000 वर्ग मील है। नेपाल को हम प्राकृतिक दृष्टि से चार भागों में इस तरह बाँट सकते हैं : (१) हिमाल प्रदेश, (२) पर्वत श्रेणी प्रदेश (३) बेसी (भीतरी मध ेश = मध्य प्रदेश) और (४) मधेश (तराई)।

हिमालय प्रदेश नेपाल की उत्तरी सीमा में स्थित है जहाँ १0 हजार फुट से लेकर 29 हजार फुट से भी ऊँचे पर्वत शिखर सगरमाथा इसी प्रदेश में है। अन्य हैं कंचनजंघा, मकालु गौरीशंकर, गोसाई कुण्ड तथा मुक्तिनाथ आदि। इसी हिमालय-प्रदेश की पर्वत मालाओं से कुछेक छोटी पर्वत श्रेणियों के इलाके को पर्वत श्रेणी प्रदेश कहते हैं और महाभारत पर्वत से उत्तर-दक्षिण की ओर छोटे-छोटे मैदानी भागों में बसा है जहाँ जंगल और छोटी-मोटी घाटियाँ भी हैं। चौथा, तराई प्रदेश शस्य-श्यामला और उर्वरा भूमि का क्षेत्र है और घने जंगलों का भी, जो 'चार कोस की झाड़ी' के नाम से नेपाल में प्रसिद्ध हैं यह जंगल क्षेत्र नेपाल के आकार के अनुरूप पूर्व से पश्चिम तक फैला है। तराई प्रदेश की मुख्य उपज धान, जूट, तेलहन, ईख और तम्बाकू है। इसी क्षेत्र की सीमा रेखा को पार कर प्रतिदिन हजारों नेपाली भारत जाते हैं और रोजाना उसी प्रकार हजारों भारतीय नेपाल आते हैं। कुछेक वस्तुओं को छोड़कर प्रायः सभी आवश्यक पदार्थ भारत से इसी तराई प्रदेश के जरिए ही नेपाल में आते हैं। धान-चावल, जंगली लकड़ी, जूट तथा तेलहन भारत भेजा जाता है। तराई प्रदेश के प्रायः हर जिले में भारतीय सीमा-रेखा के पास ही नेपाल के बड़े बाजार या शहर बसे हैं। इस प्रदेश में जिनकी

संख्या ज्यादा है उन्हें भारतीय या अंगीकृत नेपाली कहा जाता है। नेपाल के छोटे-बड़े उद्योगपति भी राजधानी काठमांडू को छोड़कर प्रायः इन्हीं शहरों-बाजारों में बसे हैं। दोनों देशों के संबंधों की घनिष्टता में सीमा की यह निकटता और सुविधाएं बहुत महत्वपूर्ण हैं। इससे नेपाल-भारत के सम्बन्ध और भी गहरे रहते आए हैं।

नेपाल भूमध्य रेखा के उत्तर की ओर स्थित हैं जिससे पहाड़ी प्रदेशों को छोड़कर तराई प्रदेश और मध्य प्रदेश ज्यादा गर्म होने के कारण आवोहवा भारत जैसी ही है। इसलिए इन प्रदेशों के निवासियों के रहन-सहन, पोशाक और बोलचाल पर भारत का प्रभाव स्पष्ट पाया जाता है। यही नहीं, तराई प्रदेश में कम-से-कम 15 प्रतिशत निवासी भारतीय रहते हैं जिन्हें मधेशी कहा जाता है। सामाजिक जीवन पर उनका प्रभाव भी स्पष्ट है। पहाड़ी प्रदेशों को छोड़कर देश के शेष हिस्सों में प्रायः धोती, कुर्ता, कमीज हाफ और फुल पैण्ट, ढीला या ड्योढा पाजामा पुरूषों की पोशाक है और स्त्रियों का साड़ी, चोली, ब्लाउज का पहनावा तथा घूँघट की प्रथा है। भारत की तरह नेपाल का भी मुख्य आहार भात (चावल), रोटी, चना, मकई आदि ही है। अन्य व्यवहार भी दोनों देशों के निवासियों में प्रायः एक-से हैं। सामाजिक तथा धार्मिक रीति-रिवाज तो एकदम एक ही हैं, जैसे- अन्नप्रासन, जन्मोत्सव, उपनयन तथा विवाह आदि के संस्कार। हाँ, स्थानियता के प्रभाव से जहाँ-तहाँ कुछ मोटा फर्क भी स्वाभाविक रूप से होता है। नेपाल में अनेक जातियाँ निवास करती हैं। जैसे वन-पर्वत प्रदेशों में शेरपा, लिम्बू, तामाङ्ग, भोटे, किरात, मगर, गुरूङ्गा, सुनवार, नेवार आदि और भीतरी मधेश में थारू, दनवार, धिमाल, मेचे तथा तराई प्रदेश में इन सबके अलावा राजवंशी, ताजपुरिया, गनगाई, संथाल और भारत की प्रायः सभी जातियाँ- विशेषतः बिहार, बंगाल, उत्तर प्रदेश तथा राजस्थान से आए लोग बसे हैं। यह हमारे सम्बन्धों की श्रृंखला में दूसरी अटूट कड़ी हैं।

ऐतिहासिक दृष्टिकोण से देखें तो नेपाल में विदेशी आक्रमण के त्रास से भागकर आए हुए लिच्छवी तथा अन्य भारतीय जातियाँ यहाँ आ

बसीं और उनके प्रतापी वंशों ने यहाँ राज किए। फलस्वरूप नेपाल में भारतीय संस्कृति की जड़ और भी गहराई तक पहुँचती गई। तिब्बती अथवा भोट संस्कृति का भी प्रभाव नेपाल में अवश्य रहा- परंतु, सबसे दक्षिण से आए राजपूतों ने यहाँ राज्य करना प्रारंभ किया तब से भोट-संस्कृति का विकास रूक गया। इस तरह नेपाल की ऐतिहासिक विवेचना में हम देखते हैं कि गुप्तवंशी राजघराने से शुरू होकर नेपाल में क्रमशः किरातवंश, तोमवंश, लिच्छवीवंश, सूर्यवंश, मल्लवंश ने राज किया और इसके बाद वर्तमान शाहवंश आया। उपर्युक्त सभी राजघरानों की वंश-परम्परा जब हम टटोलते हैं तो प्रायः हमें घूमफिर कर भारत ही पहुँचना पड़ता है। यह तो मानी हुई बात है कि जब एक जाति किसी दूसरे देश में पहुंच जाती है तो वह अपनी परम्परा तथा संस्कृति को भी साथ ले जाती है। यदि उस जाति का कोई प्रतापी व्यक्ति शासनारूढ़ होता है तो स्वभावतः उस जाति के धर्म तथा संस्कृति का प्रचार-प्रसार हो जाता है। फलस्वरूप कालान्तर में वहाँ का समाज ही राजवंश का अनुगामी बन जाता है। इस तरह परम्परागत मान्यताएँ जन-मानस में अमिट हो जाती है।

इन सबके अलावा दोनों देशों के सम्बन्धों को जब हम धार्मिक दृष्टिकोण से देखते हैं तो नेपाल और भारत को और भी निकट पाते हैं। दोनों राष्ट्रों की धार्मिक मान्यताएँ एक हैं। हमारे धर्मग्रन्थों में वेद, उपनिषदों, श्रुति-स्मृतियाँ, रामायण तथा महाभारत आते हैं। इन्हीं धर्मग्रन्थों को आधार मान कर नेपाल-भारत के आचार-विचार में सामंजस्य रहता है। नेपाल में एक कहावत बहुत प्रसिद्ध है- "न्याय ढूँढ़ना हो तो गोरखा जाना चाहिए और धर्म ढूँढना हो तो काशी जाना चाहिए।" इन्हीं मान्यताओं को लेकर नेपाल से प्रतिवर्ष हजारों नेपाली भारत में चार धाम, प्रयागराज, काशी, गया और गंगा-स्नान, यमुना-स्नान के लिए आते हैं और उसी प्रकार भारत से भी हजारों यात्री पशुपतिनाथ का दर्शन करने के लिए काठमाण्डू तथा जनकपुर धाम, लुम्बिनी जैसे तीर्थस्थल में पहुँचते हैं। धार्मिक आधार पर नेपाली और भारतीय वस्तुतः एक परिवार के हो जाते हैं। इतना ही नहीं, प्रचलित धार्मिक पर्व जैसे- रक्षा-बन्धन,

पितृ-पक्ष, अनन्त चतुर्दशी, मौनी अमावस्या, दुर्गापूजा, दीपावली, होली आदि नेपाल और भारत में समान रूप से मनाए जातें हैं। दुर्गापूजा नेपाल और भारत का सबसे बड़ा धार्मिक-पर्व है। देव-देवियों को पूजने की विधियाँ भी एक हैं दोनों ही राष्ट्रों में दुर्गा, शिव, विष्णु, सूर्य, गणेश, भैरव, काली की समान पूजा-उपासना होती है। हवन, तर्पण, बलि देने की भी एक रीति है। इसी तरह बुद्ध की भी पूजा दोनों देशों में होती है। इससे सिद्ध है कि नेपाल-भारत धार्मिक दृष्टि से इतने निकट हैं कि एक हो जाते हैं और इससे हमारी मैत्री अक्षुण्ण रहती आई हैं।

भाषा तथा साहित्य की दृष्टि से भी हम भिन्न नहीं हैं। नेपाल की राष्ट्रभाषा नेपाली की जननी संस्कृत है जो भारत की एक प्राचीनतम भाषा है और हिन्दी भी जननी है। इस तरह नेपाली और हिन्दी दोनों का उद्गम संस्कृत से ही होने के कारण दोनों भाषाओं में समानता है। नेपाल के प्राचीन कवियों तथा लेखकों में पहले संस्कृत और फिर हिन्दी भाषा का प्रभाव देखा गया है। कविताओं में हिन्दी की भाँति नेपाली में भी एक ही छन्दशास्त्र का प्रयोग होता है-जैसे अनुष्टुप छन्द, शिखरिणी, मन्दाकान्ता और कहीं-कहीं छप्पय, दोहा, ठुमरी, कविता आदि। यहाँ तक कि मध्यकालीन नेपाली कवियों में भी पन्त, निराला, महादेवी वर्मा की कविताओं का प्रभाव पाया जाता है। महाभारत-ग्रन्थ समस्त आर्य जातियों का गौरव ग्रन्थ है और भागवत् गीता समस्त विश्व में आदर्श मानवता का द्योतक है जिसे नेपाल-भारत की जनता समान रूप से पूजती है। इसका प्रभाव हमारे साहित्य में भी एक-सा पाया जाता है। रामायण का भी दोनों देशों में समान स्थान है।

हमारी समस्याएँ भी एक-सी ही हैं। नेपाल और भारत दोनों देशों की प्रायः 90% जनसंख्या कृषि पर निर्भर है। दोनों देश इस तथ्य के आधार पर कृषि को प्राथमिकता देते आए हैं। अन्य विषय राष्ट्रीय-अंतर्राष्ट्रीय मतामत भी एक से हैं। नेपाल और भारत अन्तर्राष्ट्रीय क्षेत्र में पञ्चशील के पोषक, असलग्नता के प्रतीक और निरस्त्रीकरण के प्रयासी हैं। दोनों देशों की अन्य प्रमुख समस्याएँ जैसे रोग, शोक, भूख और निरक्षरता

आदि भी एक जैसी हैं। कृषि-उत्पादन पर आधारित हमारे दोनों देशों के अर्थतन्त्र को उद्योगों की ओर उन्मुख किया जा रहा है और यह आवश्यक है। सैकड़ों साल से मिथिला और समीपवर्त्ती नेपाल कोसी के कहर से जानमाल की क्षति उठाते आ रहे हैं। यद्यपि 1950 की मैत्री सन्धि से कुछ उपाय जरूर हुए हैं किन्तु स्थिति अधिक नहीं बदली है। कोशी का कहर मिथिला ओर नेपाल तराई के निवासियों के सामाजिक जीवन में समान त्रासदी भी पैदा करता है।

इसके बाद स्वतन्त्र-भारत ने 1948-50 के नेपाली मुक्तिसंग्राम में राणाशाही के विरुद्ध जो सहानुभूति और सहायता दी वह नेपाली जनता के मानस पटल पर सदा-सर्वदा के लिए अंकित हो चुकी है। नेपाल को एकतन्त्री राणा-शासन से मुक्त कराने में भारत का बहुत बड़ा सहयोग रहा है। इसके अतिरिक्त भारत नेपाल को बराबर सामयिक सहायता देता है। भारतीय-सहायता से नेपाल को जो उपलब्धियाँ हुई हैं उनमें काठमांडू का गोचर हवाई अड्डा, त्रिभुवन-राजपथ, त्रिशूली-जल-विद्युत् योजना, कोशी-योजना, गण्डक-योजना, सुनौली-पोखरा-राजपथ, काठमांडु के लिए सुन्दरीजल-जलापूर्ति योजना, नव निर्मित पुरातत्व संग्रहालय, जनरल पोस्ट आफिस आदि अनेक हैं। अब पूर्व पश्चिम राजमार्ग का एक बड़ा और महत्वपूर्ण हिस्सा झापा-जनकपुर सड़क भी भारत की सहायता से बनने वाली है जिसके अन्तर्गत नेपाल सरकार के प्रस्ताव पर मेची नदी पर पुल भी भारत बनाएगा। इनके अतिरिक्त तराई के भी कई नगरों में पानी टंकी, उन्नत खाद, उन्नत बीज, प्राविधिक सहयोग और छात्रवृत्ति आदि भारत से नेपाल को प्राप्त होते रहे हैं जो काफी महत्वपूर्ण हैं।

उक्त तथ्यों के आलोक में हम कह सकते हैं कि भारत और नेपाल में पारस्परिक संबंधों का भारत एवं नेपाल पर अमिट प्रभाव पड़ा जो नेपाल और मिथिला के समाज पर पड़े प्रभावों से आंकलित की जा सकती है क्योंकि सीमान्त प्रान्त होने के साथ नेपाल के सुख दुख में साथी के रूप में मिथिला रही है। जब भारत का स्वतंत्रता संघर्ष चल रहा था उस समय नेपाल के गोरखाओं ने भी अपने अग्रजतुलय भारत

के स्वातंत्र्य संघर्ष में योगदान दिया भले उसका स्वरूप जो रहे। वही नेपाल के लोकतंत्र के संघर्ष के क्रम में मैथिलों का सराहनीय योगदान रहा। जबकि इन सबके कारण सामाजिक सम्बन्ध मजबूत होते चले गये।

ये पारस्परिक संबंध निश्चय ही सामाजिक बंधनों के आलोक में ही हुए ध्यातव्य है कि सामाजिक प्रभाव अभाज्य विविध कारकों पर निर्भर होती है जैसे- आर्थिक, सांस्कृतिक, राजनैतिक, भौगोलिक नेपाल तथा मिथिला के पारस्परिक संबंध को फलने फूलने में उक्त सभी कारकों को समान रूपेण योगदान रहा।

इनमें भी मूलतः भौगोलिक कारण इस प्रकार की रही कि दोनों स्थलों को जनता एक दूसरे को सहजतया स्वीकार कर सकी कुल मिलाकर कह सकते हैं कि सिगौली संधि के बाद मिथिला और नेपाल के समाज पर व्यापक प्रभाव पड़ा है। राजनीतिक सम्बन्धों से पड़े मिथिला और नेपाल के सामाजिक रिश्ते ने अध्ययन अवधि में मजबूत आधार प्राप्त की। आधुनिक काल में न केवल सांस्कृतिक बल्कि भौतिक कारकों ने भी मिथिला के सामाजिक जीवन को गहराई से प्रभावित किया।

संदर्भ :

1. एस०एल० नागौरी, ***मिथिला एक समग्र अध्ययन***
2. **http://www.mithilaonline.com/**
3. गिरिजा किशोर झा, ***मिथिला वो नेपालक,*** वाराणसी, 2008
4. राम प्रकाश शर्मा, ***मिथिला का इतिहास,*** दरभंगा, 1979
5. सत्यकेतु विद्यालंकार, **ऐशिया का आधुनिक इतिहास**, दिल्ली, 1988
6. विपिन चन्द्र, **समकालीन भारत,** खण्ड-1 जौनपुर, 2000

7. के०सी० चौधरी, ***एंग्लो नेपालिज रिलेसन्स,*** कलकत्ता 1960

8. रामाकान्त, ***एग्लो नेपालिज रिलेसन्स,*** कलकत्ता, 1968

9. ईश्वरराज आर्पाल, ***नया नेपाल को इतिहास,*** दिल्ली, 2039 सं०

10. बालचन्द्र शर्मा, ***नेपाल को ऐतिहासिक रूपरेखा,*** वाराणसी, 2037 सं०

11. माखन झा, ***सिविलाईजेशन रिजन्स ऑफ मिथिला एंड महाकौशल,*** दिल्ली, 1982

12. नागेन्द्र शर्मा, ***नेपाली-जनजीवन, काठमांडू,*** 1975

अध्याय-5

भारत-नेपाल सम्बन्धों के आर्थिक आयाम

भारत एवं नेपाल के पारस्परिक सहयोग से मिथिला के आर्थिक जीवन पर व्यापक प्रभाव पड़ा है। भारतीयों का मोरंग में व्यापार करना हो या नेपालियों का भारत के विभित्र शहरों में व्यापार करना हो, ये सभी आर्थिक सन्दर्भ को इंगित करते हैं। ऐतिहासिक दृष्टि से यह सम्बन्ध और भी घनिष्ठतः दिखता है। प्रस्तुत अध्याय में भारत नेपाल सम्बन्धों का मिथिला के आर्थिक जीवन पर पड़ने वाले प्रभावों का विवेचन अपेक्षित हैं।

आर्थिक दृष्टिकोण से नेपाल भारत के बहुत ही समीप रहा है। पौरणिक कथनों के अनुसार यक्ष जाति की निवास भूमि नेपाल ही था। उनके सबसे प्रमुख देवता कन्दर्प थे, जिनकी पूजा भारतीय आर्य भी करने लगे। कहते हैं कि कित्रर, यक्ष तथा गन्धार जातियों ने आर्यो को गान विद्या में प्रवीण बनाया और बदले में अतुल धनराशि दक्षिणाएँ पाई। फलतः उनके देवता कुबेर के समान धनी हो गये। हर्षवर्धन के राज्य-काल का विशेष उल्लेख मिलता है। उत्तराखण्ड तथा मध्य प्रदेश को नेपाल से फ़ल, मसाले, ताम्बा, काष्ठ की विभिन्न वस्तुएँ मिलती थीं और मध्य प्रदेश उसे दक्षिण से प्राप्त हीरे जवाहरात, सोने, नक्काशीदार गहने आदि देता था।

भूमि-व्यवस्था

अग्रहार- लिच्छवि युग तक नेपाल में भूमि पर व्यक्तिगत अधिकार का सिद्धान्त मान्यता प्राप्त कर चुका था। बहुत से अभिलेखों में राजाओं के द्वारा ब्राह्मणों और बौद्ध संघ को अग्रहार दान देने का उल्लेख है। ऐसे अवसरों पर दान में दी जाने वाली भूमि अगर राजा की व्यक्तिगत सम्पत्ति नहीं होती थी तो वह उसे उसके स्वामी नागरिक से क्रय करता था। इससे सिद्ध है कि नेपाल में राज्य की समस्त भूमि को राजा की सम्पत्ति नहीं समझा जाता था। जो ब्राह्मण अथवा भिक्षु संघ भूमि पाते थे उनका उस पर पूर्ण स्वामित्व हो जाता था और राज सैनिकों को उस क्षेत्र में प्रवेश और दान प्राप्त करने वाली संस्था के कार्य में हस्तक्षेप निषेध कर दिया जाता था-राजा का अधिकार प्रायः मात्र वहाँ से मिलने वाली धातुओं, खनिज पदार्थों, और भूमि खेदने पर यकायक मिलने वाले खजानों पर रह जाता था। नरेन्द्रदेव के शासन काल से सम्वत् १०३ (=६७९ ई०) के पशुपति-अभिलेख एवं इसी नरेश के एक अन्य तिथिविहीन अभिलेख तथा कुछ अन्य लेखों में बौद्ध आर्यसंघ को अग्रहार प्रदान किए जाने का उल्लेख है और द्वितीय शिवदेव के सम्वत् ११९ (=६७९ ई०) के लगनटोल (काठमांडो) अभिलेख में वशपाशुपताचार्यों को शिवदेवेश्वर के मन्दिर की मरम्मत के हेतु (तद्देवकुलखण्ड स्फुटितसंस्कारकारणाय) अग्रहार दिए जाने का। इन अभिलोखों में दान पाने वाली संस्थाओं के अधिकार विस्तार से बताए गए हैं और ग्रामवासियों को आदेश दिया गया है कि वे इसके बाद अपने नए स्वामी (आर्यसंघ अथवा पशुपताचार्यों) के सब उचित आदेशों का पालन करें। इसी का आधुनिकीकरण हम ब्रिटिश काल और आधुनिक काल में भी देखते हैं।

'भूमिच्छिद्रन्याय'- इस प्रसंग में 'भूमिच्छिद्रन्याय' सिद्धान्त का उल्लेख है जिसकी चर्चा गुप्त अभिलेखों में भी मिलती है। यू० एन० घोषाल के अनुसार वहाँ उसका अर्थ यह है कि उस भूमि को पाने वाले व्यक्ति का उस पर उसी प्रकार पूर्ण स्वामित्व हो जाता था जैसे किसी

व्यक्ति का उस बंजर भूमि पर हो जाता है जो उसके द्वारा भूमि बोई-जोती जाती है। लेकिन इसके साथ ही गुप्तकालीन लेखों से यह भी स्पष्ट है कि इस सिद्धान्त के अनुसार दान पाने वाले का उस भूमि पर सदैव के लिए अधिकार हुआ माना जाता था। उदाहरणार्थ मैत्रक नरेश द्वितीय धरसेन में 571 ई० के मलिया-दानशासन में बताया गया है कि उसने रुद्रभूति नामक एक ब्राह्मण को एक गाँव भूमिच्छिद्रन्यायानुसार उसके और उसके पुत्रों तथा पौत्रों आदि द्वारा तब तक उपभोग करने के लिए दिया था जब तक सूर्य, चन्द्र, पृथ्वी, नदियों और समुद्रों का अस्तित्व है। इसी प्रकार की धारा उच्चकल्प नरेश शर्वनाथ के खोह-दानशासन में एवं अन्य अनेक अभिलेखों में मिलती है। नेपाली अभिलेखों में प्रयुक्त 'भूमिच्छिन्याय' का भी यही अर्थ माना जाना चाहिए।

'अक्षयनीवि धर्म'- बंगाल से प्राप्त गुप्तकालीन अभिलेखों में ब्राह्मणों और मन्दिरों को दान दी जाने वाली भूमि पर पाने वाले का शाश्वत अधिकार प्रदर्शित करने के लिए 'अक्षयनीविधर्म' अथवा 'अक्षयनीवि' सिद्धान्त का उल्लेख मिलता है। 'नीवि' शब्द का अर्थ मूलधन है जिसके ब्याज से कोई विशेष धर्मकार्य सदैव के लिए किया जा सकता था। इसलिए अक्षयनीविधर्म के अनुसार भूमिदान दिए जाने पर दान पाने वाले का उस पर सदैव के लिए 'जब तक सूर्य चन्द्र और तारक विद्यमान हैं (शाश्वत चन्द्रार्क्कतारक) अधिकार हो जाता था यद्यपि वह उसे न बेच सकता था और न बन्धक रख सकता था। लिच्छवियुगीन नेपाली भी इस सिद्धान्त से परिचत थे क्योंकि प्रथम मानदेव के शासनकाल के सम्वत् ४१३ (=४११ ई०)

के पशुपति-अभलेखों (नोली, ८) के अनुसार जयवर्मा नामक व्यक्ति ने मानदेव के अनुगृह से (श्री मानदेव नृपतेश्चरणप्रासादात्:) जयेश्वर नाम से उल्लिखित लिंग की जगत और उस नृपति के कल्याण के लिए सीपना करते समय उसकी 'कारणपूजा' के व्यय की पूर्ति हेतु एक 'अक्षयनीवि' प्रदान की थी। इसी प्रकार एक आभीर राजकुमारी ने शिव अनुपरमेश्वर के मन्दिर पूजा एवं उसकी मरम्मत के हेतु एक अक्षय नीवि प्रदान की थी। यहाँ यह विचारणीय है कि जयवर्मा और आभीर राजकुमारी ने अक्षयनीवि के रूप में धन प्रदान किया था, भूमि नहीं। लेकिन तत्कालीन नेपाल में 'अक्षयनीवि' धर्मानुसार भूमि भी दान दी जाती थी इसका पता एक तिथिविहीन (परन्तु लिच्छवि काल के) ललितपुर पाटन-चपटोल-अभिलेख से चलता है।

भूमि-मापन–नेपाली अभिलेखों में दान दिए जाने वाले गाँवों की सीमाओं का विस्तार से वर्णन मिलता है जिससे लगता है कि वहाँ भूमि का सर्वेक्षण बड़ी सावधानी से किया जाता था। भूमि मापन के एक पैमाने के लिए इन लेखों में 'भूमि' शब्द का प्रयोग प्रायः मिलता है यद्यपि उसका माप निश्चितरूपेण ज्ञान नहीं है। 'भूमि' शब्द का इस अर्थ में प्रयोग वाकाटक नरेश द्वितीय प्रवरसेन (पाँचवीं शती ई० का पूर्वार्द्ध) के चमकदार शासन में हुआ है यद्यपि उसमें भी उसका माप नहीं बताया गया है। रेग्मी का विचार है कि नेवारी भाषा का 'बुम' शब्द, जिसका प्रयोग आजकल जमीन के लगभग दो एकड़ बड़े टुकड़े के लिए होता है, नेपाली अभिलेखों के 'भूमि' शब्द से व्युत्पन्न हैं उनका यह भी विचार है कि नेपाली अभिलेखों में 'मानिक' शब्द, जिसका प्रयोग खाद्यान्न के एक मान के अर्थ में होता था (जैसे नाली, १५ में: शोल्लाधिकरणस्य मा २ कुथेराधिकरणस्य मा १), जमीन के एक ऐसे टुकड़े के लिए भी प्रयुक्त होता था जिसमें एक

मानिक बीज बोया जा सके। एक अभिलेख में (नोली, १०) आए 'पिण्डकं मानिका:' को भी (मैशिङ प्रदेशे चत्वरिंशतो भूमि ५० पिण्डकं मानिका: २०) उन्होंने 'भूमि' के लगभग सौवें भाग के बराबर टुकड़े के अर्थ में लिया है और मानिक का क्षेत्रफल उससे लघुतर बताया है। कुछ अन्य अभिलेखों में भी 'पिण्डकमानि' शब्द का इस अर्थ में प्रयोग सर्वथा स्पष्ट है (जैसे, नाली ७)। लेकिन यहां यह स्मरणीय है कि नेपाली लेखों में पिण्डक शब्द का प्रयोग एक कर के अर्थ में भी मिलता है। भारतीय अभिलेखों में भी इसका प्रयोग प्राय: इसी अर्थ में हुआ है (जैसे, समुचित- कर-पिण्डकादि-समस्त प्रत्याय)।

कर-व्यवस्था

भाग, भोग और कर-लिच्छवियुगीन अभिलेखों से प्राचीन नेपाल में प्रचलित कर-व्यवस्था का अच्छा ज्ञान होता है। यह व्यवस्था गुप्त-वर्द्धन युग में प्रचलित व्यवस्था से बहुत सादृश्य रखती है क्योंकि लिच्छवि नरेशों द्वारा लगाए गए कर हमें तत्कालीन भारत में भी मिलते हैं। केवल कुछ ही कर ऐसे हैं जो नेपाल की स्थानीय परिस्थिति के परिणामस्वरूप अस्तित्व में आए थे। उदाहरणार्थ, भाग, भोग और कर, जो नेपाली राजाओं को आय का मुख्य स्रोत प्रतीत होते हैं, गुप्त साम्राज्य में भी राज्य की आय का प्रमुख स्रोत थे। भाग नामक भूमि कर का प्राचीनतम उल्लेख कौटिल्य के 'अर्थशास्त्र' में मिलता है। वहाँ इसका अर्थ किसी खेत में उत्पन्न फसल का छठा भाग, जो परम्परागतरूपेण राजा का भाग माना गया है परन्तु जो समय-समय पर घटता-बढ़ता रहता था, प्रतीत होता है। गुप्त काल में यह सर्वप्रमुख भूमि कर था। उपर्युक्त नेपाली अभिलेखों के समान गुप्त अभिलेखों में भी ब्राह्मणों को अग्रहार देने का वर्णन करते समय दान पाने वाले की 'भागभोगकर' से मुक्ति का उल्लेख प्राय: हुआ है। फ्लीट का मत है कि 'भागभोग' का अर्थ 'भाग का भोग' है। परन्तु कहीं-कहीं गुप्तकालीन अभिलेखें में ही यह वाक्यांश 'भोगभाग' रूप में लिखा मिलता है जिसका अर्थ फ्लीट के सुझाव को स्वीकार करने पर 'भोग का भाग' होगा जो सर्वथा अग्राह्य है।

इसलिए सरकार का यह मत है कि यहाँ भाग से आशय फसल में राजा के परम्परागतरूपेण मान्य हिस्सों से होना चाहिए सही प्रतीत होता है। 'भोग' भी प्रकृत्या भाग से मिलता जुलता परन्तु कोई भिन्न कर प्रतीत होता है। सरकार का विचार है कि 'भोग' कृषकों द्वारा राजा को नियत समय पर दी जाने वाली फल, फूल, ईंधन आदि का रसद को कहते थे। जहाँ तक 'कर' का सम्बन्ध है इसका प्रयोग भारतीय अभिलेखों एवं साहित्य में अनेक अर्थों में हुआ है। समुद्रगुप्त की प्रयाग-प्रशस्ति एवं अन्य अनेक अभिलेखों में 'सर्वकर दान' सर्वकररसमेतैः' तथा 'सर्वकरपरिहरैः' इत्यादि वाक्यांश आए हैं। जिनसे लगता है कि इनमें इसका प्रयोग आधुनिक काल के समान सामान्य 'टैक्स' के अर्थ में हुआ है जबकि शका महक्षत्रप प्रथम रुद्रदामा की जूनागढ़-प्रशस्ति में इसकी गणना 'विष्टि' आदि के साथ राज्य की आय के उन स्रोतों में की गई है जिन्हें रुद्रदामा अन्यायपूर्ण मानता था। इसके अतिरिक्त कुछ स्मृतियों में इसका प्रयोग व्यापारियों के लाभ पर लगाए जाने वाले टैक्स के लिए हुआ है और कुछ अभिलेखों में तथा अनेक टीकाकारों के ग्रंथों में इसे समय-समय पर राजा द्वारा फसल पर 'भाग' के अतिरिक्त लगाया जाने वाला कर कहा गया है। विशेष रूप से 'हिरण्य' के साथ उल्लिखित होने पर यह 'भाग' के अतिरिक्त लगाया गया कर प्रतीत होता है। क्योंकि नेपाली अभिलेखों में भी इसका प्रयोग कुछ स्थलों पर 'भागभोग' और 'हिरण्य' के साथ उल्लिखित होने पर यह 'भाग' के अतिरिक्त लगाया गया कर प्रतीत होता है। क्योंकि नेपाली अभिलेखों में भी इसका प्रयोग कुछ स्थलों पर 'भागभोग' और 'हिरण्य' के साथ हुआ है (नोली, ७७) इसलिए यहां उपर्युक्त अन्तिम अर्थ ही अभिप्रेत लगता है।

लेकिन प्राचीन नेपाल में कर शब्द का प्रयोग टैक्स के सामान्य अर्थ में भी होता था। अनेक अभिलेखों में (उदाहरणार्थ, नोली, २३-२७) ग्रामवासियों के विशेषाधिकारों का वर्णन करते समय कहा गया है कि भविष्य में वहाँ राजपदाधिकारी मात्र 'त्रिकर' वसूल करने जाएंगे,

लेख्यदान और पंचापराध के प्रसंग में प्रविष्ट नहीं होंगे। रेग्मी ने कहा 'स्त्री कर' अर्थात् स्त्रियों पर लगाये जाने वाले कर का उल्लेख माना है। परन्तु स्पष्टतः यह एक अशुद्ध धारणा है।

हिरण्य-गुप्तकालीन भारतीय अभिलेखों के समान नेपाली अभिलेखों (नोली, ७७) में भी 'हिरण्य' नामक कर को राज्य की आय के स्त्रोतों में गिनाया गया है (समुचित देय भागभोगकरहिरण्यादि)। कौटिल्य के 'अर्थशास्त्र' में इसे भाग, विष्टि, पुशकर आद के साथ गिनाया गया है, परन्तु नियमित रूप से लगाए जाने वाले करों की सूची में छोड दिया गया है। लेकिन विष्णु० तथा मनु० ने इसे नियमित करों में गिनाया है और इसकी दर ९५० बताई है। गुप्तकालीन अभिलेखों में दान पाने वाले ब्राह्मणों को इसमें मुक्ति दिए जाने का प्रायः उल्लेख हुआ है। कुछ विद्वानों ने 'अर्थशास्त्र' में एक कर के रूप में उल्लिखित 'हिरण्य' का अर्थ सुवर्ण किया है और रेग्मी ने नेपाली अभिलेखों में प्रयुक्त हिरण्य को 'सुवर्ण और विलासिता की सामग्री' पर लगाया जाने वाला कर माना है। परन्तु यह मत गलत लगता है क्योंकि सुवर्ण के अत्यधिक मूल्यावान होने से यह सम्भव नहीं लगता कि भारत अथवा नेपाल के किसान इस पर कर देते थे। दूसरे स्मृति ग्रन्थों में 'हिरण्य' का उल्लेख प्रायः पशुओं के साथ हुआ है और इसे राज्य की आय के स्त्रोतों में फसल, वृक्ष, फल-फूल, घास आदि पर लगाए जाने वाले करों के साथ गिनाया गया है। अभिलेखों में भी इसका उल्लेख जैसा की ऊपर कहा जा चुका है, भागभोग आदि के साथ और कहीं-कहीं धान्य के साथ (अहिरण्य धान्य प्रणय प्रदेय) हुआ है। इसलिए हमें घोषाल का यह विचार सही लगता है कि यह कुछ विशेष फसलों पर लगाया जाने वाला ऐसा कर था जो द्रव्य के रूप में अदा किया जाता था।

पिण्डक-कुछ नेपाली अभिलेखों में 'पिण्डक' का उल्लेख हुआ है। यह निश्चिरूपेण एक कर का नाम था। भारतीय अभिलेखों में मिलने वाले 'समुचित-कर-पिण्डकादि समस्त प्रतयाय' जैसे वाक्यांशें से यह स्पष्ट है। कुछ नेपाली अभिलेखों में प्रयुक्त 'भागभोग कर पिण्डकदानदिभि:' वाक्यांश से भी यही सिद्ध होता है। भारत में इसका प्रयोग प्राय: सामूहित रूप से लगाए गए भूमि कर के अर्थ में होता था। शायद नेपाल में भी इसका यही अर्थ माना जाता था। एक अभिलेख के अनुसार विष्णुगुप्त ने एक गाँव वालों को कुछ खेत प्रदान किए थे जिनके 'पिण्डक' से अभिलेख में उल्लिखित तिलमक (नहर) की मरम्मत कराई जानी थी (वाटिका अपि प्रसादीकृतास्तदेताभ्यो यत्रिकाल पिण्डकं उपसंहृत्य भवद्भिरेव तिलमक प्रतिसंस्कार: करणीय)। स्पष्टत: यहां 'पिण्डक' शब्द का प्रयोग उन गांव वालों द्वारा सामूहिक रूप से दिए जाने वाले कर के लिए हुआ है।

द्रङ्ग- कुछ नेपाली अभिलेखों 'द्रङ्ग' का उल्लेख मिलता है। यह गुप्तकालीन भारतीय लेखों के 'उद्रङ्ग' से अभिन्न लगता है, लेकिन 'उद्रङ्ग' और 'द्रङ्ग' दोनों शब्दों का ही अर्थ स्पष्ट नहीं है। 'राजरिंगिणी' में 'द्रङ्ग' का प्रयोग पुलिस स्टेशन के अर्थ में हुआ है, इसलिए मैती का एक सुझाव यह है कि यह एक प्रकार का पुलिस स्टेशन रहा होगा। पुष्पा नियोगी का भी कुछ ऐसा ही मत है। नेपाली अभिलेखों में सम्भव: इस शब्द का पुलिस स्टेशन और एक कर विशेष दोनों अर्थों में प्रयोग हुआ है। उदाहरणार्थ एक अभिलेख

में 'त्रिकर मात्र साधना (यै) व प्रवेशोऽसिमन द्रङ्गे' वाक्यांश आया है। यहां द्रङ्ग' का प्रयोग निश्चयतः किसी स्टेशन विशेष के लिए हुआ है। लेकिन 'सर्वतलग्रामसहितस्येवास्य द्रङ्गस्य प्रतिमुक्तम्' वाक्यांश में 'द्रङ्गे' शब्द का प्रयोग स्पष्टतः किसी कर विशेष के लिए जो एक पुलिस कर भी हो सकता है, हुआ है।

विष्टि-नेपाल में दास-प्रथा के अस्तित्व का कोई प्रमाण नहीं मिलता लेकिन प्रजा से विष्टि या बेगार लेने की प्रथा प्रचलित थी और इसे एक कर के रूप में राज्य की आय का महत्वपूर्ण स्रोत माना जाता था। कई अभिलेखों में किसी गांव के निवासियों की विष्टि से मुक्ति का अथवा गाँव दान पाने वाले ब्राह्मण या संघ को गांव वालों से विष्टि लेने के अधिकार का उल्लेख है। एक अपेक्षया खण्डित अभिलेख (नोली, ८२) में एक ग्राम के निवासियों को विष्टि के बदले एक निश्चित धन देने की अनुमति दी गई प्रतीत होती है (...........विष्टि मनुष्यसम्बन्धेन प्रतिवर्षं यत् पुराण शत...........)। एक अन्य अभिलेख में 'भेट्टविष्टि' का उल्लेख है जिसके लिए अग्रहार में प्रदत्त गांव से प्रतिवर्ष पांच मजदूर लिए जा सकते थे (भोट्टविष्टिहेतोः प्रतिवर्षं भारित जनः पञ्च ५ व्यवसायिभिर्ग्रहीतव्याः)। एक दूसरे अभिलेख में 'झलन्दुविष्टि' का उल्लेख है। परन्तु 'झलन्दु' शब्द का अर्थ अज्ञात है। वैसे भी इस शब्द का अभिलेख में पाठ सन्देहग्रस्त है।

अन्य विविध कर तथा राज्य की आय के अन्य स्रोत-भाग, भोग, कर तथा हिरण्य आदि के अतिरिक्त, जिनकी चर्चा ऊपर की गई है एवं जलकर, जिसकी चर्चा सिंचाई-व्यवस्था के प्रसंग में की गई है, नेपाली अभिलेखों में अन्य अनेक करों का उल्लेख मिलता है। इनमें सर्वप्रमुख था 'मल्लकर' जिसकी चर्चा कई अभिलेखों में हुई है। रेग्मी ने इसे सब लोगों पर लगाया जाने वाला कर या रक्षाकर माना है। कुछ

कर स्थानीय महत्व के थे। उदाहरणार्थ तेल के व्यापारियों से तेल कर लिया जाता था। नोली, ३७ में 'द्वादश तैलघटा:' का उल्लेख है। इसी प्रकार नोली ३२ में मछलियों पर लगाए जाने वाले 'शुल्क' की चर्चा है। एक पर्वतीय देश होने के कारण नेपाल में साल, शीशम आदि के वन खूब मिलते हैं। आज के समान प्राचीन काल में भी ये सराकर की आय का एक महत्वपूर्ण स्रोत थे। क्योंकि जो ग्रामीण जंगलों (वनभूमि) से काष्ठ और पत्ते इत्यादि लाते थे उन्हें सरकार को कर देना होता था। एक अभिलेख में वर्जित वनप्रदेश में कुठार लेकर जाने का निषेध किया गया है (नोली, २८)। प्रथम शिवदेव के एक अभिलेख में लहसुन और प्याज पर लगाए गए कर (लशुन पलाण्डुकराभ्याम्) की चर्चा है। यह शायद इन वस्तुओं के बड़ी मात्रा में निर्यात किए जाने पर लगाया जाता था। लेवी ने एक अभिलेख की २२-२३ वीं पंक्तियों में 'सिंहकर' (सिंहों पर लगाए गए कर) का उल्लेख माना है, परन्तु सिंहों पर कर लगाया जाना कुछ अकल्पनीय सा लगता है। दूसरे, उस लेख का इस विषय से सम्बद्ध भाग अंशत: अपठनीय हो गया है। इसलिए इस सुझाव का स्वीकार बड़ा कठिन है। एक मत के अनुसार यहाँ 'सिंकर' नाम संस्कृत भाषा का न होकर किसी प्राचीनतर तमाङ् या लिम्बू आदि किसी भाषा का है। इसी प्रकार इस अभिलेख की ११वीं पंक्ति में 'नैल्य कर' शब्द का पाठ और अर्थ दोनों सन्देहास्पद हैं। कुछ विद्वान यहाँ 'चैलकर' पाठ मानते हैं और इसका अर्थ कपड़े पर लगाया जाने वाला कर करते हैं।

प्राचीन नेपाल सरकार के अपने पशुक्षेत्र भी होते थे। जिस प्रदेश में ये पशुक्षेत्र स्थित होते थे वहां के निवासियों को उसके परिपालन के लिए ३ पणपुराण कर देना होता था। लेकिन यह दर प्रति व्यक्ति थी या प्रति परिवार यह स्पष्ट नहीं किया गया हैं राज्य को कुछ आय अपराधियों पर, विशेषत: पंचापराध करने वालों पर लगाए गए दण्ड से भी होती थी। कुछ

अभिलेखों में आर्यसंघ को अग्रहार प्रदान करने की शर्तों में कहा गया है कि वहाँ रहने वाले 'चौरपरदारहत्यासम्बन्धादिपञ्चापराध' के दोषी व्यक्ति का शरीर तो सरकार को मिलेगा और उसके घर, खेत, जमीन और पत्नी, इन सब पर संघ का अधिकार होगा (शरीरमात्रं राजकुल भाव्यान् तद्‌गृहक्षेत्र कलात्रादि सर्वद्रव्याण्यार्यसंघस्येति)। इससे स्पष्ट है कि जो गाँव अग्रहार में नहीं दिए जाते थे वहाँ रहने वाले उपर्युक्त कोटि के अपराधियों की सम्पत्ति राज्य को मिलती थी। किसी मृत गर्भवती स्त्री के गर्भोद्‌धरण करने पर १०० पण दण्ड वसूल किया जाता था (गुर्विणीमरते गर्भोद्‌धरणाय पणशतमात्रदेयेन)। कभी-कभी नेपाली राजा ग्राम वासियों पर कुछ विशिष्ट स्थानीय कर लगा देते थे। उदाहरणार्थ, प्राप्ति शिवदेव के खोपासी अभिलेख में (नोली, ३१) ग्रामवासियों को प्रदत्त कुछ विशेषाधिकारों का वर्णन करते समय कहा गया है कि उनमें प्रत्येक को शिलापट्टकों से निर्मित प्रासाद के चिरस्थायित्व के हेतु 'द्वारोद्‌घाटन' तथा 'कैलाशकूटयात्रा' के समय 'श्वेत मृत्तिका' (शुक्लमृत्तिका) के पचास खण्ड देने होंगे। वसाक ने यहाँ शुक्लमृत्तिका का अर्थ चांदी के सिक्के अथवा टुकड़े किया है, परन्तु प्रसंग से स्पष्ट है कि यहाँ इस लेख के रचयिता का आशय श्वेत मृत्तिका खण्डों (चूना?) से ही है, चाँदी के टुकड़ों से नहीं।

कृषि, उद्योग-धन्धे और व्यापार

कृषि का महत्व- नेपाल एक पर्वतीय प्रदेश है लेकिन उसकी कुछ उपत्यकाएं छोटी होने के बावजूद बहुत उर्वर हैं। उनमें चावल, गेहूँ, कपास, गन्ना, तम्बाकू और दालों की खेती होती है। फल और तरकारियाँ भी खूब होती हैं। इसलिए प्राचीन काल से कृषिकर्म नेपाली अर्थ-व्यवस्था का मूलाधार रहा है। लेकिन चीनी ग्रन्थों में प्राचीन नेपाली जीवन में कृषिकर्म के मूलाधार रहा है। लेकिन चीनी ग्रन्थों में प्राचीन नेपाली जीवन में कृषिकर्म के महत्व के विषय में परस्पर विरोधी सूचनाएँ मिलती हैं। सातवीं शदी ई० में भारत की यात्रा करने वाले चीनी यात्री शुआन-च्वांग के अनुसार नेपाल देश खाद्यान्न के उत्पादन के लिए

उत्तम था और कहाँ फल-फूल, ताम्र तथा वाक बहुतायत से उपलब्ध थे, जबकि 'तांग-इतिहास' के लेखक की सूचनानुसार नेपाल में स्थायी रूप से निवास करने वाले व्यापारी और यायावर सौदागरों की संख्या बहुत अधिक थी और कृषकों की बहुत कम। 'तांग-इतिहास' के अनुसार ये किसान भी बहुत पिछड़ी अवस्था में थे-ये न तो भूमि को हल की सहायता से जोतना जानते थे और न बैलों को नाथना। लेकिन ऐसा प्रतीत होता है कि इस ग्रन्थ के लेखक की यह सूचना अशुद्ध थी क्योंकि अभिलेखिक साक्ष्य से निश्चित है कि नेपाली कृषक न केवल हल-बैल से परिचित थे वरन उनके राजा भी इस उद्यम की उन्नति में बहुत दिलचस्पी लेते थे। राज्य की आय का अधिकांश भूमि कर के रूप आना (दे०, पीछे) भी इस धारणा का समर्थन करता है कि इस विषय में शुआन-च्वांग का साक्ष्य 'ताँग-इतिहास' से अधिक विश्वसनीय।

अत्यन्त समीपवर्ती होने के कारण मिथिला इन प्रभावों को अंगीकृत किया जो हर रूपो में परिलक्षित होती रही है। आर्थिक संबंधों में रैयतवडी बनदोबस्त (१५२०) महालबाड़ी व्यवस्था (१५३३), कृषि वणिज्यीकरण (१५२३) संपदा का निस्कासन, आहुनिक उद्योग जो भी ब्रिटिश प्रयास थे उसने मिथिला और नेपाल दोनों को हमारी अध्ययन अवधि में व्यापक प्रभाव डाला।

सिंचाई-व्यवस्था- प्राचीन नेपाल के अनेक अभिलेखों में अंशुवर्मा और उसके निकट उत्तराधिकारियों द्वारा सिंचाई के लिए नहरें बनवाए जाने की चर्चा हुई है। स्वयं अंशुवर्मा के सम्वत ४५ (=६२४ ई०) के पाटन-लेख से ज्ञात होता है कि भट्टारक महाराजाधिराज श्री अंशुवर्मा ने कुछ ग्रामवासियों के लिए तिलमक (नहर) का निर्माण कराया था जो विष्णुगुप्त के समय तक मरम्मत न किए जाने से खराब हो गई थी। जिष्णुगुप्त ने इसकी मरम्मत का कार्य सामन्त चन्द्रवर्मा को सौंपा। इतना ही नहीं उसने उन ग्रामवासियों को कुछ खेत भी प्रदान किए जिनके 'पिण्डक' का भविष्य में उपयोग तिलमक की मरम्मत के लिए किया जाना था इस नहर का रुख किसी अन्य दिशा की ओर करने का निषेध

भी इस अभिलेख में है। जिष्णुगुप्त के ही एक अन्य अभिलेख में, जो काठमांडौ में मोन-नारायण-मन्दिर के समीप मिला है (नोली, ५२), कुछ ग्रामवासियों को आदेश दिया गया है कि वे उस नहर को पूरी किए जाने के लिए जिसे 'श्रीमहासामन्त' (जिसका नाम मिट गया है परन्तु जिसको पहिचान अंशुवर्मा से अनायास की जा सकती है) ने शुरू कराया था अपने पिण्डक का दशमांश दिया करें। द्वितीय जयदेव के १४५ वें वर्ष (=७२९ ई०) के खण्डित मीननाथ - पाटन -अभिलेख (नोली, ८0) में भी एक तिलमक का उल्लेख हुआ है जिसे सम्भवतः किसी 'कुमारी' (राजकुमारी?) ने बनवाया था। इस अभिलेख में आदेश दिया गया है कि इस नहर की मरम्मत ग्रामवासियों की आय के अंश से की जाय और इसका प्रयोग कई 'पंचालिकाएँ' इसे सात भागों में बांट कर करें (तिलमकश्चसप्तधाविभाजय परिभोक्तव्य:)। इन उदाहरणों से स्पष्ट है कि लिच्छवि राज्य में सरकार कृषकों की सुविधा के लिए नहरें बनवाती थी। और उनकी मरम्मत के लिए उनसे लाभ उठाने वाले किसानों पर जलकर लगाती थी। लेकिन इनकी देखभाल का कार्य राज्य के निर्देशन में स्वयं ग्राम पंचालिकाएँ करती थीं और इनसे प्रत्येक व्यक्ति अथवा ग्राम को उतना ही जल लेने का अधिकार था जितना उसके हिस्से में नियमानुसार आता था।

लार्ड कर्जन की नेपाल नीति ने ब्रिटिश इंडिया और नेपाल के सम्बन्धों को सर्वाधिक प्रभावित किया। उसने अपने समय में सीमा शुल्क कर आदि मे कटौती और दोनों देशों के आर्थिक क्रियाकलापों को और निर्वाघ बनाया, जिसका मिथिला के जीवन पर दूरगामी और अद्यतन प्रभाव पड़ा।

पशुपालन–लिच्छवियुगीन नेपाल में कृषि के अतिरिक्त अन्य अनेक उद्योग-धन्धे विकसित अवस्था में थे। इनमें सर्वप्रथम पशुपालन की चर्चा की जा सकती है। जिसका कृषिकर्म से घनिष्ठ सम्बन्ध रहा है। एक अभिलेख (नोली, ५६) में आए 'गोयुद्धे गोहले-गोहले' वाक्यांश के आधार पर लेवी का विचार है कि खेतों को बैलों से खींचे जाने वाले

हलों से जोता जाता था। एक अन्य अभिलेख (नोली, ५२) में भी अश्वों के अतिरिक्त सांडों, घोड़ागाड़ियों, बैलगाड़ियों और बैलों का उल्लेख मिता है (षण्डाश्विक-वाहिका गन्त्री बलिवर्दाताम्)। इससे स्पष्ट है कि घोड़ों और बैलों को दैनिक जीवन में गाड़ी खींचने के काम में लाया जाता था। अश्वों और हाथियों का पालन सैनिक आवश्यकताओं को पूर्ति के हेतु भी किया जाता था जैसा कि प्रथम मानदेव के चांगु-नारायण अभिलेख (नोली, ९) से स्पष्ट है। इसी प्रसंग में मत्स्यपालन की चर्चा भी की जा सकती है। नोली ३२ में काष्ठिका मत्स्य, भुक्कुण्डिका मत्स्य, राजग्रीव मत्स्य आदि अनेक प्रकार की मछलियों की चर्चा है।

अन्य उद्योग-धन्धे- नेपाल में अनेक उद्योग-धन्धे समुन्नत अवस्था में थे। 'तांग-इतिहास' के अनुसार वहाँ मकान लकड़ी के बनाए जाते थे, इसलिए काष्ठ कला एक विकसित उद्यम रही होगी। मकानों को सजाने के लिए काष्ठ और प्रस्तर की मूर्तियां बनाई जाती थीं जिनकी चीनी लेखकों ने बड़ी प्रशंसा की है। नेपाली राजा भी मूर्ति कला में प्राय: दिलचस्पी रखते थे। एक अभिलेख में विष्णुगुप्त को जलशायी विष्णु की विशाल मूर्ति को देखकर सन्तुष्ट हुआ बताया गया है (विष्णोर्जलशयनरूपनिष्पादन योग्यबृहच्छिलाकर्षणए व्यापार परितुष्टै:)। इन तथ्यों से स्पष्ट है कि लिच्छवियुगीन नेपाल में मूर्त्तिकार के उद्यम का पर्याप्त आदर था। जहाँ तक धातुओं का सम्बन्ध है 'तांग इतिहास' के अनुसार उस युग के नेपाली टिन ताम्र, कांस्य और चांदी से निश्चय: परिचित थे।' लेकिन लोहे से उनका परिचय था इसका ज्ञान किसी साक्ष्य से नहीं होता। एक अभिलेख में ठठेरे की दुकान (ताम्रकुट्टशाला) का उल्लेख है। सिक्के अधिकतर ताम्र के बनाए जाते थे, चांदी के बहुत कम। वस्तुत: अभी तक चांदी के सिक्कों का कोई नमूना उपलब्ध नहीं हुआ है। एक अभिलेख में कुछ आभूषणों के नाम (पदककेयूरनूपुरान्) मिलते हैं। प्रथम मानदेव के चांगुनारायण अभिलेख में 'प्रमृष्ट कनक' अर्थात् पालिश किए हुए सुवर्ण का उल्लेख हुआ है और द्वितीय जयदेव के पशुपतिनाथ अभिलेख में जयदेव द्वारा एक रज कमल (रौप्य पद्म) बनावाए जाने का। आभूषणों के अतिरिक्त धातुओं के हथियार भी बनाए

जाते थे। लेकिन तेल रखने के घड़े (तैलघटम्) जिनकी चर्चा अभिलेखों में हैं और वे 'घटिकाएं' जिनका उल्लेख हुआ है किस चीज के बनती थी, यह अज्ञात है। शायद वे मिट्टी की बनाई जाती थीं। जो भी हो तेल-उद्योग का अस्तित्व इन अभिलेखों से अवश्य सिद्ध है। इसी प्रकार नेपाली वस्त्र-उद्योग के अस्तित्व का ज्ञान चीनी ग्रन्थों में होता है जिनमें कहा गया है कि ७वीं शती ई० में नेपाल के निवासी केवल एक वस्त्र पहनते थे। उसी को वह अपने शरीर के उर्ध्वगामी पर भी लपेट लेते थे। यह वस्त्र सम्भवतः अभिलेखों उल्लिखित 'चेल पट्ट' नामक कपड़े से अभिन्न था। इसका एक अर्थ यह भी हो सकता है कि तब तक कपड़े सीने की प्रथा प्रचलित नहीं हुई थी और दर्जी की कला अज्ञात थी। लेकिन कौटिल्य द्वारा उल्लिखित भिंगिसी तथा अपसारक नामक नेपाली वस्त्र अगर ऊनी होते थे तो मानना पड़ेगा कि वहाँ ऊनी वस्त्रों का उद्योग प्राक्-लिच्छवि युग में ही विकसित हो चुका था। उद्योग धंधो में ब्रिटिश काल नेपाल मिथिला के आर्थिक जीवन पर व्यापक प्रभाव डाला। औद्योगिक क्रान्ति से पूर्व भारत में विद्यमान हस्त शिल्प ने नेपाल को भी इसका पर्याप्त लाभ दिलाया। मिथिला में स्थापित जूट मिलों में हजारों नेपाली लोगों को रोजगार के अवसर मिले जिससे दोनों क्षेत्रों का पर्याप्त सामाजिक, आर्थिक विकास हुआ।

मुद्राप्रणाली- प्राचीन नेपाली का आर्थिक-व्यवस्था मुद्रा प्रणाली पर आधारित थी। इन मुद्राओं का ज्ञान हमें न केवल साहित्य और अभिलेखों से होता है, वरन् विभिन्न राजाओं की मुद्राओं के अनेक नमूने भी उपलब्ध हैं। सातवीं शती ई० के द्वितीय पाद में भारत और सम्भवतः नेपाल की यात्रा करने वाले चीनी यात्री शुआन-च्वांग और 'तांग-इतिहास' के लेखक के अनुसार नेपाल में ताम्र की मुद्राएं प्रचलित थी। आजकल भी

जितनी प्राचीन नेपाली मुद्राएं उपलब्ध हैं वे सब ताम्र की ही हैं। लेकिन अभिलेखिक साक्ष्य से यह निश्चित-सा प्रतीत होता है कि लिच्छवि राजाओं ने बड़े-बड़े सौदों एवं विदेशी-व्यापार के लिए चाँदी की भी कुछ मुद्राएं जारी की थीं। अभिलेखों में सिक्के के लिए चार नाम प्रयुक्त हैं: कार्षापण, पण, पुराण, और पणपुराण। एक अभिलेख में सिक्के के लिए चार नाम प्रयुक्त हैं: कार्षापण, पण, पुराण, और पणपुराण। एक अभिलेख में 'ताम्रिकपण' शब्द का प्रयोग हुआ है लेकिन अन्यत्र 'पण' शब्द बिना किसी विशेषण के मिलता है। 'पुराण' शब्द का प्रयोग भारतीय अभिलेखों में एक रजत मुद्रा के अर्थ में हुआ है और 'पणपुराण' का उस 'पुराण' के अर्थ में जिसका मूल्य ताम्रपणों में लगाया जाए। कार्षापण शब्द का प्रयोग भारत में प्राय: ताम्र और रजत एवं कभी कभी सुवर्ण मुद्रा के लिए होता था लेकिन सामान्यत: पुराण तथा कार्षापण एक ही सिक्के के नाम माने जाते थे। इन तथ्यों से स्पष्ट है कि नेपाल में वस्तुत: केवल दो ही प्रकार के सिक्के प्रचलित थे: एक चांदी का पुराण अथवा कार्षापण और दूसरा तांबे के १६ पण होते थे। यही बात एक नेपाली अभिलेख से ज्ञात होती है क्योंकि इसमें एक ग्राम के निवासियों को कर में दी जाने वाली छूट का वर्णन करते हुए कहा गया है कि जो व्यक्ति एक कार्षापण देता है वह भविष्य में आठ पण देगा और जो आठ पण देता है वह चार पण देगा: येन कार्षापणं देयं तेनाष्टी पणा देया येनाष्टौ पणा देयं तेन पणचतुष्टयं.........।

प्राचीन नेपाली सिक्के तौलमान एवं अन्य अनेक दृष्टि से कुषाणा सिक्कों से एवं कुछ बातों में गुप्त मुद्राओं से प्रभावित लगते हैं। आज कल जितने नेपाली सिक्के उपलब्ध हैं वे सब कुषाणोत्तर युग में, जब नेपाली सिक्कों पर कुषाण और गुप्त प्रभाव पड़ना बड़ी स्वाभाविक बात थी। इन सिक्कों पर पशुपति, मानांक, गुणांक, अंशुवर्मा, वैशश्रवण तथा जिष्णुगुप्त नाम मिलते हैं। इनमें वैशश्रवण तथा पशुपति देवताओं के नाम हैं और शेष चार अंशुवर्मा, द्वितीय मानदेव, गुणकामदेव तथा जिष्णुगुप्त नामक राजाओं के। वैश्रवण लेख वाले सिक्के भी सम्भवत: अंशुवर्मा ने

ही जारी किए थे क्योंकि उसके वर्ग 'अ' सिक्के का पृष्ठभाग ठीक वैश्रवण लेख वाले सिक्कों का वर्णन एवं इनके तौलमान जैसी समस्याओं का विवेचन हम इन चारों राजाओं के शासन काल के प्रसंग में कर आए हैं। पशुपति लेख वाले सिक्के किस राजा के हैं कहना असम्भव है। मैक्डावल ने इनके कुछ 'अनियमित' नमूनों को छोड़ कर शेष को चार वर्गों में बांटा है: एक, जिसमें पुरोभाग पर नीचे वृषभ है और ऊपर 'पशुपति' लेख; दूसरा, जिसमें पुरोभाग पर नीचे गुलदस्ता है और ऊपर लेख लिखा है; तीसरा, जिसमें पुरोभाग पर एक त्रिशूल बना है तथा 'पशुपति' लेख दो भागों में त्रिशूल के दाएं तथा बाएं लिखा है और चौथा, जिसमें पुरोभाग पर वृषभ और अर्द्धचन्द्र बने हैं और पृष्ठ भाग पर पशुपति लेख हैं। तीसरे वर्ग के सिक्कों पर पशुपति लेख पृष्ठ भाग पर भी लिखा हुआ है। ये सब सिक्के लगभग ३ ग्राम से लेकर लगभग १० ग्राम तक भार वाले हैं।

मुद्रा प्रबन्धन में (१८१६-११५०) में उठाये गये ब्रिटिश कदम ने भारत नेपाल संबंधों को नयी रूप प्रादान किया जो निम्नलिखित थे।

१. बैंको की स्थापना।

२. कागजी मुद्रा का विस्तार।

३. एकसमान मुद्रा का प्रचलन।

४. नेपाली हुकूमत के साथ समय-समय पर हुए मैद्रिक समझोते।

५. नेपाल शासन की जनहितकारी नीति का समन्वयन।

व्यापार– जैसा कि पीछे कह आए हैं चीनी साक्ष्य के अनुसार नेपाल में व्यापार कृषिकर्म से कहीं अधिक विकसित अवस्था में था और स्थायी रूप से बसे व्यापारों तथा यायावरों की तरह घूम कर माल खरीदने-बेचने वाले सौदागर बहुत अधिक संख्या में थे और कृषक अत्यन्त विरल। यद्यपि सम्भवतः चीनियों ने तिब्बत और नेपाल उपत्यका के मध्य स्थित कृषिकर्म के लिए अनुपयोगी विशाल भूखण्डों को देख

कर ऐसा लिखा था, लेकिन इसमें कोई सन्देह नहीं कि प्राचीन नेपाल में व्यापार अत्यन्त समुन्नत दशा में था। आज भी ज्यपु नामक एक वर्ग विशेष को छोड़ कर अधिकांश नेवार वाणिज्य-व्यापार तथा उद्योग-धन्धों में लगे हुए हैं और नेपाली व्यापार पर उनका एकाधिकार सा है। यहां तक कि राणा शासन काल में उनको सेना में भर्ती तक नहीं किया जाता था। विदेशों के साथ प्राचीन नेपाल के सम्बन्ध मात्र चीन, तिब्बत और भारत तक सीमित थे। चीन के साथ उनका व्यापार विशेष रूप से सातवीं शती ई० में बेनपा-कूटी मार्ग की खोज के बाद बढ़ा। शुआन-च्वांग ने नेपाल में मिलने वाली वस्तुओं में खाद्यान्न, फल, ताम्र और याक को गिनाया है। इनमें कुछ का तत्कालीन नेपाली निर्यात करते होंगे। याक ज्यादातर तिब्बती सीमा पर मिलता था और भार ढोने के काम में आता था। नेपाल भारत तथा तिब्बत के मध्य व्यापार की कड़ी था और इसका लाभ नेपाली नरेश और व्यापारी अवश्य उठाते होंगे। एक अभिलेख में सार्थवाह गुहमित्र के द्वारा (वणिजां सार्थवाहेन गुहमित्रेण) कुछ भूमि दान दिए जाने का उल्लेख है। कुछ अभिलेखों में राजकुल के व्यवसायों (राजकुलीय व्यवसायिभिः) का भी उल्लेख हुआ है जिससे लगता है कि उस युग में स्वयं राजपरिवार के सदस्य भी व्यापार में रूचि रखते थे।

मुगलकाल में तो राज्य-स्तर पर भले ही विशेष आर्थिक सहयोग न रहा हो; किन्तु सांस्कृतिक एकता के कारण दोनों देश एक-दूसरे के समीप थे-यह निर्विवाद है। नेपाल निवासी भारत की बनी चीजें तिब्बत तथा सुदूर चीन में जाकर बेचते थे। अंग्रेजों के समय में तो नेपाल और भारत में राजनैतिक अनेक सम्बन्धों के होते हुए भी विकास-कार्य नगण्य ही रहे। आर्थिक विकास-कार्य प्रमुखतः गणतन्त्र भारत तथा उदार राजतन्त्र पंचायती राज नेपाल में ही प्रारम्भ हुआ है।

अगर यह कहा जाए कि उत्तर प्रदेश तथा उत्तर बिहार के आर्थिक विकास की कुन्जी है नेपाल, तो कोई अतिश्योक्ति नहीं होगी। इन क्षेत्रों में कोयले की खान नहीं है। दिनानुदिन कोयले के वास्तविक दाम में

वृद्धि के कारण इन क्षेत्रों को जल-विद्युत पर ही निर्भर रहना था। भय है कि बीसवी शताब्दी के अन्तिम दशक में कोयले का उत्पादन इस सम्पूर्ण देश के लिये तुलनात्मक दृष्टिकोण से अनर्थिक न होना संभावित था। ऐसी परिस्थित में नेपाल और भारत में आर्थिक सम्बन्ध और भी सुदृढ करने की आवश्यकता है। हिमाच्छादित पर्वतराज हिमालय से पोषित शारदा, गांगा, राप्ती, गंडक, बूढ़ीगंडक, बागमती, बलान, कमला तिलयुगा, घिमडा, कोशी, बुढ़ी कोशी, महानन्दा आदि अनेक नदियों पर तत्काल पैरेज बनाए जाए और पीछे पर्वतीय ऊँचे बाँध बनाए जाए, तो सिचाँई के दृष्टिकोण से उत्तर प्रदेश तथा उत्तरी बिहार सम्पूर्ण भारत का ही मानो अनाज-गृह बन जायेगा और सम्पूर्ण देश शक्ति के क्षेत्र में ५0% तक इन्ही पर निर्भर हो जाएगा। सपना बहुत धुँधला तथा अस्पष्ट है, पर हमारे पारस्परिक सहयोग से यह साकार रुप धारण करेगा-ऐसा हमारा विश्वास तथा निश्चित धारणा है।

आधुनिक काल में करीब-करीब सत्रह योजनाओं का कार्यान्वयन हो रहा है। जिससे दोनों देशों को विशेष लाभ होगा। उदाहरणस्वरूप १६५४ ई० की बाढ में नेपाल की करीब २७000 हेक्टर जमीन बाढ-ग्रस्त हुई। किन्तु इस वर्ष बाढ़ का प्रकोप उतना ही भंयकर होने पर भी केवल २0000 हेक्टर जमीन ही आंशिक रूप से बाढ ग्रसित हो सकी। सिंचाई के लिए चतरा नहर-योजना से तो केवल नेपाल-निवासी का ही विशेष कल्याण होगा। पूर्वी ससरी, इनरवा तथा मोरंग विराट नगर तक की करीब ३.५0 लाख एकड तक की भूमि में तत्काल सिंचाई का प्रबंध हो सकेगा। ऐसी आशा की जाती है। हाँ टोपोग्राफ़ी में विशेष सुधार से और भी विशेष लाभ की संभावना है। जिसमें नेपाल के निवासियों के सक्रिय सहयोग की विशेष अपेक्षा है। पश्चिमी कोशी नहर से जनकपुर तक की करीब ५ लाख एकड भूमि में सिचाई सम्भव होना प्रस्तावित थी।

कटैया के जल विधुत-उत्पादन का १0 हजार किलोवाट नेपाल को मिलना प्रस्तावित था। गण्डक की योजना से भी मध्य नेपाल को भूमि

की सिंचाई मिलना प्रस्तावित था। त्रिशूली योजना (काठमाण्डु से १४ मील दूर) से नेपाल के उद्योग को विशेष बल मिला। इन योजनाओं के कार्यन्वयन से हमारा संबंध और भी घनिष्ठ हुआ। वीरगंज-काठमांडु राजपथ के कारण हमारा सहयोग सुदृढ हुआ है। भारत ने नेपाल की तृतीय पंचवर्षीय योजना में ४0 करोड रूपया देने का वचन दिया था। कर्णाली जल-विद्युत योजना, जिससे करीब-करीब ६८ लाख किलोवाट बिजली मिल सकेगी, के कार्यान्वयन में विशेष सहानुभूति प्रकट की है। कागज और सीमेंट के कारखानों से दोनों का व्यापार और भी घनिष्ट हो जाने की आशा है। नेपाल द्वारा मुद्रा अवमूल्यन न किए जाने पर भी दोनों देशों का व्यापार रूका नहीं है, अपितु उसे सुव्यवस्थित करने का प्रयास चल रहा है।

फिर भी कहना है कि नेपाल तथा भारत के आर्थिक संबंध को सुदृढ करने के लिए जितने भी प्रयास किए गए हैं या हो रहे हैं सभी स्तुत्य तथा प्रशंसनीय हैं, पर विशेष सुदृढता की अपेक्षा है। भारत और नेपाल से प्रवाहित नदियों पर बाँध की अपेक्षा है। यह कार्य अनुसन्धान स्तर में ही है। इन कार्यो का सफल समाधान राजनैतिक दाव-पेंच से मुक्त होने पर शीघ्र हो पाएगा। प्रसन्नता का विषय है कि दोनों देश एक दूसरे की दिक्कतों को समझने की कोशिश कर रहे हैं। श्रीमती इंदिरा

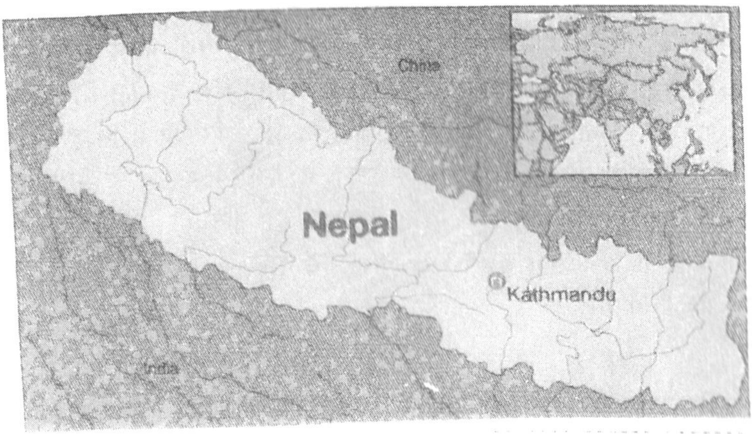

गाँधी की सद्भावना यात्रा इसमें विशेष योगदान दे सकी।

नेपाल जल-विद्युत के विकास से ही एक उद्योग-प्रधान राष्ट्र बन सकता है। स्वीट्जरलैण्ड इसका उदाहरण है। अस्तु, पर्वतीय उच्च बाँध का कार्यान्वयन हो-इसकी अपेक्षा है। आधुनिक समय में भारत के पास भी इतने आवश्यक सामान नही, जो इन्हे मूर्तरूप दे पाएगा। खैर, अन्य बधाओं से जिनमें मनोवैज्ञानिक समस्याएँ सबसे प्रमुख हैं, से मुक्त रहने पर समयानुकूल इनका कर्यान्वयन किया जा सकेगा।

भारत नेपाल सम्बन्ध से सर्वाधिक प्रभावित मिथिला का आर्थिक जीवन हुआ है, मिथिला को नदी मात्रिका प्रदेश के रूप में जाना जाता है। मिथिला की प्रायः सभी प्रमुख नदियों का उद्गम श्रोत नेपाल में ही है, ये नदियाँ मिथिला के लिए अभिशाप थी। ये प्रतिवर्ष अपार धन-जन की हानि का कारण बनती थी। बाढ़ की विभिषका से मिथिला हमेशा त्रस्त रहा है। भारत और नेपाल के मजबूत रिस्तों का ही परिणाम हुआ कि मिथिला की अधिकांश नदियों को बाँधा गया बहुउद्देशीय नदी घाटी परियोजनाओं के निर्माण और क्रियान्वयन ने मिथिला के अभिशाप को वरदान में बदल दिया। निस्संदेह कोशी, गंडक, कमला, बागमती और महानन्दा नदी परियोजनाएँ भारत-नेपाल मैत्री सम्बन्धों को मिथिला को दिया गया अनुपम उपहार है। जिनसे बाढ़ सुखाड़ और बिजली संकट से निबटने में काफी हद तक सफलता मिलती है। हालांकि अभी भी बहुत किया जाना बाँकी है और बाढ़ की समस्या से मिथिला को पूरी तरह मुक्ति नहीं मिली है। इसके लिए भारत-नेपाल सम्बन्धों का और भी अधिक बेहतर उपयोग की जरूरत है।

नेपाल और मिथिला के बीच 20 वीं शताब्दी में व्यापार वाणिज्य के सम्बन्ध प्रगाढ़तर हुए। हलांकि ये निजी एवं स्थानीय स्तर पर ही हुए। हलांकि मिथिला ओर नेपाल के बीच व्यापारिक सम्बन्धों का आंकड़ा प्रस्तुत करना मुश्किल है। किन्तु मिथिला के कई सीमावर्ती नगर 20वीं सदी में प्रमुख व्यापार केन्द्र के रूप में उभरे। बड़े पैमाने

पर मिथिला में चावल, सरसों, आलू, खाल, धान, पटुआ, जूट, वनस्पति, तेल, खड़ी पत्थर, लकड़ी आदि का आयात नेपाल से होता रहा। इसी प्रकार मिथिला से वस्त्र, जूता, टायर, ट्यूब, चीनी, चाय, बिजली सामग्री, वार्निस, पेट्रोल, डीजल, करोसन तेल, दियासलाई, बीड़ी, तम्बाकू आदि का निर्यात भी होता रहा। दोनों राज्य की सीमाएँ मिथिला और नेपाल के बीच घने व्यापारिक सम्बन्ध के बीच कभी बाधा नहीं बनी। हलांकि इस बात से भी इन्कार नहीं किया जा सकता कि मिथिला नेपाल व्यापार का भारी हिस्सा चोरी-छिपे होता रहा। फिर भी मिथिला के अर्थव्यवस्था का एक निश्चित हिस्सा नेपाल को साथ होने वाले व्यापार पर निर्भर है।

इस प्रकार भारत नेपाल मैत्री सम्बन्धों से नेपाल और मिथिला के आर्थिक सम्बन्ध काफी मजबूत हुए मिथिला में व्यापार वाणिज्य का काफी बड़ा हिस्सा नेपाल से जुड़ा है। यह भारत नेपाल सम्बन्ध का ही परिणाम माना जायेगा कि बाढ़ और सूखे से त्रस्त मिथिला को बहुत हद तक त्राण मिला और मिथिला की खेती पटरी पर आने लगी। भारत और नेपाल के सयुंक्त उपक्रम के रूप में संचालित नदी घाटी परियोजनाओं ने मिथिला के स्वर्णित आर्थिक भाविष्य का दरवाजा खोला है।

संदर्भ:

1. डी० आर० रेग्मी, एनसिएन्ट नेपाल, कलकत्ता, 1967
2. किर्क पैट्रिक, एन एकाउन्ट ऑफ द किगंडम ऑफ नेपाल, लंदन, 1811
3. एस० डी० पंत, द सोशल इकॉनोमी ऑफ द हिमालयाज, लंदन, 1953
4. बाल चन्द्र शर्मा, नेपाल को ऐतिहासिक रूप रेखा, काठमाण्डो, 2037 सं०
5. नेपाल को इतिहास, श्री 5 को सरकार, शिक्षा मंत्रालय
6. बी० पी० श्रेष्ठ, द इकॉनोमी ऑफ नेपाल, बम्बई, 1967

7. ऐलीना, द आर्ट ऑफ नेपाल, काठमाण्डू, 1978

8. पी० लैण्डन, नेपाल, बी० 1, लंदन, 1928

9. ब्रेडले बर्ट, रिर्पोट ऑफ ट्रेड फंटियर स्टेशन्स इन बंगाल, कलकत्ता, 1908

10. श्री कांत ठाकुर विद्यालंकार, भारत नेपाल व्यापार समझौता, आर्यावर्त, 5 नवम्बर 1970

11. नरेन्द्र झा, मिथिला का आर्थिक विकास, पटना 2000

12. एस० डी० पंत, इकोनॉमीक डेवलपमेंट ऑफ नेपाल, ईलाहाबाद, 1967

13. जय नारायण ठाकुर, मिथिला ओ ने पालक वाणिज्य व्यापार, मिथिला भारती अंक-3, भाग-1 से 8 1979,

अध्याय 6

भारत-नेपाल सम्बन्धों के सांस्कृतिक आयाम

भारत और नेपाल की सांस्कृतिक एकता पुस्तकों की वस्तु नहीं है, वरन् दोनों देशों के कण-कण में एक ही प्राण प्रवाहित हो रहा है। शुद्ध भारतीयता शब्द में जिस पावन, निश्छल एवं आडम्बरहीन भाव का बोध होता है, उसका सही दिग्दर्शन नेपाल की सीधी सादी जनता में ही मिलता है। नेपाल और भारत सदा से घनिष्ट रहे हैं। जिस प्रकार एक सिक्के के दो पहलू होते हैं, उसी प्रकार ये दोनों ही देश एक ही तत्व के दो स्वरूप प्रतीत होते हैं। भारत का सम्पूर्ण चिँत्र जब भी हमारे सामने आता है, तो उसके साथ नेपाल जुड़ा दिखाई पड़ता है। यह केवल मानचित्र की बात नहीं है, दोनों देशों की आत्मा के सम्मिलन का पर्याय है सामाजिक और आर्थिक दृष्टि से भी यही सत्य है। हर दृष्टि से नेपाल और भारत एक सूत्र में आबद्ध हैं। दोनों के प्राण एक हैं, दोनों की चेतना एक है। दोनों की धमकियों में एक ही रक्त प्रवाहित हो रहा है। दोनों आदि काल से घनिष्ट रहे हैं। दोनों चिरंतन भविष्य तक एक दूसरे के घनिष्ट रहेंगे। दोनों आदि काल से घनिष्ट रहे हैं। दोनों चिरंतन भविष्य तक एक दूसरे के घनिष्ट रहेंगे। दोनों देशों की भावनात्मक एकता की विजय वैजयन्ती सदा-सर्वदा उन्मुक्त व्योम में लहराती रहेगी। सम्बन्धों की इस प्रगाढ़ता एवं उसके प्रगाढ़ीकरण में मिथिला की भूमिका के ऐतिहासिक पृष्ठ भूमि का अध्ययन प्रस्तुत अध्याय में किया गया है।

नेपाल-भारत- सम्बन्धों के मूल तत्व

वैसे तो बर्मा, जावा, बाली आदि द्वीपों, मलाया, हिन्देशिया, श्रीलंका

एवं अमेरिका प्रभृति-देशों में वैदिक संस्कृति के मिलने वाले अवशेष न जाने किस युग के फैले हुए हैं- जो यह स्मरण दिलाते हैं कि किसी युग में वैदिक संस्कृति संसार के कोने-कोने में फैलकर यह प्रमाणित कर रही थी कि जगत गुरू भारत ही ने संसार को आलोकित किया किन्तु सम्पर्क टूट जाने से उन जगहों की वर्तमान संस्कृति को हम वैदिक संस्कृति से प्रभावित हैं, कहने के अधिकारी नहीं रहे। हाँ, नेपाल और भारत के बीच ऐसी बात नहीं है। वैदिक काल से जिसे इतिहासकार प्राक्-ऐतिहासिक युग कहकर मौन हो जाते हैं, हिन्दू-संस्कृति समुद्र के दो अमूल्य रत्नों की भाँति भगवान मनु की दो संतानों के रूप में नेपाल और भारत प्राचीन काल से ही दो सहोदर भाइयों की तरह रहते आ रहे हैं। नेपाल विश्व के भव्य प्रांगण में एकमात्र हिन्दू राष्ट्र और भारत-अंतर्राष्ट्रीय क्षितिज पर अकेला हिन्दू-बहुसंख्य संसार का अत्यन्त ही प्राचीन विशालतम राष्ट्र है। इस तरह आदर्श हिन्दुत्व की विशेषताओं से युक्त दोनों निकटतम पड़ोसी ही नही, आदर्श भाई की तरह रह रहे हैं- जो राजनीतिक दृष्टि से भिन्न होते हुए भी अन्य दृष्टियों से सर्वथा अभिन्न है। इस अभिन्नता के मूल में इतने तत्वों का सम्मिश्रण है कि उन्हें एक-दूसरे से अलग नहीं किया जा सकता। इनकी जड़ सप्तलोक पाताल तक गहरी है और ऊँचाई आकाश को छूती हुई। अतएव विश्व का प्रबलतम् प्रभंजन भी इसे हिला नहीं सकता आखिर निखिल विश्वाकाश में हिन्दू-संस्कृति के चन्द्र सूयं की भाँति नेपाल और भारत ही उद्‌भासित हो रहे हैं।

संस्कृति, परम्परा, धर्म, साहित्य, वास्तु एवं ललित कला, कुछ ऐसे मौलिक तत्वों की गणना की जा सकती है जिनसे पोषित नेपाल-भारत की मैत्री चिरन्तन और शाश्वत बन गई है। ये तत्व दोनों राष्ट्रों की धमकियों में तप्त-रक्त की तरह प्रवाहित हो रहे हैं। वेद, पुराण, गीता, देवी-भागवत्, रामायण, महाभारत जैसे महाकाव्यों के माध्यम से जो संस्कृति और परम्परा की अजस-धारा युग-युग से प्रवहमान है, उसी में दोनों देश सदैव अवगाहित होते रहे हैं। इसी धारा से सिंचित नेपाल-भारत मैत्री का सघन विटप निरंतर विकसित हो रहा है। इस मैत्री रूपी वृक्ष

को धर्म की खाद भोजन देती रही हैं। वैदिक धर्म के माने वाले दोनों देश हैं। वैदिक धर्म के शाखा-तरूओं के रूप में समय-समय पर वैष्णव, शैव, शाक्त, निर्गुण, सगुण और नाथ पंथ, भागवत परम्परा का प्रसव हुआ है। साथ ही बौद्ध, जैन आदि धर्म, जो वस्तुतः धर्म न होकर पंथ हैं, नेपाल में भी फैलते गए। यह धार्मिक एकात्मकता ही दोनों देशों के अंतः संबंधों का मूल आधार है। यही कारण है कि जिस प्रकार भारत के विभिन्न तीर्थों एवं नगरों में सभी तरह के मंदिर आदि मिलते हैं। उसी प्रकार नेपाल की राजधानी 'काष्ठमण्डप'-काठमाण्डू में सभी धर्मों के मन्दिर मिलते हैं। काठमाण्डू का तो प्रत्येक घर मन्दिर है। भारत के तीर्थों की तरह नेपाल के मन्दिरों में भी निरंतर पूजा, घण्टा-ध्वनि और पवित्र मन्त्रोच्चारण होते ही रहते हैं। इस तरह प्राचीनतम मौलिकता से मण्डित चिर नवीन शाश्वत वैदिक धर्म अपनी विशेषताओं के कारण सनातन धर्म के नाम से प्रख्यात दोनों का प्रधान धर्म है। संसार में प्रचलित सभी धर्मों की जन्मभूमि, मानवता तथा आदि भाषा संस्कृत की जननी भारत-भूमि नेपाल का मित्र और पड़ोसी ही नहीं अंग्रेज भी हैं। संसार का सर्वोच्च शिखर महिमामण्डित हिमाच्छादित हिमालय पतित पावनी गंगा, गाय, तीर्थराज प्रयाग, शिवपुरी काशी और कैलाश की तरह बाबा पशुपतिनाथ, वराह भगवान और मातेश्वरी गुह्येश्वरी दोनों देशों के करोड़ों हिन्दुओं के लिए समान रूप से पूज्य हैं। विजयादशमी, दीपावली, भ्रातृ-द्वितीया, एकादशी, संक्रान्ति आदि प्रमुख व्रत त्योहार एवं उनकी विधियां दोनों देशों में एक ही प्रकार की पूरी की जाती हैं।

पार्वत्य-प्रदेशों की सुरम्य घाटियों से निरंतर बहती उत्तर भारत की सभी नदियाँ-गंगा, सप्तकोशी, बागमती, घाघरा आदि सभी नेपाल सीमान्तर्गत गिरिश्रृंगों से निकलकर दोनों देशों को सिंचती आ रही है। इस प्रकार नेपाल-भारत मैत्री का अक्षय स्रोत निशिवासर प्रवाहित होता रहता है। जिससे मनचाहा भण्डार दोनों देशों के नागरिक भरते रहते है। विश्व की समग्र भाषाओं की जननी देववाणी संस्कृत प्रत्येक नेपाली और आदर्श भारतीयों के लिए आदर की वस्तु है तो संसार की सर्वाधिक शुद्ध लिपि के रूप में मैत्री की अभिनव कड़ी बन गई है। हजारों भारतीय परिवार

कई पीढ़ियों से नेपाल की नागरिकता प्राप्त कर नेपाल में प्रतिष्ठित जीवन बिता रहे हैं साथ ही सरकारी प्रमुख सेवाओं, कृषि एवं व्यापार में स्थान बनाकर नेपाल की महती सेवा कर रहे हैं। साक्षात् भगवान पशुपतिनाथ के सेवार्थ भी सभी प्रधान पुरोहित भारतीय हैं। इधर भारत के पंजाब, उत्तर प्रदेश, हिमाचल प्रदेश, बिहार, आसाम और बंगाल में नेपालियों की संख्या लाखों में आँकी जा सकती है। भारत को अपने गोरखा सैनिकों पर उतना ही नाज है जितना जाट या राजपूत सैनिकों पर। इस तरह सार्वभौम सत्ता-सम्पन्न अलग-अलग स्वतंत्र राष्ट्र होते हुए भी संस्कृति, परम्परा, धर्म, लिपि, व्रत, त्यौहार, आचरण, रीति-रिवाज, पूजोपासना विधि आदि सभी दृष्टियों से दोनों में इतनी अधिक समानता है कि इन्हें कितना भी हम प्रयास करें अलग-अलग नहीं देख सकते।

भारत और नेपाल की सांस्कृतिक एकता के आधार हैं-

1. धर्म और आध्यात्मिकता,
2. मूर्त्तिकला
3. स्थापत्य कला
4. ललित कला
5. साहित्य और वाङ्.मय और
6. नागरी लिपि का एकता।

भारत और नेपाल में प्रारंभिक अवस्था में ही अपने मार्ग-दर्शन के लिए एक दोहरे विचार को अपनाया गया, जिसे समाज की चौखट में वैयक्तिक जीवन की आधारभूत प्रणाली का रूप दे डाला गया। यह चार वर्णों और चार आश्रमों की दोहरी प्रणाली थी। चार वर्ण समाज के चार क्रमबद्ध वर्ग और चार आश्रमों विकासशील मानव-जीवन की चार क्रमानुगत अवस्थाएँ। यही नहीं, भारत और नेपाल की प्राचीन सभ्यता ने अपना आधार अत्यन्त स्पष्ट रूप से चार मानवीय पुरूषार्थों पर भी रखा,

उसमें प्रथम था कामना और उपभोग, द्वितीय था मन और शरीर के भौतिक, आर्थिक तथा अन्य उद्देश्य एवं आवश्यकताएं, तृतीय वैयक्तिक और सामाजिक जीवन के नैतिक आचार-व्यवहार एवं धर्म और चतुर्थ तथा अंतिम आध्यात्मिक मुक्ति। काम, अर्थ, धर्म और मोक्ष।

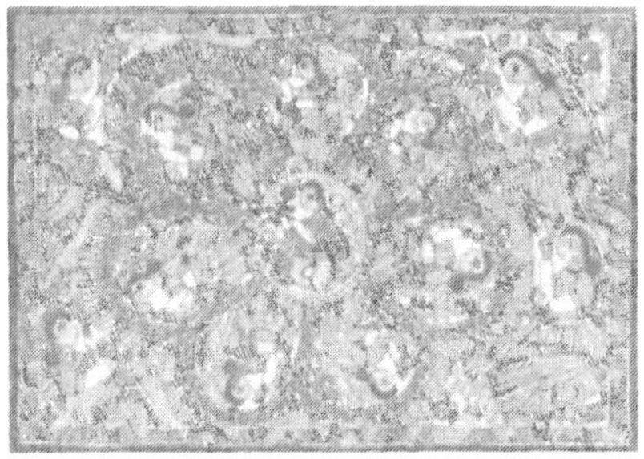

भारत और नेपाल में इस बात को सभी स्वीकार करते रहे हैं कि मनुष्य की आन्तरिक अध्यात्म सत्ता, उसके अन्दर की दिव्य अन्तरात्मा की प्राप्ति और ईश्वर या परमात्मा या सनातन ब्रह्म के किसी न किसी रूप की सजीव साधना एवं उसके साथ एकात्म भाव ही आध्यात्मिक सिद्धि पूर्ण करने की शर्त हैं। यह मार्ग हमारे सामने खुला है कि हम भगवान की कल्पना और अनुभूति निर्वैयक्तिक, 'निरपेक्ष' और 'अनन्त' के रूप में करें अथवा हम उनके पास एक विश्वातीत और विश्वव्यापी सनातन 'पुरूष' के रूप में पहुँचे और इसी रूप में उन्हें जानें तथा अनुभव करें। भगवान के पास पहुंचने का तरीका चाहे कुछ भी क्यों न हो, आध्यात्मिक अनुभव का एकमात्र प्रधान सत्य यह है कि भगवान भूतमात्र के हृदय और केन्द्र में विराजमान है और भूतमात्र उसके अंदर अवस्थित है। आत्मसाक्षात्कार ही एकमात्र आवश्यक वस्तु है। अन्तरस्थ परगात्मा की ओर खुलना, अनन्त में निवास करना, सनातन को खोजना और उपलब्ध करना, भगवान के साथ एकत्व प्राप्त करना यही धर्म का सर्वसामान्य विचार और लक्ष्य है, यही आध्यात्मिक मोक्ष का अभिप्राय है, यही वह जीवन्त सत्य है, जो पूर्णता और मुक्ति प्रदान करता है। धर्म और आध्यात्मिकता का यह समान आधार विविध रूपों में भारत और नेपाल में समान है। वैदिक साधना-पद्धति तो अब सम्भवतः दोनों स्थानों में नहीं है, किन्तु वेदों की मान्यता भारत और नेपाल में समान भाव से हैं। उपनिषद्, सांख्य और वेदान्त की मान्यता दोनों देशों में है। बौद्ध साधना-पद्धति तो

भारत की उपेक्षा नेपाल में ही अधिक रही है और अब भी वहाँ जीवित है। शैव और शाक्ततन्त्र पर आज भारत की अपेक्षा नेपाल का ही अधिकार अधिक है।

कला के क्षेत्र में भी नेपाल और भारत की मूत्तिकला के प्रतीकों और अभिप्रायों में आश्चर्यजनक समानता रही है। देवताओं की मुद्रा, आसन में भी एकता है। रूपांकन का भेद स्थानीय है। मंदिरों की बनावट में पर्वतीय स्थान, वर्षा और उपकरणों में उद्‌भुत ऊपरी कुछ भेद है। पर प्रतीक और अभिप्रायगत एकता उसमें भी है। चित्रकला के क्षेत्र में भी भारतीय और नेपाली चित्रकला में प्रतीक तथा अभिप्रायगत एकता है। वस्तुतः भारत और नेपाल की कला ने जीवन का अत्यधिक चित्रण किया, किन्तु उसकी सर्वोत्तम सफलता सदैव धर्म्य-दार्शनिक मन की व्याख्या के क्षेत्र में ही दिखाई दी, उसकी सम्पूर्ण शैली आध्यात्मिक एवं अनन्त के संकेतों से रंगी है। आयुर्वेद और वैद्यक-शास्त्र भी भारत तथा नेपाल का एक ही है। भारतीय और नेपाली साहित्य-शास्त्र भी रस, अलंकार वक्रोक्ति और ध्वनि के आधार पर गठित है। नेपाल में भी साहित्य का सर्वोत्तम भक्ति से अनुप्राणित है। नेपाल में नागरी लिपि को राष्ट्रीय महत्व प्राप्त है। इस प्रकार भारत और नेपाल में आत्मागत एकता है। दोनों की आत्मा एक है।

धर्म के नाम पर परस्पर लड़ने वाले और आपसी कलह करने वाले किसी भी धर्मावलम्बी के लिए नेपाल का दर्पण है। लोग वहाँ जाकर देखते हैं, धर्म के नाम पर वहाँ कलह नहीं होता। सभी धर्मावलम्बी सभी धर्म को मानते हैं, आस्था रखते हैं। पारस्परिक सद्‌भावना रहती हैं एक-दूसरे धर्म का सम्मान करते हैं। बौद्ध धर्मी शिव की भी पूजा करते हैं। और राम-कृष्ण तथा अन्य देवी-देवताओं की उपासना भी। इसी तरह शिव-मार्गी हों या वैष्णव, शक्ति-पूजा हों या और कोई, अवसर विशेष पर सभी लोग सभी धर्म का पालन एवं उपासना करते हैं। नेपाल में जहाँ धार्मिक सहिष्णुता हैं वहीं सामाजिक सहिष्णुता भी अपने दायरे में विद्यमान है। नेपाल में भी चार वर्ण छत्तीस

जातियाँ हैं, परंतु फिर भी भारत की तरह वहाँ कोई साम्प्रदायिकता नहीं। साम्प्रदायिकता भेदभाव नहीं। कोई झगड़ा नहीं, फसाद नहीं। सभी अपने को पहले नेपाली समझते हैं- और कुछ बाद में। अपने को नेपाली कहने में गौरव का अनुभव करते हैं। यही नेपाली की विशेषता है। यहाँ पर स्वर्गीय अमर आत्मा कविवर गोपाल सिंह नेपाली की उस अमर कविता की याद आती है जिसमें उन्होंने लिखा था- "जन्मपुण्य से नेपाल हूँ" "जीवन-गिरि पर चढ़ता हूँ।" हाँ, आपको यह जानकर आश्चर्य होगा कि भारत में अछूतों को मन्दिर प्रवेश कराने के बहाने आंदोलन होता था, पर नेपाल में अछूत ही अनेक मन्दिरों के पुजारी हैं। नेपाल की धार्मिक समन्वयता और सहिष्णुता है। दुनिया में शायद ही ऐसा कहीं हो। यही कारण है कि विदेशी पर्यटक नेपाल जाकर, वहाँ का वातावरण देखकर आश्चर्यचकित रह जाते हैं।

ऐसा कहा जाता है कि राजनीति दो दिलों को तोड़ती है। किन्तु धर्म तथा संस्कृति दो टूटे हुए दिलों को जोड़ती है। यही कारण है कि राजनीतिक दुराव को अलग रखकर धार्मिक और सांस्कृतिक दृष्टिकोण से नेपाल और भारत ने अपने को सुदृढ़ बंधन में बाँध रखा है। दोनों के बन्धुत्व की गाँठ ढीली नहीं मजबूत है। इसी एकत्व के कारण भारत के हजारों लाखों स्त्री-पुरूष शिवरात्रि के महान पर्व पर भगवान् पशुपतिनाथ और मक्तिनाथ के दर्शनार्थ प्रत्येक वर्ष लाखों की संख्या में नेपाल से नेपाली स्त्री-पुरूष भारत की पावन भूमि में तीर्थयात्री के रूप में आते रहते हैं। चार धाम की तथा काशी, प्रयाग, गया आदि की यात्रा उनके जीवन की साध रहती है- एक अमिट उमंग रहती है और धार्मिक भावनाओं के तथा विश्वास के अनुसार उनके जीवन-साफल्य का यह महान सोपान है। यह परम्परा प्राचीन काल से ही जारी है।

वैसे, गम्भीर चिन्तन के साथ विचार करें और राजनीति को धर्म में समन्वित करके देखे तो राजनीति भी दो दिलों को किसी हालत में नहीं तोड़ सकती। अगर तोड़ती भी है तो वह अपनी व्यावहारिक अदूरदर्शिता और नासमझी का परिणाम होती है। जैसा कि आए दिन संसार की घटित

घटनाओं से प्रत्यक्षालोचन होता आ रहा है। राजनीतिक स्वार्थ के कुटिल दाँव पेच में ऐसे लोग दोनों देशों के हितों पर भयंकर आघात पहुँचाते हैं और उसके दुष्परिणामों की जरा भी चिन्ता नहीं करते। कुछ देश इसके ज्वलन्त उदाहरण हैं।

किन्तु, नेपाल और भारत के संबंध में यह निर्विवाद रूप से कहा जा सकता है कि कोई भी ऐसी शक्ति दुनिया में नहीं जो इनके आपसी सबंध को तोड़ सकता है या अलग कर सकता है। दुराव या अलगाव का तो यहाँ प्रश्न ही नहीं है। यहाँ तो दोनों में एकात्मक भावना है। जो ऐतिहासिक आधार पर विकसित हुई है। यहाँ मित्रता की भावना ही नहीं, बन्धुत्व की भावना से ओतप्रोत है। मित्रता की भावना से बन्धुत्व की भावना की जड़ मजबूत होती है। मित्र बन सकते हैं तो बिगड़ भी सकते हैं। पर बन्धु बिगड़ने पर भी अपने ही रहते हैं, रहते आए हैं। मित्र अपने स्वार्थ सिद्धि के हेतु कुछ दिन भले ही मित्रता का नकाव लगा ले पर उनका नकाब हटते ही मित्रता भी समाप्त हो जाती है, असली रूप प्रकट होने लगता है।

जिसका धर्म एक हो, जिसकी संस्कृति का मूल स्रोत एक हो उसके बीच मित्रता ही नहीं बन्धुत्व की मजबूत कड़ी बंधी होती है और यही सनातन सत्य है। मित्र के ही स्थान पर रह सकता है। बन्धु नहीं बन सकता। बन्धु कैसा ही क्यों न हो, अन्तिम समय का सहारा होता है। गत भारत-चीन युद्ध के समय रूस ने भारत को अपना मित्र तो बताया था और सहानुभूति भी प्रदर्शित की, पर चीन को अपना भाई कहने में नहीं हिचकिचाया था, यह भूलने की बात नहीं। उसी समय भारत में जब यह शंका उत्पन्न की गई और चिन्ता व्यक्त की गई कि चीन अपनी सेना नेपाल के रास्ते भारत पर आक्रमण के हेतु भेज रहा है (क्योंकि उस समय कुछ को भ्रम था कि नेपाल का झुकाव चीन की ओर हो रहा है) तो नेपाल ने खुले शब्दों में कहा था कि कोई भी विदेशी सेना नेपाल से नहीं गुजर सकती। और अगर गुजरती है तो वह एक-एक नेपालियों की लाश के ऊपर से होकर ही जाएगी। यह थी पवित्र आत्मीयता की भावना!

यह कम महत्वपूर्ण बात नहीं कि चीन ने जिस प्रकार छल कपट कर भारत पर जिस समय आक्रमणात्मक कार्रवाई की उस समय भारतीय वीर सपूतों के साथ कन्धे से कन्धा मिला कर लड़ने वाले वीर नेपाली जवानों ने भी अपना शौर्य दिखाया था। भारत की स्वतन्त्रता की रक्षा के लिए कितने नेपालियों ने अपने जीवन की बलि दे दी थी। और पिछले दिनों पाकिस्तानी आक्रमण के समय भी नेपाली वीर जवानों ने भारतीय जवानों के साथ मिलकर उनके दाँत खट्टे कर दिखाए थे यह भी नेपालियों की भारत के प्रति ममता ओर आत्मीयता से ओतप्रोत उनका मन-मस्तिष्क। यहाँ मैत्री की नहीं, बन्धुत्व की, आत्मीयता की भावना ने काभ किया है।

भारत में कई पुश्तों से रहने वाले नेपाली भारत को गैर-मुल्क नहीं समझते। वे इसे अपना देश समझते हैं इसलिए कि उनका जन्म भारत में ही हुआ है और भारत की ही मिट्टी में पलकर, भारत की मिट्टी को सींचकर, भारत के जंगलों को काट कर उपजाऊ भूमि बनाने में और अन्य ऊसर भूमि को भी उर्वरा बनाने में उन्होंने अपना योगदान दिया है, अपना खून-पसीना बहाया है। भारत के दुख में दुखी होना सीखा है। भारत की हर विपत्ति में उन्होंने अपना नैतिक और आत्मिक सहयोग प्रदान किया।

मोरंग के मैथिली-मन्त्रों से क्या सिद्ध है-

मध्य युग से ही मिथिला एवं कामरूप की तरह मोरंग भी तन्त्र-मन्त्र का एक प्रसिद्ध गढ़ रहा है। तन्त्र-मन्त्र की इस परम्परिक साधना का अवशेष अभी भी यहाँ के थारूओं और राजवंशियों के जन-जीवन में देखा जा सकता है। थारूओं में प्रचलित मन्त्रों की भाषा मैथिली है। ये ही मन्त्र राजवंशियों में अपनी भाषा और उच्चारण से प्रभावित होकर थोड़ा सा विकृत भी हो गए हैं। इसमें थारूओं से भिन्न भी कुछ मन्त्र पाए जाते हैं। 'आत्मकथा' जिसका प्रमाण है- इसमें सृष्टि के रहस्य की कथा गाई गई है-

दीघी सरोवर मइधे एती नीरमल
नाराअन नीराजन भीराले आसन
एक जना छीलों प्रभु हइले दुइ जाना
दुइ जना दीलो प्रभु हइले तीनी जना
तीन जना से सीरीजिलो चार जग
चौदह भुवन।

जिन्हें नींद नहीं आती है, उसे निद्रा अभिभूत करने के लिए 'आत्म-कथा' का सविधि गायन मध्यकाल से ही होता है।

मिथिला की तरह मोरंग भी शिव और शक्ति की साधना का केन्द्र रहा है। लेकिन यहाँ के मन्त्रों में तन्त्र-मन्त्र के आदिदेव शिव एवं देवी, 'गौरा-पारवती' के अतिरिक्त आंचलिक देवी-देवताओं की भी दुहाई दी जाती है। यहाँ कि मैथिली में सूरमा सलहेस, राजा धनपाल और राजा थान सिंह, राजा मान सिंह, पांचों नाथ, काली, भगवती, सोठी देवी, सिंह-देवी (दांतुला), पँजेवा देवी (राक्षसी) के अतिरिक्त कुछ मांत्रिक या मन्त्र साधकों के भी नाम आए हैं- अली हुसैन, बनठा चमार आदि। और यह भी सत्य है कि सिद्ध साधकों में अधिकांशतः निम्न जातियों के ही लोग थे। साधकों के नामों तथा सिद्धों की परम्परा से भी यह प्रमाणित हो जाता है। और तन्त्र-मन्त्र की इस साधना का प्रभाव भी इन्हीं जातियों में पाया जाता है।

थारू धामियों में कई प्रकार के चक्कर मन्त्र प्रचलित हैं। यथा-गराम चक्कर देव चक्कर, राधा चक्कर आदि। इस प्रकार चक्कर मन्त्र शाक्त तन्त्र की देन है। इन मन्त्रों में भी एक कथा गाई जाती है। गराम चक्कर मन्त्र में रामकथा के मृगया अंश की अभिव्यक्ति हुई है। राजवंशियों के आतमकथा तथा थारूओं के गराम चक्कर मन्त्रों के अन्त में एक प्रकार के 'सूत्तर' (सूत्र) का पुच्छर लगा होता है जिसमें आराध्य देव का आवाहन किया जाता है फिर स्तुति की जाती है।

यहाँ के मन्त्रों की अन्तपरीक्षा से यह पता चलता है कि कुछ मंत्रों की रचना मोरंग में ही हुई है। विशेषकर उन मंत्रों की रचना समावना अधिक दिखती है जिनमें स्थानीय देवी-देवताओं का नामोल्लेख हुआ है। भूत झाड़ने, देह बाँधने, वाण काटने, माथा हाथ देने आदि के मन्त्रों में मोरंगनी माय एवं खंहार-खंहारनी की दुहाई दी गई हैं-

दोहाय मोरगंनी माय के

दोहाय धमियाइन के.....

इस प्रकार प्रकार के मन्त्रों के संरक्षक धामी-धमियाइन को मैथिली लोक साहित्य के मर्मज्ञ विद्वान डा. ब्रजकिशोर वर्मा ने कहा है, जिसका प्रभाव आज भी यहाँ के जन-जीवन में व्यापक रूप से फैला हुआ है।

कुछ मन्त्रों में यहाँ के साधना केन्द्रों का भी उल्लेख प्राय: पाया जाता है जो मन्त्रों की भाषा एवं भाव को थोड़ा चमत्कृत बना देते हैं। यहाँ मैथिली मन्त्रों में मोरंग, सतालू पर्वत, आनन्दवन, तेलिया मसान आदि का नामोल्लिेख मिलता हैं-

चारू मित्र मीन चल,

सिया दरसन चल,

सतालू परवन चल......

इस प्रकार इन मन्त्रों की अन्तपरीक्षा से कुछ जाने-अनजाने देवी-देवताओं का पता चलता है। रूढिग्रस्त एवं अशिक्षित समाज में अभी भी मन्त्रों के प्रति अटूट श्रद्धा एवं विश्वास हैं उनकी अधिकांश बीमारियों की चिकित्सा मन्त्रों से ही होती है जिसकी अधिकारी ओझा-गुनी, धामी-धमियाइन आज भी किसी न किसी रूप से अपना अस्तित्व बनाए चले आ रहे हैं। विज्ञान के इस युग में तन्त्र-मन्त्र की बातें हास्त्रास्पद सी लगती है- लेकिन एक विशाल जन-समाज के विश्वास की परम्पर एवं अटूट श्रद्धा आसानी से झुठलाई नहीं जा सकती।

युग की बदलती हुई हवा एवं शिक्षा के प्रसार के कारण अब रूढ़ियों के बन्धन टूटते जा रहे हैं। फलस्वरूप मंत्रों पर से विश्वास उडता जा रहा है। ऐसी स्थिति में इन मंत्रों का संकलन एवं अध्ययन कर उसके रहस्यों पर प्रकाश डाला जाना चाहिए- क्योंकि यहाँ के सामाजिक जीवन में प्रचलित इस प्रकार के तंत्र-मंत्र एक युग विशेष की देन हैं जो बौद्ध धर्म की विकृत परम्परा से उत्पन्न होकर समस्त पूर्वी भारत एवं वर्तमान नेपाल के मोरंग में फैल चुका था। पूर्वी भारत में इस कल्ट के गढ़ रहे हैं- मिथिला, बंगाल एवं कामरूप। यहाँ के मन्त्रों के अतिरिक्त तान्त्रिक चिह्नों का भी संकलन किया जाना चाहिए। अब तक के संकलित मैथिली लोक-साहित्य में मोरंग एक सिद्ध क्षेत्र के रूप में जाना गया है। लोक साहित्य में मोरंग को 'श्री राज मोरंग' कहा गया है अर्थात् श्री विद्या की भूमि मोरंग, श्री समृद्ध मोरंग आदि। यहाँ के सिद्ध तांत्रिकों मोरंग की भूमि साधना के लिए बहुत ही अनुकूल है जिसे वे अपने संकेत में जागृत कहते हैं।

जिस समय मुसलमान भारत में आए थे, उस समय समस्त उत्तरी-पूर्वी भारत एवं मोरंग में साधना के नाम पर सिद्धों का वामाचर वीभत्स रूप में फैल चुका था। स्वभावतः मोरंग भी इससे बचा नहीं होगा। जब बख्तियार खिलजी ने इनके साधना केन्द्रो में नालन्दा एवं विक्रमशिला को ध्वस्त किया तो सिद्ध-कौल कापालिकों का एक दल नेपाल होते हुए भोट देश की ओर भागा, जिसका साहित्य राहुल वहाँ से बटोर लाए। कुछ मोरंग के जंगलों में रह गए जिन्होंने इसे तन्त्र-मन्त्र का समृद्ध गढ़ बनाया। जोगवनी धूनीवन, चकरघट्टी, वजराहा आदि इस कल्ट के नामाविशेष हैं। साथ ही बेलहा में प्राप्त बौद्ध देवी तारा, सिधारा से प्राप्त तिब्बती उछेनलिपि में शिलालेख धरान का वज्रयानी चैत्य एवं तराई के गाँवों में प्राप्त तन्त्र- मन्त्र को पोथियाँ आदि भी इसी परम्परा के अवशेष हैं।

मन्त्र प्रायः गुप्त ही रखे जाते हैं। इसलिए इनकी साहित्यिकता की ओर ही लोगों का ध्यान गया है। डा. पूर्णानन्द ने अपने शोध-ग्रंथ में

मैथिली मन्त्रों को लोक-साहित्य का एक अंश मानकर अध्ययन प्रस्तुत किया है। अतः यहाँ के मन्त्रों का भी संकलन-सम्पादन कर उसका साहित्यिक मूल्यांकन किया जाना चाहिए। कहीं-कहीं इन मन्त्रों की भाषा सिद्धों की भाषा से भी अधिक अटपटी एवं रहस्यमयी हो गई है-

ओम नमो उरबची सुपारी कामाई

जीविता बसी हो वस्ने होतो

हनुमान राम

की आन शब्द सांचों मंतरो ईस्वरे

वाचापुरे।

ओरहुल फूल रकत के माला

वापर नरसिंह करे विराजा

हाक्के मारौं ढाक्के जाय

सात समुन्दर ओइ पार जाय

लेकिन कहीं कहीं इनकी भाषा बड़ी ही सीधी एवं सुलझी हुई लगती हैं जिनमें सक्षिप्त संवाद, लघुकथा, स्वरूप चित्र आदि देखे जा सकते हैं-

बंगालिन बेटी पीढी चढि

असलान करे

छाती चढि जो रहा बान्हे

जब जूरा दित्र्पय पसारि

सब गून लिअय उसारि।

इस प्रकार के मंत्रों के अध्ययन के बिना सिद्ध साहित्य का सही-सही मूल्यांकन नहीं किया जा सकता।

प्राय: ये मन्त्र लिखकर रखे भी नहीं जाते, क्योंकि मन्त्रें की शिक्षा मोखिक होती है। गुरूकूल के शिक्षागुरू की तरह मन्त्रगुरू भी अपने मन्त्रार्थियों को मन्त्र कंठाग्र करा देते हैं जिसका प्रयोग वे 'निवारण' के लिए भी किया करते हैं। श्री सातवलेकर जी के मतानुसार वैदिक मंत्रों में भी रोग-निवारण की अपूर्व शक्ति छिपी हुई हैं। मोरंगीय मन्त्रों का उद्देश्य है- जन जीवन में व्याप्त छोटी-मोटी व्याधियों, शंकाओं, भ्रमों, कष्टों आदि का निवारण। जैसे सर्पदंश, बिच्छूदंश, भूत-प्रेत-पिशाच मोचन, उदरपीड़ा, सरदर्द, पशुरोग आदि से मुक्ति। मन्त्रों की इसी कल्याण भावना ने अनेकानेक रूढ़ियों एवं परम्पराओं को जन्म दिया है।

किसी भी संबंध की सांस्कृतिक पक्ष देखने के लिए प्राचीन पृष्ठभूमि देखनी होगी, जो निम्न है-

सामाजिक-संगठन

वर्ण-व्यवस्था- नेपाली समाज को प्रजातीय पृष्ठभूमि वहाँ मंगोलिद् अथवा किरात तत्व की प्रधानता के कारण भारतीय पृष्ठभूमि से कुछ भिन्न था, परंतु उसकी व्यवस्था मूलत: भारत की वर्ण-व्यवस्था पर ही आधृत थी। 'वंशावलियो' में कहा गया है कि चौदहवी शती ई. के अन्त में मल्ल नृपति जयस्थितिमल्ल ने नेपालियों का ६४ जातियों में विभाजन एवं प्रत्येक जाति के अधिकारों और कर्तव्यों का निर्धारण किया था। इससे यह धारणा कुछ प्रचलित हो गई है कि उससे प्राचीनतर युगों में नेपालवासी वर्ण और जाति व्यवस्था से अपरिचित थे। परंतु आभिलेखक साक्ष्य से यह स्पष्ट है कि लिच्छवियुगीन नेपाली समाज उसी प्रकार वर्णों और जातियों में विभाजित था जैसे तत्कालीन भारतीय समाज।

उदाहरणार्थ अपने चाड. गुनारापण अभिलेख (नोली १) में जो नेपाल का प्राचीनतम ज्ञात अभिलेख है, पयम मानदेव कहता है कि उसने अनेक युद्धों में भाग लेकर क्षत्रियत्व की दीक्षा प्राप्त की थी और विश्वास प्रकट करता है कि कोई भी क्षत्रिय-पुत्र पितृ ऋण को तप के द्वारा नहीं वरन् शस्त्रों का समुचित प्रयोग करके ही चुका सकता है।

उसके अभिलेखों में ब्राह्मणों को अक्षय धन दिया था इसी प्रकार उसकी माता ने भी अपने पति की मृत्युपरानत ब्राह्मणों को धन प्रदान किया था। उसके शासन काल के सम्वत् ४०२ के अभिलेख में वणिकों के साथ वाह गुहमित्र का उल्लेख है। इन तथ्यों से स्पष्ट है कि प्रथम मानदेव के समय तक नेपालवासी वर्ण-व्यवस्था से भलीभाँति परिचित हो चुके थे। मानदेवोत्तरयुगीन अभिलेखों में भी विभिन्न वर्णों और विविध पेशों को अपनाने वाले जाति समूहों को, सम्भवतः शूद्रों को छोड़ कर, प्रायः उल्लेख मिलता है और सातवीं शती ई. में भारत की यात्रा करने वाले चीनी यात्री शुआन-च्वांग के अनुसार तत्कालीन लिच्छवि नरेश अपने को क्षत्रिय कहता था ओर उसके राज्य में २००० बौद्ध भिक्षुओं के अतिरिक्त अनेक ब्राह्मण भी निवास करते थे जिनकी सही संख्या चीनी यात्री को मालूम नहीं हो पाई थी। इससे स्पष्ट हो जाता है कि लिच्छवियुगीन नेपाली समाज वर्णभेद से अपरिचित नहीं था। अब कहना न होगा की सौ फीसदी यही स्थिति मिथिला की भी है।

परिवार- नेपाली समाज में विभिन्न जाति समूहों की स्थिति, विवाह और परिवार संस्था एंव स्त्रियों की दशा आदि के विषय में अभिलेखों में अत्यल्प सूचनाएं मिलती हैं। ऐसा प्रतीत होता है कि भारत के समान नेपाल में भी ब्राह्मण का अन्य वर्णे की तुलना में कुछ अधिक सम्मान था। गांव के प्रमुख जनों में ब्राह्मणों का (ब्राह्मण पुरस्सरान् या ब्राह्मण प्रधानाः) का परिगणन, उनको दान से प्रचुर धन और अग्रहार आदि का दिया जाना एवं अनेक उच्च पदों पर ब्राह्मण की नियुक्ति इसके प्रमाण हैं। बसन्त देव के सम्वत् ४२८ के थानकोट-अभिलेख (नोली १२) का दूतक याज्ञिक विरोन गुप्त था ओर उसके कई अन्य अभिलेखों का ब्राह्मण महाप्रतिहार सर्व्वदराह-नायक रविगुप्त (नोली १३, १५)। जहां तक नेपाली परिवार संस्था का प्रश्न है, यह भी तत्कालीन भारतीय परिवार-संस्था से बहुत भिन्न नहीं था। इसका एक उदाहरण प्रथम मानदेव हैं जिसकी तीन रानियों के नाम अभिलेखों से ज्ञात है: एक क्षेमसुन्दरी दूसरी भोगिनी और तीसरी विजयस्वामिनी। परिवार में माता-पिता का बहुत आदर था। कुषाण नृपतियों के समान

नेपाली नृपति भी अपने माता-पिता की पुण्य स्मृति में प्राय: देवप्रतिमाएँ स्थापित कराई थीं, उसी प्रकार मानदेव ने अपनी माता राज्यवती की पुण्यवृद्धि के लिए (मातु: श्री राज्यवत्या हितकृतमनस: सर्व्वदा पुण्यदृद्ध्यै राजा श्री मानदेव:) विष्णुविक्रान्तमूर्ति की स्थापना की। माता का परिवार में विशेष सम्मान दोनों ही देशों में मिलता है। अपने चाड.गुनारायण अभिलेख में मानदेव राजमाता राज्यवती का उसी प्रकार सम्मानपूर्वक उल्लेख करता है जिस प्रकार अपने भीतरी-लेख में स्कन्दगुप्त ने किया है। इन दोनों ही नृपतियों ने अपनी-अपनी सफल विजय-यात्रा के उपरान्त अपनी-अपनी माता से भेंट की थी। द्वितीय जयदेव की पशुपतिनाथ-प्रशस्ति से भी लिच्छवि परिवार-संस्था में माता के सम्मानित स्थान की झलक मिलती है। इन तथ्यों ने मिथिला से समानता रखने के कारण ब्रिटिश काल में भी व्यापक प्रभाव डाला।

विधवाओं की स्थिति- नेपाल के लिच्छवि समाज में स्त्रियों की स्थिति पर संवत् ५९ (६३५ ई.) के मालिगाऊँ- अभिलेख से रोचक प्रकाश मिलता है। इसमें कहा गया है कि उस स्त्री को जो पति के मरने, नष्ट हो जाने अर्थात् खो जाने, सन्यासी हो जाने, जातिच्युत हो जाने अथवा किसी अन्य कारण से (जो समाज में स्वीकृत हो) पतिहीनता हो गई हो, दूसरा विवाह करने की अनुमति दे देनी चाहिए। लेकिन ऐसी स्त्रियों को जो स्वयं पतित होकर दूसरा विवाह कर लेती है और इसके बावजूद पुत्रहीन रहती है, माप्चोक का अधिकार (माप्चोक अधिकरण से प्राप्त होने वाली राजकीय सहायता?) तो होगा परंतु उनके कन्तम् नाम से परिभाषित धन को माप्चोक अधिकारी ले लेगें। जो स्त्रियाँ दुश्चरित्रा, संतोषहीनता और रागानुषक्ता होकर पुरूषाभिलाषिणी होती है उनको पुत्रवती होने पर भी माप्चोक अधिकार नहीं दिया जाएगा। कमोवेश यही स्थिति मिथिला में भी अध्ययन अवधि में बनी रही।

सती प्रथा- मानदेव का ४६४ ई. का चाड्.गुनारायण अभिलेख सम्भवत: भारतीय उपमहाद्वीप में प्राप्त प्रथम अभिलेख है जिसमें सती प्रथा का उल्लेख हुआ है। इसमें स्पष्टत: कहा गया है कि मानदेव के

पिता धर्मदेव के दिवगंत होने पर उसकी माता ने अपने पति का अनुसरण करने का निश्चय किया था (राज्यम्पुत्रक कारयाहमनुयाम्यद्यैव भर्तुर्ग्गतिम्) जिससे वह तभी विचालित हुई थी जब मानदेव ने उसके पहले अपने प्राण त्यागने की धमकी दी। स्वयं भारत में भी इस प्रथा का प्राचीनतम उल्लेख इसके बाद में लिखे गए भानुगुप्त और गोपराज के ५१० ई. के एरण-अभिलेख में मिलता है जिसके अनुसार उस वर्ष गोपराज की पत्नी अपने पति के साथ सती हो गई थी। भारत और नेपाल दोनों ही देशों में सती-प्रथा का अभिलेखों में प्रथम बार लगभग एक साथ उल्लेख होना यह संकेत देता है कि इनके तत्कालीन समाजों में स्त्री के स्थान एवं आदेश नारी की कल्पना में बहुत भेद नहीं था। राजा राममोहन राय के आंदोलनों तथा सती प्रथा उन्मूलन अधिनियम के साथ भारत में सामाजिक सुधार के कारण नेपाल मिथिला पर भी इस सामाजिक बुराई उन्मूलित होने के कारण हुई।

रहन-सहन- नेपाल के उपलब्ध अभिलेखों से वहाँ के निवासियों के रहन-सहन, वस्त्रालंकार, केश-रचना, शिरोभूषण, शस्त्रास्य, घरेलू उपयोग का सामान, आवागमन के साधिन, वाद्य-यन्त्र इत्यादि पर प्रकाश देने वाली सामग्री बहुत कम मिलती है। भारतीय इतिहास में इस विषय में हमारी सहायता तत्कालीन वाड्.मय शिल्प और चित्र (जैसे अजन्ता के) करते है। परंतु लिच्छवियुगीन नेपाली संस्कृति के अध्ययनार्थी को ऐसे साक्ष्य लगभग पूर्णतः अनुपलब्ध है। इसलिए इस विषयों का अध्ययन करते समय अभिलेखों और चीनी साक्ष्य में प्रदत्त सूचनाओं पर, जो विशेष ज्ञानवर्द्धक नहीं है, निर्भरता अनिवार्य हैं उदाहरणार्थ, एक नेपाली अभिलेख में अवागमन की व्यवस्था की झलक देने वाले 'हस्तिमार्ग' और 'महापथ' आदि शब्द आए हैं और कुछ अन्य अभिलेखों से ज्ञात होता है कि लिच्छवियुगीन नेपाल जन आवागमन के लिए बैलगाड़ियों और घोड़ागाड़ियों (अश्विकवाहिका गन्त्री बलिर्वा-नाम्) व रथों का प्रयोग करते थे, परंतु इन गाड़ियों की बनावट आदि के विषय में किसी साक्ष्य से कोई जानकारी नहीं हो पाती। इसी प्रकार एक अभिलेख में बताया गया है कि कुछ विशेष प्रकार के अपराधियों के

लिए 'पदक केयर नूपुरादि' पहिनना वर्जित था। इससे केवल इतना ज्ञात होता है कि ये आभूषण स्त्रियाँ ही नहीं पुरूष भी धारण करते थे, इससे इन आभूषणों की बनावट और कलात्मकता का ज्ञान नहीं होता। इसके लिए इनके असली नमूने अथवा कम से कम उनका चित्रों में अंकन मिलना आवश्यक है। प्राचीन नेपाल में आभूषण धारण करने की प्रथा पुरूषों में भी थी इसका ज्ञान 'तांग-इतिहास' से भी होता है जिसमें कहा गया है कि नेपाल-नरेश ना-लिंग-ति-पो (नरेन्द्रदेव) अपने शरीर को मोतियों एवं मूँगे आदि बहुमूल्य रत्नों से सजाता था और सुवर्ण के कर्णफूल, पन्ने का हार एवं बुद्ध मूर्तियों से अलंकृत कर धनी पहनता था। उसके वैभवपूर्ण राजभवन की झाँकी भी इस ग्रन्थ में मिल जाती है। चीनी साक्ष्य से यह भी ज्ञात होता है कि उस युग में नेपालवासी ताम्रनिर्मित बर्तनों का प्रयोग करते थे और केवल एक वस्त्र धारण करते थे जिसे वह उत्तरीय की भाँति शरीर के ऊर्ध्व भाग पर लपेट लेते थे। इस प्रकार के वस्त्र पहनने का प्रचलन भारत में भी था जैसा कि अजन्ता के कुछ चित्रों से स्पष्ट है। 'तांग-इतिहास' के अनुसार नेपाल के सामान्य जनों में सिर को भवों तक मुडाने और कानों में छेद कराकर उनमें बाँस अथवा पशु श्रृंग की नलिकाएँ पहिनने की प्रथा थी। जिसके कान जितने अधिक लटके होते थे वह उतना ही अधिक सुंदर माना जाता था। यह विवरण परवर्ती युग के नाथ योगी अथवा कानफट या गोरखनाथी सम्प्रदाय के अनुयायियों का स्मरण दिलाने वाला है। यह सर्वथा सम्भव है कि गोरखपन में, जिसका नेपाल से घनिष्ठ सम्बन्ध था, सिर मुडाने और कान छेद कर उनमें सींग अथवा ऐसी ही किसी वस्तु के कुण्डल लटकाने की प्रथा का मूल नेपाल में प्रचलित उपर्युकत रिवाज रहा हो। मिथिला में भी इसी प्रकार वस्त्राभूषण प्रचलित है।

शुआन-च्वांग का साक्ष्य- चीनी यात्री शुआन-च्वांग ने अपनी भारत-यात्रा के विवरण में नेपालियों की चर्चा करते हुए कहा था कि वे बेडौल और भद्दे शरीर वाले, स्वभाव से रूक्ष और वंचक, जनसंसर्ग में अरूचि रखने वाले, समय और न्याय के महत्व से अपरिचित एवं विद्याविहीन परंतु कलाओं में दक्ष होते हैं। शुआन-च्वांग द्वारा किया गया

यह मूल्यांकन नेपाल की घाटी के निवासियों का न होकर घाटी के समीप बसी किसी अर्द्धसभ्य अथवा असभ्य जाति का होना चाहिए जिसके साथ हो सकता है चीनी यात्री का अनुभव सुखद न रहा हो, क्योंकि इस अध्याय और पिछले अध्यायों में प्रदत्त तथ्यों से यहाँ सर्वथा स्पष्ट होता है कि सातवीं शती ई. में नेपाल की सभ्यता भारतीय सभ्यता से, जिसके प्रति शुआन-च्वांग के हृदय में बड़ी श्रद्धा थी, बहुत भिन्न नहीं थी। स्वभाव से भी नेपाली रूक्ष और वंचक न होकर मृदुभाषी और ईमानदार होते हैं ओर अपनी इन विशेषताओं के कारण प्रसिद्ध हैं। उनकी शारीरिक कुरूपता के विषय में भी शुआन-च्वांग का कथन स्पष्ट अशुद्ध हैं क्योंकि मंगोलिद् तत्व के कुछ अधिक होने के बावजूद प्राचीन नेपाली जन भारतीयों से विशेष भिन्न नहीं होते थे। इस प्रसंद में प्रथम मानदेव का चाङ्.गुनारायण अभिलेख कुछ रोचक और ज्ञानवर्द्धक है। इसमें कहा गया है कि मानदेव के कन्धे विशाल थे, भुजाएं हाथी की सूंड़ के समान (हस्तिकरोपमं) और नेत्र खिले हुए काले कमल की तरह (विकचासितोत्पल दल प्रसपदर्ध मानेक्षणः)। उसके शरीर की छवि पालिशदार सुवण्र के सदृश थी (प्रमृष्ट कनक श्लक्ष्णावदा-तच्छविः) और वह अपनी कान्ति से शारदीय चन्द्र के समान जगत का सदैव आह्वादन करता रहता था (कान्त्या शारद चद्रमा इव जगत्प्रह्लादयन्सर्व्वदा)। वह देखने में कामदेव के सदृश (साक्षात्काम इवाङ्ग.वान्नरपतिः) लगता था और कामिनियों का विलासोत्सव था (कान्ता विलासोत्सवः)। यह वर्णन अतिरंजित हो सकता है परंतु इसमें संदेह नहीं किया जा सकता कि मानदेव के समकालीन व्यक्ति उसे पर्याप्त सुंदर और उसके सौन्दर्य को भारत के संस्कृत कवियों में प्रचलित उपमाओं का अधिकारी मानते थे।

धर्म

यज्ञ धर्म- नेपाल प्राचीनतम युग से ही भारत में प्रचलित धर्मों के प्रभावक्षेत्र के अंतर्गत था। यद्यपि वहाँ धर्म के भी लोकप्रिय रहे होने के बहुत प्रमाण अभी तक उपलब्ध नहीं है, परंतु ब्राह्मणों का उल्लेख यह

सिद्ध करता है कि नेपालवासी यज्ञ धर्म से अपरिचित नहीं थे। वसन्तदेव के शासन के कुछ अभिलेखों में यज्ञ धर्म का विशेष उल्लेख मिलता है। उसके काल के एक अभिलेख में कुछ याज्ञिकों और ब्राह्मणों द्वारा भगवान वैशम्पायन की नैमित्तिक पूजा के हेतु गोष्ठी स्थापित करने का उल्लेख है और थानकोट आदिनारायण स्थान अभिलेख में याज्ञिक विराचनगुप्त का। उसके हाँडिगॉउ सत्यनारायण स्थान-लेख में तो वैदिक पद्धति का जोरदार समर्थन किया गया है।

वैष्णव मत की लोकप्रियता- लिच्छवि युग में नेपाल गुप्तकालीन भारतीय संस्कृति के घनिष्ठ सम्पर्क में आया जिसके परिणामस्वरूप वहां वैष्णव और शैव मत विशेष रूप से लोकप्रिय हो गए। प्रथम मानदेव के चांगुनारायण अभिलेख के जो नेपाल का प्राचीनतम अभिलेख है, मंगल-श्लोक में विष्णु का हरि नाम से स्मरण किया गया है। उसने अपनी माता राज्यवती की पुण्यवृद्धि के हेतु (मातुः श्री राज्यवत्या हितकृतमनसः सर्व्वदा पुण्यवृद्ध्यै राजा श्री मानदेवः) विक्रान्तमूत्ति विष्णु की प्रतिमा भी प्रतिष्ठापित कराई थी (नोली ३)। अंशुवर्मा के सम्वत् ३२ के हाँडिगाउँ पाषाण अभिलेख में अनेक मन्दिरों, संस्थानों और व्यक्तियों को, जो विभिन्न सम्प्रदायों से सम्बन्द्ध थे, धन प्रदान किए जाने का वर्णन है। उनमें साझपुर, नरसिंहदेव, शुम्भुविकका जलशयन तथा दोला शिखर स्वामी नामों का सम्बंध स्पष्टतः वैष्णव सम्प्रदाय से है। इसी प्रकार विष्णुगुप्त के सम्वत् ६४ के अमनटोल (काठमांडू) अभिलेख में जलशायी विष्णु की एक ऐसी प्रतिमा बनवाए जाने की चर्चा है जिसे देख कर विष्णुगुप्त बहुत प्रसन्न हुआ था (भगवती हिणोर्जलशयन रूपन्ष्पिादन योग्यबृहच्छिलाकषणव्यापार पगितुष्टैः)। स्वयं रामदेव विष्णुगुप्त और श्रीधरगुप्त जैसे नाम एवं अभिलेखों के ऊपर शंख और चक्र आदि वैष्णव प्रतीकों का उत्कीर्ण किया जाना भी नेपाली जनों में वैष्णव मत की लोकप्रियता का संकेत हैं। प्रथम शिवदेव और अंशुवर्मा के लेले अभिलेखम में 'भगवद्वासुदेवब्राह्मणगौष्ठिकाना' वाक्यांश से वैष्ण ब्राह्मणों की गोष्ठियों का अस्तित्व भी सिद्ध होता है।

शैव मत की लोकप्रियता- शैव मत की नेपाल में लोकप्रियता वैष्णव-सम्प्रदाय से भी अधिक थी। प्रथम मानदेव के शासन काल में उसकी रानी प्रेम सुन्दरी ने एक शिव मन्दिर प्रतिष्ठापित करा कर उसके लिए भूमि दान दी थी और जववर्मा ने जयेश्वर लिंग की प्रतिष्ठापन करके उसके लिए एक अक्षयनीवि प्रदान की थी। इसी प्रकार सम्वत् ४६२ में एक आभीरी राजकुमारी के शिव अनुपमेश्वर के मन्दिर का निर्माण कराकर 'गन्धधूपबलिनिवेदनादि' के प्रवत्तनायं एवं भविष्य में मन्दिर की मरम्मत (खण्डफुट्टप्रतिसंस्कारार्त्थञ्च) के हेतु एक अक्षयनीवि प्रदान की थी। इनके अतिरिक्त अन्य अनेक अभिलेखों में शिव मन्दिरों और शिवलिंगों के प्रतिष्ठापन की चर्चा है (जैसे, नोली १७, १८ और ५९)। अंशवर्मा के हाँडिगाउँ-पाषाण-अभिलेख में जिसमें अनेक संस्थानों, मन्दिरों और व्यक्तियों को धन दिए जाने का विषरण है, पशुपति, रामेश्वर, मानेश्वर, धारामानेश्वर, पखतेश्वर, कैलासेश्वर आदि शिव मन्दिरों का उल्लेख हुआ है। उसके समय से 'भगवत्पशुपति भट्टारक पादानुध्यात' उपाधि गुप्त सम्राटों की 'परमभागवत' उपाधि के समान नेपाली नरेशों की सामान्य उपाधि हो जाती है। द्वितीय जयदेव की पशुपतिनाथ-प्रशस्ति में, जो प्रकृत्य शैव अभिलेख है, प्रथम दो मंगल श्लोकों में शिव की स्तुति है और रावण और वाणासुर द्वारा उसकी उपासना किए जाने का उल्लेख है। इस लेख के अनुसार जयदेव की माता वत्सदेवी ने भगवान पशुपति नाथ को एक रजतकमल (रौप्यंपद्म) समर्पित किया था जिसकी प्रशंसा में स्वयं जयदेव ने पाँच श्लोक रचे थे जो इस प्रशस्ति में सम्मिलित हैं। इन तथ्यों के अतिरिक्त नेपाल में शंकरदेव और शिवदेव जैसे नामों की लोकप्रियता, 'पशुपति' प्रकार के सिक्कों का चलाया जाना (जिन पर शैव मत के नन्दी और त्रिशूल आदि चिन्ह बने हैं), अभिलेखों के ऊपर नन्दी का अंकन एवं अभिलेखों में पाशुपताचार्यों को दान दिए जाने का उल्लेख होना- ये सब तथ्य भी वहां शैव मत की लोकप्रियता के प्रमाण

हैं। जाहिर है कि शैवमत समान रूप में मिथिला और नेपाल में पूर्व मध्यकाल से ही लोकप्रिय रहा है।

नेपाल के शैव सम्प्रदाय- गुप्तोत्तरकालीन उत्तर भारत में शौवमत अनेक सम्प्रदायों में विभाजित था जिनमें शैव विद्वान्त, पाशुपत, कापालिक और कालमुख सम्प्रदायों का विशेष महत्व था। पाशुपत सम्प्रदाय का संस्थापक कहीं श्रीकण्ठ को बताया गया है और कहीं नकुलीश अथवा लकुलीश को। माधव ने अपने 'सर्वदर्शनसंग्रह' में पाशुपत मत को 'नकुलीश पाशुपत' नाम दिया है। पुराणों के अनुसार लकुलिन् अथवा नकुलिन वासुदेव -कृष्ण के समकालीन थे। सातवीं शती ई. तक यह सम्प्रदाय पर्याप्त लोकप्रियता प्राप्त कर चुका था।

चीनी यात्री शुआन-च्वांग ने अपने ग्रन्थ में पाशुपतों का बारह बार उल्लेख किया है। अकेले वाराणसी में ही उसे लगभग सहस्र पाशुपत मिले थे जो महेश्वर की आराधना करते, अपने शरीर पर भस्म लगाते, नग्न रहते और केश जूड़ों के रूप में बाँधते थे। परंतु उसके द्वारा उल्लिखित अन्य अधिकांश पाशुपत-मतानुयायी सम्भवतः गृहस्थों का सामान्य जीवन बिताते थे। बाणभट्ट ने भी अपने ग्रन्थों में पाशुपतों की चर्चा की है। 'कादम्बरी' में एक स्थल पर उसने रक्तवर्ण का परिधान पहिनने वाले पशुपतों को तारापीड के मन्त्री नकुवार के भवन-द्वार पर अन्य लोगों की भांति प्रतीक्षा करते दिखाया है। 'हर्षचरित' में भी एक स्थल पर हर्ष के दर्शन की अभिलाषा के लिए आए व्यक्तियों में पाशुपतों को परिगाणित किया गया है। पाशुपतों का प्रभाव बाद में इतना बढ़ा कि 'पाशुपत' शब्द प्रायः शैव शब्द के पर्याय रूप में प्रयुक्त होने लगा। नेपाली अभिलेखों में भी, जैसा कि हम अभी देखेंगे, 'पाशुपत' शब्द का प्रयोग इसी अर्थ में किया गया है, 'लाकुलीश पाशुपत' अर्थ में नहीं।

पाशुपत सम्प्रदाय के विचार-दर्शन और उपासना-विधि पर तन्त्र का गहरा अभाव था। यह प्रभाव गम्भीरतर रूप में कापालिक और कालामुख सम्प्रदायों पर मिलता है। इसीलिए ये तीनों सम्प्रदाय अतिमार्गिक कहे गए

हैं। कापालिक सम्प्रदाय के सिद्धान्त और उपासना-विधि अत्यन्त गर्हित थी। माधव ने 'शंकर-दिग्विजय' में कहा है कि उज्जयिनी में कापालिक सम्प्रदाय का एक आचार्य शंकर से मिलने आया था। उसका शरीर श्मशान से लाई गई भस्म से लिप्त था एवं हाथ में नरकपाल और लौहयष्टि थे। आनन्दगिरि के अनुसार भी वे कापालिक जिनसे शंकर उज्जयिनी में मिले थे सुरापान और विशेष प्रकार के भोजन चीनी यात्री शुआन-च्वांग ने अपने ग्रन्थ में पाशुपतों का बारह बार उल्लेख किया है। अकेले वाराणसी में ही उसे लगभग दस सहस्र पाशुपत मिले थे जो महेश्वर की आराधना करते, अपने शरीर पर भस्म लगाते, नग्न रहते और अपने केश जूड़ों के रूप में बाँधते थे। परंतु उसके द्वारा उल्लिखित अन्य अधिकांश पाशुपत-मतानुयायी सम्भवत: गृहस्थों का सामान्य जीवन बिताते थे। बाणभट्ट ने भी अपने ग्रन्थों में पाशुपतों की चर्चा की है। 'कादम्बरी' में एक स्थल पर उसने रक्तवर्ण का परिधान पहिनने वाले पाशुपतों को तारापीड के मन्त्री नकुवार के भवन-द्वारा अन्य लोगों की भांति प्रतीक्षा करते दिखाया है। 'हर्षचरित' में भी एक स्थल पर हर्ष के दर्शन की अभिलाषा के लिए आए व्यक्तियों में पाशुपतों को परिगणित किया गया है। पाशुपतों का प्रभाव बाद में इतना बढ़ा कि 'पाशुपत' शब्द प्राय: 'शैव' शब्द के पर्याय रूप में प्रयुक्त होने लगा। नेपाली अभिलेखों में भी, जैसा कि हम अभी देखेंगे, 'पाशुपत' शब्द का प्रयोग इसी अर्थ में किया गया है, 'लाकुलीश पाशुपत' अर्थ में नहीं।

पाशुपत सम्प्रदाय के विचार-दर्शन और उपासना-विधि पर तंत्र का गहरा अभाव था। यह प्रभाव गम्भीरतर रूप में कापालिक और कालामुख सम्प्रदायों पर मिलता है। इसीलिए ये तीनों सम्प्रदाय अतिमार्गिक कहे गए हैं। कापालिक सम्प्रदाय के सिद्धान्त और उपासना-विधि अत्यन्त गार्हित थी। माधव ने 'शंकर-दिग्विजय' में कहा है कि उज्जयिनी में कापालिक सम्प्रदाय का एक आचार्य शंकर से मिलने आया था। उसका शरीर श्मशान से लाई गई भस्म से लिप्त था एंव हाथ में नरकपाल और लौहयष्टि थे। आनन्दगिरि के अनुसार भी वे कापालिक जिनसे शंकर उज्जयिनी में मिले थे सुरापान और विशेष प्रकार के भोजन द्वारा अपनी

ज्ञान शक्ति के तीक्ष्ण होने एवं सदैव भैरवी से आलिंगित रहने का दावा करते थे। इसी प्रकार भवभूति के 'मालतीमाधव' में एक कापालिक अघोरघण्ट और उसकी शिष्या कपालकुण्डला का उल्लेख है जो नरमुण्डों की माला धारण करती थी और नाटक की नायिका मालती को कराल चामुण्डा की प्रतिमा के समक्ष बलिदान किए जाने के हेतु उठा ले गई थी। शुआन-च्वांग ने अपनी भारत-यात्रा में अनेक स्थलों पर समकालीन चालुक्य नरेश द्वितीय पुलकेशी के भतीजे नागवर्द्धन ने कपालेश्वर की पूजा और उनके मन्दिर में रहने वाले महाव्रतियों के पोषण के निमित्त एक ग्रामदान दिया था। इस सम्प्रदाया का घनिष्ठ सम्बन्ध कालामुख एवं सोमसिद्धान्त नामक एक अन्य शैव सम्प्रदाय से था। 'प्रबोधचन्द्रोदय' में तो कापालिकों और सोमसिद्धान्यिों को अभिन्न कहा गया है। लेकिन तान्त्रिक साहितय में ये दो पृथक् सम्प्रदायों के रूप में उल्लेखित हैं।

उपर्युक्त पृष्ठभूमि में लिच्छवियुगीन नेपाल अभिलेखों में विविध शैव समप्रदायों के उल्लेखों को सुविधा से अध्ययन किया जा सकता है। इन लेखों में उपर्युक्त सम्प्रदायों का पृथकत: उल्लेख नहीं है परंतु इनसे इतना अवश्य स्पष्ट है कि सातवीं शती ई. तक नेपाली जन इनमें अनेक सम्प्रदायों से भली-भांति परिचित हो चुके थे। द्वितीय शिवदेव के सम्वत् ११९ के लगनटोल, काठमांडौ अभिलेख में शिवदेवेश्वर मन्दिर की मरम्मत के हेतु वशपाशुपताचार्यों को एक ग्राम अग्रहार के रूप में दिए जाने का उल्लेख है। ये वशपाशुपताचार्य स्पष्ट: लाकुलीश पाशुपतों से भिन्न थे। सम्भवत: ये नेपाली शैवी का कोई स्थानीय सम्प्रदाय थे। लेकिन विष्णुगुप्त के शासनकाल के तिथिविहीन छत्रचण्डेश्वर अभिलेख (नोली ५९) में जिन गुण्ड श्रृंखलिक पाशुपताचार्यों (मुण्ड श्रृखलिक पाशुपताचार्य पर्षदि) का उल्लेख है उनको निश्चित: मुण्डमाल धारण करने वाले कापालिकों से अभिन्न माना जा सकता है। मुण्ड श्रृखलिक पाशुपतों की चर्चा नरेन्द्रदेव के समय के सम्वत् ६९ के 'अशुद्ध संस्कृत' में लिखित एक खण्डित अभिलेखो (नोली ६५) में भी 'श्रृंकलिक' पाशुपत (श्रृंखलिक पाशुपतानां = गुण्डश्रृंखलिक पाशुपतानां) नाम से हुई

है। नेपाल के इन कापालिकों को सोमसिद्धान्ती शैवों से भी घनिष्ट संबंध प्रतीत होता है क्योंकि उपर्युक्त छत्र-चण्डेश्वर अभिलेख में मुण्ड शृंखलिक पाशुपताचार्यों के साथ 'सोमखड्डुकान्' का भी उल्लेख है और खड्डुक अथवा खडड्डुक को अन्य अभिलेखों में एक शैव पुजारी का नाम बताया है।

शैव और वैष्णव मतों में सम्बन्ध- भारत के समान नेपाल में भी वैष्णव और शैव सम्प्रदायों के सम्बन्ध अत्यन्त मधुर थे। जैसा कि ऊपर उल्लिखित तथ्यों से स्पष्ट है, लिच्छवि नरेश व्यक्तिगतरूपेण शैव होते हुए भी विष्णु के विधि रूपों में समान रूप से श्रद्धा रखते थे। वस्तुतः विष्णु और शिव एक ही शक्ति के दो रूप हैं ऐसी मान्यता नेपाल में भी स्वीकृत की जाती थी। इसका सर्वोत्तम उदाहरण गणदेव के शासन काल का त्यागल टोल अभिलेख है जिसमें कहा कि भौमगुप्त ने ईश्वर के दो रूपों, शिव और विष्णु की एक प्रतिमा बनवाकर अप्रतिम निष्ठा का प्रदर्शन किया था। शिव-विष्णु के इस रूप को भारतीय साहित्य में हरिहर कहा गया है। इस लेख में भी उनके लिए शंकर-नारायण, शूलभृच्छाड्.र्गपाणि, अर्द्धशैरीश्वर, मुरारीश्वर आदि कई नाम प्रयुक्त हुए हैं।

अन्य पौराणिक देवी-देवता- शिव और विष्णु के अतिरिक्त लिच्छवियुगीन नेपाल में अन्य उनके पौराणिक देवता पूजे जाते थे। प्रथम मानदेव के शासन-काल के संवत् ४०२ (= ४८० ई.) के एक अभिलेख में सार्थवहा गुहमित्र द्वारा इन्द्र नाम से अभिहित दिवाकर अर्थात् सूर्य की एक प्रतिमा (इन्द्रो नाम दिवाकरः) संस्थापित करने का उल्लेख है। सूर्य का मार्तण्ड और भानु नामों से उल्लेख कुछ अन्य अभिलेखों में भी हुआ है। इनके अतिरिक्त द्वितीय जयदेव के पशुपति-प्रशस्ति में देवी, ब्रह्मा, लक्ष्मी, शेष, षण्मुख वासुकि, स्थाणु आदि देवी देवताओं के नाम आये है।

नेपाल में बौद्धधर्म का प्रवेश- बौद्धधर्म के इतिहास में नेपाल का बहुत महत्वपूर्ण स्थान है, क्योंकि इसके संस्थापक गौतम बुद्ध का जन्म

लुंबिनी में जो आधुनिक नेपाल राज्य की सीमा के अन्दर पड़ता है, हुआ था। लेकिन नेपाल की उपत्यका में बौद्धधर्म का प्रवेश कब और कैसे हुआ, यह निश्चयतः ज्ञात नहीं हैं 'वशावालियों के अनुसार तो स्वयं भगवान बुद्ध ने किरात देश नरेश जितेदास्ती के शासनकाल में नेपाल की यात्रा की थी और 'मूलसर्वास्तिवाद विनय' के अनुसार तथागत का प्रिय शिष्य आनन्द अपने माता-पिता से मिलने नेपाल गया था। इन अनुश्रुतियों से सत्य को निर्धारित करना बड़ा दुष्कर है, परंतु इतना तो स्पष्ट ही है कि वैशाली के लिच्छवियों की बौद्धधर्म में रूचि थी और अजातशत्रु के द्वार पराजित होने के बाद उनकी जो शाखा नेपाल आकर बसी उसके बहुत से सदस्य बौद्धधर्म में आस्था रखते रहे होंगे। इसके बाद नेपाल में बौद्ध के प्रचार का कुछ कार्य, एक चीनी अनुश्रुति कुषाण नरेश कनिष्क ने किया। परंतु गुप्तकाल में, जब से इस विषय में हमें अभिलेखों से प्रकाश मिलना शुरू होता है, हम नेपाली लिच्छवियों को बौद्ध धर्म के स्थान पर पौराणिक हिन्दू धर्म में अधिक रूचि रखते हैं इन अभिलेखों में वृषदेव के अतिरिक्त जैसे द्वितीय जयदेव की पशुपतिनाथ-प्रशास्ति में 'सुगत शासनपक्षपाती' कहा गया है किसी अन्य प्रारंभिक नरेश का बौद्ध धर्मावलम्बी होना ज्ञात नहीं है। जैसा की ऊपर देखा जा चुका है, वे सब धार्मिक सहिष्णुता की नीति का पालन करते थे परंतु व्यक्तिगतरूपेण पौराणिक हिन्दू धर्म को मानते थे। पाँचवीं शती ई. के प्रारंभ में भारत की यात्रा करने वाले चीनी यात्री फा-शिएन ने अपने यात्रा-विवरण में नेपाल की कोई चर्चा नहीं की है। उसके इस मौन का एक कारण यह भी हो सकता है कि तब तक नेपाल बौद्ध धर्म के एक केन्द्र रूप उतना प्रसिद्ध नहीं हो पाया था कि किसी विदेशी यात्री का ध्यान आकर्षित कर पाता। इस अनुमान का समर्थन प्रारम्भिक लिच्छवि अभिलेखों से होता है जिनमें ज्यादातर पौराणिक हिन्दू धर्म से सम्बन्धित हैं। प्राक्-अंशुवर्मा युग का प्रथम अभिलेख जिसे विशुद्धतः बौद्ध कहा जा सकता है किसी अज्ञात नरेश के शासन का वह तिथिविहीन अभिलेख है जिसे नोली ने रामदेव अथवा गणदेव के शासन काल का मानते हुए अपनी पुस्तक में प्रदत्त अभिलेखों में १८ वें स्थान पर रखा है एवं सम्पूर्ण लिच्छवि

इतिहास में वे मात्र दो अभिलेख जिनमें आर्यसंघ के अग्रहार दिए जाने का उल्लेख है नरेन्द्रदेव के शासन काल के हैं।

गुप्तकाल में बौद्ध धर्म की प्रगति का कारण- परंतु उपर्युक्त विवेचन का आशय यह नहीं है कि प्राक्-अंशुवर्मा युग में नेपाल के धार्मिक जीवन में बौद्ध धर्म का कोई महत्व नहीं था। नेपालवासी बौद्ध धर्म से कम से कम तीसरी शताब्दी ई. पू. से जब अशोक ने नेपाल की यात्रा करके वहाँ स्तूप आदि बनवाए परिचित थे। उसके उपरान्त नेपाली बौद्ध धर्म का इतिहास अत्यन्त अन्धकारमय है परंतु इतना निश्चित प्रतीत होता है कि ईसवी सन् की प्रारम्भिक शताब्दियों में नेपाल में बौद्ध धर्म विशेषतः महायान सम्प्रदाय की जड़ें धीरे-धीरे जमने लगी थीं। अगर ऐसा न होता तो वृषदेव 'सुगत-शासन-पक्षपाती' नहीं हो पाता। गुप्तकाल में वहां बौद्ध धर्म की लोकप्रियता अपेक्षया अधिक तेजी से बढ़ी। इसके कई कारण थे एक गुप्तकाल में कुछ बौद्ध विद्वानों ने अपने मत के प्रचारार्थ नेपाल की यात्रा की। इनमें वसुबन्धु सर्वप्रमुख थे। लामा तारानाथ द्वारा प्रदत्त एक अनुश्रुति के अनुसार वह अनेक तीर्थाकर के साथ नेपाल गए थे और वहां उन्होंने एक सम्प्रदाय की स्थापना की थी। वहीं उनका देहावसान भी हुआ था। तारानाथ के अनुसार बसुबन्धु की यात्रा के परिणामस्वरूप नेपाल गए थे और वहां उन्होंने एक सम्प्रदाय की स्थापना की थी। वहीं उनका देहावसान भी हुआ था। तारानाथ के अनुसार बसुबन्धु की यात्रा के परिणामस्वरूप नेपाल में बौद्धों की संख्या निर्विरोध बढ़ती गई। दूसरे, ईसवीं सन की प्रारम्भिक शताब्दियों में मूलसर्वास्तिवाद सम्प्रदाय में काल के भीषण शीत को ध्यान में रखते हुए वहां रहने वाले भिक्षुओं के लिए चरित नियमों को कुछ ढीला कर दिया गया। 'मूलसर्वास्तिवादविनय' के अनुसार जब विडुडभ द्वारा त्रस्त शाक्य जन कपिलवस्तु से भागे तो उनमें- जिनमें बुद्ध के प्रिय शिष्य आनन्द के माता-पिता भी थे, नेपाल चले गए। बाद में आनन्द उनसे मिलने वहां गए। वहां के कठोर शीत और हिमपात में उसके हाथों की खाल फट गई। जब भिक्षुओं ने आनन्द की यह दशा देखी तो उन्होंने पूछा कि इतने शीत में उनके माता-पिता वहां कैसे रहते हैं। आनन्द ने उन्हें बताया कि

वे वहां पोउ-ला नाम का वस्त्र पहिनते हैं जिसे उसने स्वयं भिक्षु होने के कारण नहीं पहना था। जब बुद्ध को यह घटना ज्ञात हुई तो उन्होंने भिक्षुओं को नेपाल जैसे शीघ्र प्रधान देशों में पोउला पहिनने की अनुमति दे दी। विनय के नियमों में इस प्रकार की ढील से नेपाल बौद्ध धर्म की प्रगति में निश्चत ही सहायता मिली होगी।

सातवीं शती में बौद्ध धर्म की लोकप्रियता के प्रमाण- नेपाल में बौद्ध धर्म की प्रगति का एक अन्य कारण था लिच्छवि नरेशों का धर्मिक क्षेत्र प्रकृत्या सहिष्णु होना। उदाहरणार्थ, प्रथम मानदेव ने जो व्यक्तिगतरूपेण सम्भवतः वैष्णव था, बौद्धों को सुविधार्थ एक विहार का निर्माण कराया था अभिलेखों में मानदेवो विहार या मानविहार नामों से उल्लिखित है। इसी प्रकार प्रथम शिवदेव ने भी शिवदेवविहार नाम से विख्यात विहार का निर्माण कराया था। सातवीं शतीं के मध्य तक नेपाल में कितने ही विहार अस्तित्व में आ चुक थे, जिनमें, शुआन-च्वांग के अनुसार हीनयान और महायान सम्प्रदायों को मानने वाले २००० भिक्षु निवार करते थे। तत्कालीन अभिलेखों में भी श्री मान देव विहार और श्री शिव देव विहार के अतिरिक्त गुडू विहार, श्री राज विहार, खर्जूरिका विहार, मध्यम विहार, सामान्य विहार, वार्त कल्याणगुप्त विहार, महाप्रतिहार वार्त सुजातप्रभु विहार, पुष्प वाटिका विहार, आजिका विहार तथा अभयरूचि विहार आदि अनेक विहार उल्लिखित हैं। इन विहारों में श्री राज विहार स्वयं अंशुवर्मा ने बनयावा था। यह प्रसंग में यह तथ्य भी कुछ महत्वपूर्ण माना जा सकता है कि अंशुवर्मा के समय से अभिलेखों के ऊपर वैष्णव और शैव मतों से सम्बन्धित शंख, चक्र और नन्दी आदि प्रतीकों के स्थान पर कभी-कभी वृषभ और दो हरिण, धर्मचक्र और हरिण एवं बुद्ध और हरिण जैसे बौद्ध चिन्ह भी बनाए जाते हैं। तिब्बती ग्रन्थों में अंशुवर्मा की पौत्री भृकुटी देवी को, जिसका विवाह तिब्बती नरेश स्रोड;-त्जन-गाम-पो के साथ हुआ था, श्रद्धालु बौद्ध बताया गया है यद्यपि अभिलेखिक साक्ष्यानुसार स्वयं अंशुवर्म्मा पशुपति का पादानुगृहीत था एवं असद् दर्शन के खण्डन हेतु (जिससे आशय सम्भवतः बौद्ध दर्शन से है) बराबर शास्त्र चिन्तन करता रहता था।

नरेन्द्रदेव के कुछ अभिलेखों में आर्य संघ को अग्रहार दान दिए जाने का उल्लेख है। नेपाल के बौद्धों ने सातवीं शती ई. में तिब्बत के सांस्कृतिक अभ्युत्थान में भी बहुत हाथ बताया था। जिन विद्वानों ने स्रोख-त्जन-गाम-पो के शासन काल में बौद्ध ग्रन्थों का तिब्बती भाषा में अनुवाद किया था, उनमें नेपाली पण्डित शीलमंजु का नाम सादर लिया गया है। तब से नेपाल शताब्दियों तक भारत और तिब्बत के बीच एक महत्वपूर्ण सांस्कृतिक कड़ी बना रहा।

मत्स्येन्द्रनाथ और गोरखनाथ- परवर्ती लिच्छवि और लिच्छव्योत्तर युगों में शैव धर्म के समान बौद्ध धर्म भी तान्त्रिक विचारधारा द्वारा गम्भीररूपेण प्रभावित हुआ। इसके परिणामस्वरूप इन धर्मों का सरल रूप कुछ विकृत अवश्य हो गया परंतु इससे एक लाभ भी हुआ और शैव तथा बौद्ध धर्मो का परस्पर निकट आ जाना। इसका सर्वोत्तम प्रमाण यह है कि नेपाली बौद्ध धर्म में मत्स्येन्द्रनाथ को, जिन्हें नेपाल राज्य का संरक्षकदेवता माना जाता है। एक बौद्ध सिद्ध, पद्मपाणि को अवतार अथवा चतुर्थ दैवी बोधिसत्व अवलोकितेश्वर या लोकेश्वर से अभिन्न माना गया है, जबकि नाथयोगी परम्परा में उनके गुरू आदिनाथ को, जो हो सकता स्वयं कोई सिद्ध रहे हों। परंतु जिसका नाम आदिबुद्ध का स्मरण दिलाने वाला है, शिव माना जाता है ओर स्वयं गोरक्षनाथ का शिव का अवतार। गोरक्षनासि को एक पूर्व-मध्यकालीन अभिलेख में शैव देव पचायतन के अंतर्गत भी गिनाया गया है। इन तथ्यों से नेपाली बौद्ध धर्म ओर शैवमत की घनिष्ठता स्पष्ट हो जाती है। 'वशावलियो' में कहा गया है कि आर्यावलोकितेश्वर बोधिसत्व पद्मपाणि ने शिव योग का उपदेश दिया था जिसे घर लौटते समय शिव ने पार्वती को सुनाया। उनके बोलते समय बीच ही में पार्वती को नींद आ गई, इसलिए अवलोकितेश्वर अथवा लोकेश्वर ने एक मछली का रूप धारण करके उसे सुना। तब से वह मत्स्येन्द्रनाथ नाम से विख्यात हुए। इन ग्रन्थों में आगे कहा है कि मत्स्येन्द्रनाथ और गोरक्षनाथ नेपाल में नरेन्द्रदेव के पुत्र बरदेव के शासनकाल में पहुँचे थे। इनमें उपलब्ध कथा के अनुसार एक बार गोरक्षनाथ के मन में देवताओं के गुरू और विश्व के स्रष्टा मत्स्येन्द्रनाथ

के दर्शन करने की अभिलाषा उत्पन्न हुई। लेकिन उन्होंने पाया कि मत्स्येन्द्रनाथ के निवास-स्थान कापोतल-पव्रत (स्वयं कामरूप में अथवा उसके परे स्थित) पहुंचना उनके लिए असंभव है इसलिए उन्होंने मत्स्येन्द्रनाथ को नेपाल आने के लिए विवश करने के हेतु उन नवनागों को जिनके कारण वर्षा होती थी एक पहाड़ी में बंदी बना लिया और स्वयं उस पहाड़ी के ऊपर बैठ गए।

इसके परिणामस्वरूप द्वादश वर्षीय दुर्भिक्ष प्रारम्भ हो गया जिससे जनता को तभी मुक्ति मिल सकती थी जब उन्हें पहाड़ी से उठाकर नागों को मुक्त किया जाता। लेकिन यह कार्य केवल मत्स्येन्द्रनाथ कर सकते थे। इस विपत्ति से घबराकर बरदेव ने अपने वृद्ध पिता नरेन्द्रदेव से, जो एक विहार में अपना शेष जीवन व्यतीत कर रहे थे, प्रजा के कष्ट दूर करने के लिए कुछ यत्न करने की प्रार्थना की। नरेन्द्रदेव ने उसकी विनती स्वीकार करके एक आचार्य के साथ कापोतल पर्वत की यात्रा की ओर अनेक कष्ट सहक मत्स्येन्द्र नाथ को नेपाल आने के लिए राजी कर लिया। उनके आते ही गोरखनाथ उनके अभिवादन के लिए उठे जिससे नाग मुक्त हो गए और वर्षा होने लगी यह कहानी अनेक रूपों में विभिन्न स्रोतों में उपलब्ध है। इसमें सत्यांश कितना है कहना कठिन है, परंतु इतना अवश्य है कि सिद्ध परम्परा में भी गोरखनाथ को, जिन्हें कनफटा अथवा नाथयोगी सम्प्रदाय का प्रवर्तक माना जाता है, प्रायः मत्स्येद्रनाथ का शिष्य ही माना गया है। लेकिन सम्भवतः नेपाली 'वंशावलियो' का यह कथन सही नहीं है कि मत्स्येन्द्रनाथ और गोरखनाथ नरेन्द्रदेव के समकालीन थे। एक नेपाली वंशावलियों में नरेन्द्रदेव के पुत्र का नाम बरदेव दिया गया है जबकि अभिलेखिक साक्ष्यानुसार नरेन्द्रदेव ने सातवीं शती ई. के मध्य शासन किया जबकि आभिलेखिका साक्ष्यानुसार नरेन्द्रदेव का पुत्र और उत्तराधिकारी द्वितीय शिवदेव था। दूसरे, आभिलेखिका साक्ष्यानुसार नरेन्द्रदेव ने सातवीं शतीं ई. के मध्य शासन किया जबकि मत्स्येन्द्रनाथ और गोरखनाथ की तिथि को इतना पीछे से ले जाना असम्भव सा है। इन महापुरूषों की तिथि एक बड़ा ही विवादास्पद प्रश्न है लेकिन इतना निश्चित है कि गोरखनाथ का

प्राचीनतम उल्लेख, जिसकी तिथि निश्चित है, शाङ्.र्ग देव की सिन्त्रा-प्रशस्ति (१२८७ ई.) में है जिसमें उन्हें शैव देवपंचायत में परिगणित किया गया है। और मत्स्येन्द्रनाथ का अभिनवगुप्त के 'तन्त्रालोक' (रचना तिथि १०१५ ई.) में (मच्छन्दविभुः)। इन दोनों सिद्धों के विषय में अन्य सभी उल्लेख ऐसी अनुश्रुतियों के रूप में मिलते हैं जिनके आधार पर उनकी तिथियों निर्धारित करना न संभव है और न सभी चीन। इन कठिनाइयों के कारण इनका समय दसवीं शती ई. के पूर्व मानना किसी प्रकार भी युक्तियुक्त नहीं माना जाएगा। इससे स्पष्ट हो जाता है कि मत्स्येन्द्र नाथ और गोरखनाथ का नेपाल के धार्मिक इतिहास पर जो भी प्रभाव पड़ा वह 'वंशावलियों' के उपर्युक्त साक्ष्य के बावजूद, उस युग के बाद का विषय है जिसका विवेचन इस पुस्तक में किया गया है। यह द्रष्टव्य है कि प्राचीन काल को पार कर मुगलकाल और ब्रिटिश काल में भी व्यापक परिवर्तन का सामना करते हुए नेपाल और मिथिला ने उसको अंगीकरण किया लेकिन समत्व बनी रही। नेपाल मिथिला सांस्कृतिक संबंध में समानता को एक पंक्ति में ही लिखी जा सकती है कि लोग प्रातः काल वैष्णव "शालीग्राम पूजन" दोपहर को शाक्त, भगवती पूजन और शाम को शैव, शिवलिंग पूजन को जाया करते हैं।

कला

वास्तुकला: स्वयम्भूनाथ और बोधयनाथ- जैसा कि एक स्थल पर किर्कपेट्रिक ने लिखा है, आजकल नेपाल में इतने अधिक मन्दिर हैं कि किसी विदेशी को उन्हें देखने पर ऐसा प्रतीत होता है कि मानों वहाँ मन्दिरों की संख्या मकानों के बराबर है और मूर्तियों की मनुष्यों के बराबर। नेपाल का प्रमुख नगर काठमांडो वस्तुतः मन्दिरों और स्तूपों का नगर है तथा पाटन और भाटगाँव उससे बहुत भिन्न नहीं है। परंतु इनकी लगभग सभी इमारतें मध्यकाल की हैं, प्राचीन इमारतें एक दो अपवाद को छोड़कर विनष्ट हो चुकी हैं। लेकिन ऐसा प्रतीत होता है कि लिच्छवि युग में भी नेपाल में मंदिरों, स्तूपों और विहारों की संख्या कम नहीं था। इस तथ्य का ज्ञान न केवल अभिलेखों से होता है जिनमें

तत्कालीन इमारतों का अनेक उल्लेख हुआ है, वरन् सातवीं शती ई. में भारत आने वाले चीनी यात्री युआन-च्वांग ने ही उनकी चर्चा की है। वह बताता है कि तत्कालीन नेपाल में बौद्ध विहार और देव-मन्दिर पास-पास बने हुए थे। लेकिन नेपाल की वास्तुकला का इतिहास शुआन-च्वांग के समय से भी लगभग एक सहस्र वर्ष पूर्व प्रारंभ होता है क्योंकि 'वंशावालियों' के अनुसार स्वयं अशोक ने नेपाल की यात्रा की थी और वहाँ पाटन नगर की स्थापना करके उसमें पाँच स्तूप बनवाए थे- एक नगर के बीच और चार उसकी परिधि पर। इसके अतिरिक्त उसने वहाँ और भी बहुत से स्तूप बनवाए थे। उसके बाद उसकी पुत्री चारूमती ने भी, जो एक नेपाली क्षत्रिय युवक देवपाल से विवाह करके वहीं बस गई थी, अपने पति के साथ देउपाटन नगर की स्थापना की थी और विहारों का निर्माण कराया था। कहा जाता है कि इन मौर्यकालीन भवनों में अशोक द्वारा बनवाए गए दो स्तूप अभी तक स्वयम्भूनाथ और बोधनाथ नामक स्तूपों के मुख्य भाग के रूप में अवशिष्ट हैं, यद्यपि परवर्ती युगों में जीर्णोद्धार होने के कारण उनका रूप कुछ बदल गया है। इन दोनों स्तूपों के अण्ड उल्टे कटोरे की आकृति के हैं और सांची के स्तूप का स्मरण दिलाते हैं। यह तथ्य उपर्युक्त धारणा की सत्यता के समर्थन में सबसे बड़ा प्रमाण है। लेकिन इसके साथ ही यह भी स्मरणीय है कि अन्य बातों में ये स्तूप साँची से सर्वथा भिन्न है। उदाहरणार्थ, साँची के स्तूप में अण्ड बनी हर्मिका के स्थान पर इन स्तूपों पर एक घनाकार कक्ष सा बना है जिसकी चारों बाह्य दीवारों पर धातु और हाथी दाँत ये एक-एक मानव-मुख बना दिया गया है। इन मुखों के नेत्र बहुत विशाल और प्रभावोत्पादक हैं। ये प्रदक्षिणा करने वाले यात्री का पीछा करने लगते हैं और उसे देवता के सर्वदर्शी होने का एहसास कराते हैं। दर्शकों के मन पर ऐसा सम्मोहक प्रभाव किसी भी अन्य धर्मस्थान में जाने पर नहीं पड़ता। इस 'कक्ष' के ऊपर क्रमशः लघुत्तर होते गए तेरह 'चक्को' का एक 'शिखर' सा है और 'शिखर' के ऊपर छत्र है। बोधनाथ का पुननिर्माण आधुनिक काल के कुछ ही पूर्व हुआ लगता है परंतु इसके साथ ही यह भी स्पष्ट प्रतीत होता है कि इसकी

मरम्मत करवाते समय इसके मूल स्वरूप को यथावत् बनाए रखने का ध्यान रखा गया था।

उपर्युक्त वर्णन से स्पष्ट है कि स्वयम्भूनाथ और बोधनाथ का अण्ड वाला भाग मूलतः बहुत प्राचीन, सम्भवतः अशोकालीन हो सकता है, परंतु इनके शेष भाग का निर्माण पर्याप्त बाद में किया गया होगा। इसके अतिरिक्त नेपाल की कोई ऐसी इमारत नहीं हैं जिसे लिच्छवि युग के बराबर प्राचीन माना जा सके।

राजप्रसाद- लिच्छवियुगीन नेपाली अभिलेखों में तत्कालीन नरेशों के मानगृह, कैलाशकूट भवन तथा भद्राधिवासभवन- इन तीन प्रासादों के नाम मिलते हैं। लेकिन इनमें से किसी की स्थिति निर्विवाद रूपेण ज्ञात नहीं है, इनके भग्नावशेषों का तो प्रश्न ही क्या। पिटेक ने पाटन में स्थित आधुनिक राजप्रसाद को मानगृह से अभिन्न माना है और लेवी ने कैलाशकूट भवन की स्थिति हाँडिगाउँ में बताई है। लेकिन ये दोनों सुझाव सुनिश्चित तथ्यों पर आधारित नहीं हैं। भद्राविधवास भवन के विषय में तो इतनी कल्पना करने के लिए भी सामग्री उपलब्ध नहीं है। पुरातात्त्विक साक्ष्य का इस तरह अभाव होने से इन प्रासादों की बनावट का अध्ययन करने के लिए हमारे पास केवल नरेन्द्रदेव के राजप्रासाद का 'तांग-इतिहास' में प्रदत्त वर्णन रह जाता है। इस वर्णन के आधार पर रेग्मी का विचार है कि नरेन्द्रदेव का प्रासाद पगोड़ा शैली में बना हुआ था। इस शैली का जन्म कहां हुआ कहना कठिन है। फर्ग्युसन आदि कुछ विद्वानों का विचार है कि इस शैली का आविर्भाव सर्वप्रथम चीन में हुआ था जहां से यह तिब्बत, नेपाल और बर्मा में फैली, जब कि स्नेलग्राव आदि कुछ इतिहासकारों की धारणा है कि इस शैली का जन्म भारत में हुआ था और बौद्ध धर्म के समान नेपाल को यह शैली भी इस देश की ही देन थी। इन सबके विपरीत तांग का इतिहास के उपर्युक्त विवरण के आधार पर रेग्मी का आग्रह है कि क्योंकि नरेन्द्रदेव का राजप्रासाद पगोडा शैली में बनी इमारतों का प्राचीनतम उदाहरण है इसलिए एशियायी देशों को पगोडा शैली नेपाल की देन मानी जानी

चाहिए। इस विषय में शायद भविष्य में लिच्छवियुगीन नेपाली इमारतों की खुदाई होने पर कुछ नया प्रकाश मिले।

सामान्य नागरिकों के मकान- नेपाल में आजकल सामान्य नागरिकों के मकान लगभग पूर्णत: लकड़ी के बनाए जाते हैं। वहां जंगलों की बहुतायत में से यह बात सर्वथा स्वाभाविक है भी। प्राचीन काल में भी सम्भवत: यही रिवाज था क्योंकि 'तांग-इतिहास' के लेखक की सूचनानुसार नेपाली- अपने मकान लकड़ी के बनाते थे और उनकी दीवारों को मूर्तियों और चित्रों से सजाते थे। पर्सीब्राउन के अनुसार मध्यकाल में नेपाली कलाकार इमारतें बनाते समय 'उपयोगिता में सौन्दर्य' सिद्धान्त का अनुसरण करते हुए धातुओं और काष्ठ का बड़ी दक्षता का प्रयोग करते थे। उदाहरणार्थ जल निकास की लघु प्रणालियों (मोरियों) के लिए बनाए गए धातु-मुखों या टोंटियों को मकर की आकृति में ढाल कर सुंदरतर बना देते थे। इन मध्यकालीन कलाकारों के पूर्वज भी शायद इस काम में दक्ष थे क्योंकि 'तांग इतिहास' में नेपाली राजप्रसाद का वर्णन करते समय उसमें वने फव्वारों और जल-लकाओं के मकर मुखों का उल्लेख हुआ है।

नेपाली मूर्तिकला: भारतीय मूर्तिकला से संबंध- नेपाली मूर्तिकार-निर्माताओं की तरह निष्णात थे। वे प्रस्तर के अतिरिक्त धातु और काष्ठ की देवमूर्तियाँ भी बनाते थे और उनमें बहुमूल्य पाषाण एवं धातुपत्र जड़तें थे। 'तांग-इतिहास' के लेखक ने उनकी कला-प्रतिभा की भूरि-भूरि प्रशंसा है। शुआन-च्वांग ने भी नेपाल के निवासियों की 'कलाओं में दक्षता' उल्लेख किया है। यह प्रशंसा उस व्यक्ति के द्वारा की जाने के कारण अजन्ता और नालन्दा आदि की कलाकृतियों से परिचित था, बहुत महत्वपूर्ण है।

'वंशावलियों' के अनुसार वृषदेव के समय तक नेपाल में मात्र देवताओं और बोधिसत्वों की ही मूर्तियां बनती थीं। पहला व्यक्ति जिसने किसी मनुष्य की मूर्ति बनाई, बल्बल था। वृषदेव के शासनकाल में उसने नेपाल में पहली बार भूमि जोत कर खेती की और अपनी एक

पाषाण प्रतिमा स्थापित की। इस प्रकार न केवल नेपाल का 'प्रथम कृषक' सिद्ध हुआ वरन् उसने नेपाल मूर्तिकला को भी एक नई दिशा प्रदान की। यह अनुश्रुति संभवतः चौथी-पांचवीं शती में गुप्त साम्राज्य के साथ घनिष्ठ सम्बंध के कारण नेपाली संस्कृत में हुए क्रान्तिकारी परिवर्तनों का प्रतीकात्मक वर्णन है। इस युग में नेपाली कलाकारों का मथुरा और मध्य भारत के शिल्पियों के बीच घनिष्ठ सम्बन्ध था। यद्यपि यह कहना कठिन है कि भारतीय कलाकारों ने स्वयं जाकर नेपाल में अपनी विद्या का प्रचार किया अथवा नेपाली कलाकारों ने भारतीय कला-केन्द्रों में आकर शिक्षा प्राप्त की। जो भी रहा हो, इससे निश्चित है कि नेपाली कलाकारों ने अपने भारतीय गुरू से जो कुछ सीख, उसे पूर्णतः आत्मसात कर लिया और उसे विशिष्ट 'नेपाली' रूप देने में सफलता प्राप्त की। उदाहरणार्थ, उनके द्वारा निर्मित मूर्तियों की शारीरिक संरचना प्रायः 'भारतीय' न होकर 'नेपाली' अथवा मंगोलिद् प्रतीत होती है। मृगस्थली, पशुपति, से प्राप्त 'राजा' की मुकुटधारी प्रभा मण्डयुक्त मूर्ति, जो प्रथम मानदेव के शासन के कुछ पहिले की मानी जाती है, 'राजा' का रूप स्पष्टतः मंगोलिद् लगता है और उस क्रूरता की एक ऐसी हल्की सी रेखा है जो भारतीय मूर्तियों में दृष्टिगोचर नहीं होती, परंतु नेपाली मूर्तियों में कठोर आकृति मिलती है। लेकिन इस विवेचन का अर्थ यह नहीं है कि प्राचीन नेपाली मूर्तिकला भारतीय मूर्तिकला की अन्य प्रादेशिक शैलियों से भिन्न है। जैसा कि हम पीछे देख आये हैं, अपनी भौगोलिक स्थिति के कारण नेपाल की कलाशैली भारतीय उपमहाद्वीप के अन्य प्रदेशों की सांस्कृतिक गतिविधि की लहरें भारत में कभी प्रविष्ट नहीं हो पायी। मूर्तिकला के क्षेत्र में यह स्थिति विशेष रूप से द्रष्टव्य है। इसके कारण नेपाली मूर्तिकला भारत की अन्य प्रादेशिक शैलियों ने एक-दूसरे को प्रभावित किया, नेपाली कलाकार भारतीय कला-केन्द्रों के प्रभावों को ग्रहण करते हुए भी स्वयं उन पर अपनी छाप डालने से असमर्थ रहे।

वैष्णव मूर्तियाँ- नेपाली मूर्तिकला का इतिहास विशेषतः प्रथम मानदेव के समय से प्रारंभ होता है। उसके शासन काल की विष्णुविक्रान्त

की दो प्रतिमाएँ, जिन पर ४०७ तिथि लिखी है, उपलब्ध है। यद्यपि इनका विषय ही है परंतु कलात्मकता की दृष्टि से इनमें बहुत अंतर है: इनमें एक की बनावट रूक्ष है और दूसरी का मोहक। सातवीं शती की विष्णु-मूर्तियों में सर्वाधिक महत्वपूर्ण हैं बूढ़े नीलकण्ड एवं जलशायी विष्णु की प्रतिमाएँ जिसका निर्माण विष्णुगुप्त के शासन काल में हुआ। इस पर गुप्तकालीन शिल्प का स्पष्ट प्रभाव है। लेकिन लाजिमपात से प्राप्त वामनविष्णु की मूर्ति जिसके समीप उभार मूर्तियों में वामन अवतार की कथा अंकित है, संभवतः इस युग की नहीं है।

नेपाल के लिच्छवि राजाओं ने संभवतः गुप्त नरेशों के प्रभाव के कारण अलंकृत स्तंभों का निर्माण भी कराया। इसका सर्वोत्तम उदाहरण चांगुनारायण का स्तूप है, जिसके शीर्ष पर मूलतः गरूड़ मूर्ति रही होगी। इसका निचला भाग चौकोर, ऊपर का भाग अठकोना और मध्य भाग गोल है। इन सभी वास्तुकला एवं मूर्तिकला का प्रभाव ब्रिटिश काल में (1816-1950) मिथिला एवं नेपाल के वास्तुकारों एवं मूर्तिकारों (छलगोरिया) की शैली एवं जीवनशैली पर पड़ा।

शैव-मूर्तिया- नेपाल की लिच्छवियुगीन शैव मूर्तियां अत्यंत विरल हैं। वहां का प्राचीनतम शिवलिंग संभवतः पशुपतिनाथ-मंदिर में है। इसकी शैली नचना-कुठारा के शिवलिंग का स्मरण कराती है। अभी हाल ही में नेपाल के ललितपुर जिले से एक ऐसी शिवमूर्ति भी प्राप्त हुई है जिस पर ४९५ - ५ ई. तिथि अंकित है।

बौद्ध मूर्तियां- प्रथम मानदेव के समय की कोई बौद्धमूर्ति उपलब्ध नहीं है, यद्यपि ये उसके पूर्व भी अवश्य ही बनाई जाती होगी। 'वंशावालियों' में देवादि नरेशों द्वारा बुद्धों और लोकेश्वर की प्रतिमाएं बनवाए जाने का उल्लेख मिलता है। सातवीं शती ई. में नेपाली बौद्ध मूर्तिकला में विशेष प्रगति हुई युग की बौद्ध मूर्तियों में सर्वप्रथम उल्लेखनीय हैं ध्वकवह लिच्छत्रि चैत्य या हैनकर्ण महाविहार, काठमांडो में स्तूप के आधार के आलों में बनी हुई पद्मपाणि और वज्रपाणि की मूर्तियाँ। इनकी स्थिति देवगढ़ के मन्दिर की मूर्तियों का स्मरण कराती

है। इनकी ही समकालीन पाटन से प्राप्त पद्मपाणि की प्रतिमा और कमलासन पर खड़ सुवर्णामिश्रित ताम्र की एक देवी प्रतिमा है देवी के वस्त्र और आभूषणों के लिए इसमें सुवर्ण तथा रजत पत्र जड़े गये हैं। वज्रपाणि की ताम्रमूर्ति पायी गयी जो आजकल स्टेन्फों यूनिवर्सिटी संग्रहालय, कैलीफोर्निया, में है।

बाल-प्रतिमाएं- नेपाली शिल्पियों ने बाल-प्रतिमाओं के गढ़ने में भी रूचि दिखाई। उदाहरणार्थ भारतीय शिल्प में विद्याधरों का अंकन अथवा आकाशचारी देवताओं के रूप में हुआ है, जबकि नेपाली कलाकारों ने उन्हें नभ विहार में आनन्द का अनुभव करने वाले देवपुत्रों के रूप में प्रदर्शित किया है। इस प्रकार नाग को नाथने वाले कृष्ण किशोर न होकर कुछ ही वर्ष के शिशु हैं। उनका मुख पूर्णतः गोल प्रतीत होता और उस पर क्रूरता की वह हल्की सी छाया द्रष्टव्य हैं, जो 'राजा' की मूर्ति में दिखाई देती है। इन मूर्तियों के शिल्पियों ने सहज सुलभ भंगिमाओं के यथार्थ अंकन में आश्चर्यजनक सफलता प्राप्त की है।

तिब्बत और चीन पर प्रभाव- नेपाल की कला अपने वैशिष्ट्य और उपलब्धियों के कारण ही प्रसिद्ध नहीं है, तिब्बत और चीन पर भारतीय कला के प्रभाव का एक माध्यम होने के कारण भी महत्वपूर्ण रही हैं यद्यपि इस क्षेत्र में नेपाल का विशेष योगदान लिच्छवियुग के उपरांत रहा, परंतु स्वयं लिच्छवि युग में भी तिब्बत आदि देशों की कला पर उसके प्रभाव का कुछ संकेत उपलब्ध है। उदाहरणार्थ, तिब्बती अनुश्रुतियों के अनुसार जब अंशवर्मा की पुत्री भृकुटी देवी, जिसका विवाह तिब्बती नरेश स्रोड्.-त्जन-गाम-पो से हुआ था, तिब्बत आई तो अपने साथ अन्य वस्तुओं के अतिरिक्त बौद्ध देवी तार- की चन्दन काष्ठ निर्मित एक प्रतिमा भी लायी थी। इसी प्रकार उसी शती के मध्य जब चीनी राजदूत वांग-हुएन्त्जे नेपाल आया था, तो वह वहां की कला से बहुत प्रभावित हुआ था। अन्य वस्तुओं के अतिरिक्त उसने वहां एक प्रज्जवलित सरोवर देखा था जिसमें, नेपाल नरेश द्वारा वांग-हुएन त्जे-

प्रदत्त सूचनानुसार, एक सुवर्ण पेटिका स्थिति थी। इसकी रक्षा अग्निनाग करते थे। यह पेटिका दिखाई तो देती थी परन्तु जब कोई उसे हस्तगत करना चाहता था तो जलमग्न हो जाती थी। इसका सुवर्ण बोधिसत्व मैत्रेय के मुकुट का था। इस कथा के अलौकिक तत्वों को अगर छोड़ दें तो अनुमान कर सकते हैं कि यह सुवर्ण मुकुट कुछ वैसा ही रहा होगा। जैसा धातु और पाषाण मूर्तियों में बोधिसत्वों और देवताओं को धारण किये दिखाया गया है।

बौद्धिक उपलब्धियाँ

लिच्छवियुगीन नेपाली संस्कृति का बौद्धिक पक्ष लगभग पूर्णतः अन्धकारमय है। क्योंकि उस युग में नेपाली संस्कृति में कोई विशेष असर नहीं था, इसलिए भारतीय ज्ञान-विज्ञान का लाभ नेपाल को अनायास मिलता रहता था। उदाहरणार्थ नेपाल में गुप्तकालीन ब्राह्मी लिपि का उसी प्रकार प्रयोग होता था जैसे गंगा की उपत्यका में। इसी तरह लिच्छवियों ने सस्कृत को अपने राजकार्य और साहित्य की भाषा के रूप में स्वीकृत किया जाता था, यद्यपि वे स्वयं एवं नेपाल के अधिक निवासी मंगोलिद् परिवार की बोलियां बोलते थे। संस्कृत भाषा और हिन्दू सम्प्रदायों की लोकप्रियता के कारण सारे वेद, स्मृतियां तथा इतिहास-पुराण नेपाल में ज्ञात थे। नेपाली अभिलेखों में श्रुतिस्मृति एवं पौराणिक कथाओं और कथापात्रों से द्वैपायन मनु, इक्ष्वाकु, विकुक्षी, विष्वगश्व, सगर तथा भगीरथ आदि की चर्चा प्रायः मिलती है। अंशुवर्मा के विषय में उसके एक अभिलेख में कहा गया है कि वह असद् दर्शन के खण्डन के हेतु बराबर शास्त्र-चिन्तर करता रहता था। (अनेक शास्त्री विमविसादितासदृशनितयों) शुआन-च्वांग ने भी उसकी विद्वता की प्रशंसा की है और बताया है कि उसने शब्द विद्या या व्याकरण पर एक ग्रन्थ लिखा है। इसी प्रकार द्वितीय जयदेव की पशुपतिनाथ-प्रशस्ति से ज्ञात होता है कि भारतीय जयदेव एक 'सुकवि' था और उसने अपनी माता द्वारा समर्पित स्वर्ण कमल की प्रशंसा में पांच पदों की रचना की थी। शायद भारतीय-उप-महाद्वीप का हर्षवर्द्धन के उपरान्त वह दूसरा नरेश

है जिसके द्वारा लिखित कुछ सामग्री आजकल उपलब्ध है। वह साहित्य का एक उत्साही संरक्षक भी है। उसकी पशुपतिनाथ-प्रशस्ति का रचयिता बुद्धकीर्त्ति एक उच्चकोटि का कवि प्रतीत होता है।

सातवीं शती तक नेपाल में शिक्षा और साहित्य की पर्याप्त प्रगति हो चुकी थी। 'तांग-इतिहास' के अनुसार नेपाली जन अन्य विद्याओं के अतिरिक्त नक्षत्रविद्या में भी कुशल थे। उनके अभिलेखों में प्रदत्त तिथिओं का इस दृष्टि से अध्ययन करने से स्पष्ट हो जाता है कि इस विषय में चीनी साक्ष्य सर्वथ विश्वसनीय है और लिच्छवियुगीन नेपालियों ने पंचाग तैयार करने में वस्तुतः पर्याप्त प्रगति कर ली थी। लेकिन अन्य विद्याओं में उनकी उपलब्धियों का ज्ञान किसी भी साक्ष्य से नहीं होता। जो भी हो, उपर्युक्त तथ्यों से इतना अवश्य स्पष्ट हो जाता है कि प्राचीन नेपाली बौद्धिक क्षेत्र में अन्य भारतीय प्रदेशों से बहुत पिछड़े हुए नहीं थे। उनकी बौद्धिक प्रगति का आधार-- सम्भवतः मन्दिर और बौद्ध विहार ही थे जिन्हें नेपाली राजा तत्कालीन भारतीय नरेशों की तरह अग्रहार आदि प्रदान करके आत्मनिर्भर बनाए रखते थे। इस प्रगति के परिणाम स्वरूप ही सातवीं शती ई० में शीलमञ्जु जैसे नेपाली विद्वान् तिब्बत के सांस्कृतिक विकास में सहयोग दे सके थे।

यह उल्लेखनीय है कि न केवल नेपाल मिथिला संस्कृति का कर्जदार है, बल्कि मिथिला संस्कृति के संरक्षण में नेपाल की भूमिका को नजरअंदाज नहीं किया जा सकता। नेपाल में कर्नाट राजाओं ने 14वीं सदी में मैथिली भाषा एवं साहित्य को संरक्षित किया। पुनः मल्ल शासकों के राजदरबार में मैथिली किर्तनीयाँ नाचों में भारी संख्या में मेथिली नाटकों की रचना हुई। इसका व्यापक असर मिथिला ही नहीं बल्कि आसाम, बंगाल तथा उड़ीसा में देखा गया। वस्तुतः नेपाल में रचित किर्तनियाँ नाचों ने समस्त पूर्वी भारत में धूम मचा दी। न केवल मैथिली साहित्य, बल्कि संस्कृत ज्ञान के क्षेत्र में भी नेपाल उस समय शरणस्थली बना जब मिथिला पर संकट के घने बादल छाये हुए थे। विद्यापति ने लेखन कला की शास्त्रीय पुस्तक लिखनावलि की रचना

नेपाल के राज बनैली में किया। यह गौरतलब है कि बौद्ध तंत्रवाद व सहजयान का एक प्रमुख केन्द्र नेपाल था और मिथिला में तंत्रवाद की लोकप्रियता में इसकी एक निश्चित भूमिका थी। इसी प्रकार पशुपति नाथ और जनकपुर मिथिला के धार्मिक आस्था के सदैव पवित्र केन्द्र रहे हैं। जाहिर है कि भारत-नेपाल सम्बन्धों की निकटता ने मध्यकाल में मिथिला की सांस्कृतिक जीवन को गहराई से प्रभावित किया।

सांस्कृतिक सरोकार की यह परंपरा अध्ययन अवधि में भी जारी रहा। नेपाल में संरक्षित संस्कृत ज्ञान एवं मैथिली साहित्य से मिथिला आप्लावित होता रहा। यह कोई आश्चर्य की बात नहीं कि अध्ययन अवधि में 'बौद्ध दोहा ओ गान' समेंत संस्कृत वाङ्मय की असंख्य दुर्लभ पांडुलिपियाँ नेपाल से प्राप्त हुई। इस दिशा में हर प्रसाद शास्त्री का योगदान चिरस्मरणीय रहेगा। वास्तव में सांस्कृति समन्वय और पारस्परिक आदान-प्रदान का सिलसिला भारत की औपनिवेशिक सत्ता द्वारा सीमा विभाजन कर दिये जाने के बाद भी जारी रहा। निस्संदेह सांस्कृतिक सह सम्बन्धों की प्रगाढ़ता के सामने 1816 में खींची गयी सीमा रेखा बौनी साबित हुई और मिथिला का भारत-नेपाल सम्बन्धों से पड़े नेपाल के साथ संस्कृति संवाद का दायरा निरंतर बढ़ता ही रहा, जिसे आज भी स्पष्टता के साथ देखा जा सकता है।

संदर्भ

1. सत्यदेव नारायण सिंह, ***संबंधों के मूल तत्व***, प्रतिमा प्रकाशन, 1967,
2. डब्ल्यू० जे० किर्कपैट्रिक, ***एन एकाउन्ट ऑफ द किंगडम ऑफ नेपाल,*** लंदन, 1811
3. बालचन्द्र शर्मा, **नेपाली की ऐतिहासिक रूपरेखा,** वाराणसी, 2037
4. गिरिजा किशोर झा, ***मिथिला वो नेपालक,*** वाराणसी, 2008

5. नागेन्द्र शर्मा, ***नेपाली जनजीवन, काठमाण्डू,*** 1976

6. नरेन्द्र झा, ***मिथिला में जल संसाधन ओ प्रबंधन,*** पटना, 2006

7. हरिराम जोशी, ***नेपाली संस्कृति,*** काठमाण्डू, 2028 सं०

8. सुरिया पी० सुबेदी, ***ए स्टडी ऑफ इंडो नेपाल रिलेसन्स,*** दिल्ली, 2005

9. मुरलीधर सहाय, ***धर्म एवं संस्कृति,*** काठमाण्डू

10. नेपाल का इतिहास, ***श्री 5 को सरकार द्वारा प्रकाशित,*** काठमाण्डो,

11. द्रष्टव्य, पार्सो ब्राउन, ***पिक्चरस्क्यू नेपाल***, एडनबर्ग, 1819 एवं गैग लॉवेल एवं मोहित सत्यानन्द, ***नेपाल-द' हिमाचल किंगडम,*** दिल्ली 1990

12. ऐ० लीना, ***आर्ट आफ नेपाल***, काठमांडू, 1978

13. सुगतदास तुलाधर, **नेपाल भाषा शब्द संग्रह**, काठमांडू, 1978

14. वीरेन्द्र प्रताप साह, **नेपाल की कहानी**, रॉयल नेपाल एकेडमी, 1978

15. वाचस्पति गेरौला, ***भारतीय संस्कृति और कला***, लखनऊ, 1973

16. एस० सी० भट्ट **द ट्रायंगलः इंडिया-नेपाल-चीन,** दिल्ली, 1996

17. काशी प्रसाद श्रीवास्तव, ***नेपाल का इतिहास***

18. काजीमान कंडडवा, ***नेपाली जन साहित्य***, काठमांडो, 2020 सं०

19. जगदीश चन्द्र रेग्मी, ***नेपाल को धार्मिक इतिहास***, काठमाण्डो, 2039 सं०

20. रामदेव झा, ***मैथिली लोक साहित्य, स्वरूप वो सौंदर्य,*** दरभंगा 2002

21. डेनियल राईट, ***हिस्ट्री ऑफ नेपाल***, दिल्ली 1990

22. ए. हेमिल्टन, **एकाउन्टस ऑफ द किंगडम ऑफ नेपाल**, एडबर्ग, 1819

23. ब्रज किशोर वर्मा, ***लोरिक विजय,*** कलकत्ता, 1970

24. ताराकान्त मिश्र, ***मैथिली लोक साहित्य का अध्ययन,*** पटना, 1985

25. विजय चालिसे, **लोक संस्कृति र साहित्य काठमाण्डो,** 2039 सं०

26. आर० डी० एल० एल०, ***नेपाल का विभिन्न जाति र लोकगीत एक परिचय,*** काठमाण्डो, 2023

27. जनक लाल शर्मा, ***हमारों समाज, एक अध्ययन,*** काठमांडो, 2039 सं०

28. मोहन प्रसाद खनाल, ***नेपाल को केही मध्यकालीन अभिलेख,***

29. एच० एन० झा, ***लिच्छवीज ऑफ मिथिला एंड नेपाल***, वाराणसी,

30. बलदेव प्रसाद मिश्र, ***नेपाल का इतिहास,*** बम्बई, 1950

31. डेट माल्ड एंड मेरी रूवेल्ड, ***गाड एंड गाडेसेज ऑफ नेपाल,*** काठमाण्डू, 1979

32. ए लीना, ***आर्ट ऑफ नेपाल काठमाण्डो,*** 1978

33. आर० एम० बर्नियर, द ***टेम्पुल ऑफ नेपाल,*** नई दिल्ली, 1978

34. भंडारकर, ***वैष्णव शैव और अन्य धार्मिक मत,*** नई दिल्ली दिल्ली 1967

35. रोमी खोसला, ***बुद्दिष्ट मोनास्ट्री इन वेस्टर्न हिमालया,*** 1980

36. उपेन्द्र ठाकुर, ***स्टडीज इन जैनिज्म एंड बुद्दिज्म इन मिथिला,*** वाराणसी, 1964

37. डी० एल० शेलग्रोव, द ***ईमेज ऑफ बुद्धा,*** नई दिल्ली, 1978

38. रोमी खोसला, ***बुद्दिष्ट मोनास्ट्री इन वेस्टर्न हिमालया,*** 1980

39. जयधारी सिंह, ***बौद्धगान में तांत्रिक सिद्धांत,*** मधुबनी (शोध-प्रबंध)

40. ***नेपाल का इतिहास,*** श्री 5 को सरकार, काठमांडू

41. ***एन इंटरेस्टिंग एकाउन्ट ऑफ फारिनर्स,*** सूचना विभाग, काठमाण्डू 1975

42. आर० एम० बर्नियर, द ***नेपालीज पैगोडा-ओरिजीन एंड स्टाईल,*** दिल्ली, 1979

43. सत्यमोहन जोशी, ***नेपाली मूर्तिकाल को विकास क्रम,*** काठमाण्डू 2332 सं०

44. जयकान्त मिश्र, ***मैथिली साहित्य इतिहास,*** दिल्ली, 2001

45. आर० के० चौधरी, ***मिथिला इन द ऐज ऑफ विद्यापति,*** वाराणसी, 1974

46. माखन झा, ***सिविलाइजेशन रिजन्स ऑफ मिथिला एंड महाकौशल,*** दिल्ली 1982

अध्याय-7

भारत-नेपाल सम्बन्धों में मिथिला की भूमिका

किसी भी राष्ट्र का किसी पड़ोसी राष्ट्र से संबन्धों के निर्वहण में सीमान्त प्रान्त की भागीदारी नितान्त ही महत्वपूर्ण है। भारत और नेपाल दोनों राष्ट्रों के संबंध में मिथिला की भूमिका इन्हीं तथ्यों से स्पष्ट होती है। आचार्य कौटिल्य ने सीमान्त प्रदेशों के सन्दर्भ में विशेष रूप से चर्चा की है क्योंकि सीमान्त प्रान्त के नागरिक दोनों राष्ट्रों में करीबी या दूरी बढ़ाने में बहुत महत्वपूर्ण भूमिका अदा करते हैं। आज का विश्व मानव-जाति के लिए भयावह हो गया है। जन-जीवन का स्तर उन्नत करने के नाम पर जितने भी संघर्ष और अनुसन्धान हो रहे हैं- वे विनाशकारी ही लगते हैं। इसकी पुष्टि आज विभिन्न क्षेत्रों में व्याप्त मतभेदों से होती है। यह अत्यन्त दुखद है कि नई उपलब्धियाँ और नए ज्ञान प्राप्त करके भी मानवीय सहयोग की राह रोडों से भरी पड़ी हैं। ज्ञान-विज्ञान की उपलब्धियों का यह परिणाम क्यों? अगर परस्पर संघर्ष ही अनिवार्य है तो विद्वानों की आवश्यकता क्यों? संयुक्त राष्ट्रसंघ क्यों? पंचशील क्यों और शान्ति के सन्धान, दर्शन और भाषण? इन सब प्रयासों

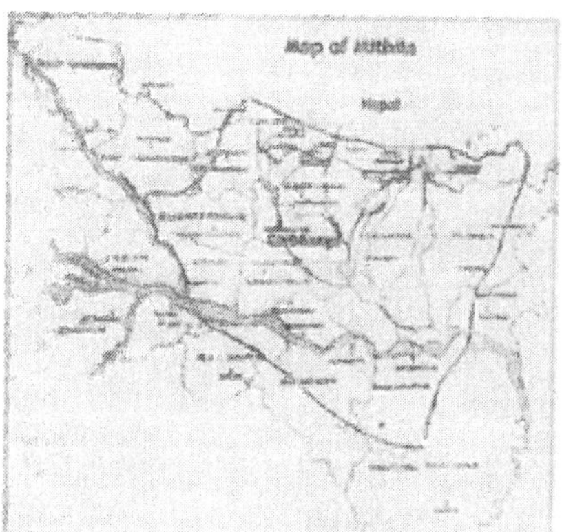

के बावजूद हरक्षण जिस संघर्ष का वीभत्स रूप उभर कर सामने आता है वह निश्चय ही हमें एशिया के दो देश नेपाल और भारत की भूमिका क्या है और मैत्री-तन्तु पर भविष्य का कैसा संकेत मिल रहा है, और सीमान्त प्रान्त मिथिला की क्या भूमिका रही है यह प्रस्तुत अध्याय का विचारणीय विषय है।

नेपाल और भारत की प्राकृतिक बनावट एक ही ढंग की है और संस्कृति, भाषा, सामाजिक रहन-सहन तथा धर्म भी एक ही हैं। दोनों देशों के बीच कोई भी प्राकृतिक विकट रेखा नहीं है और सदियों से दोनों देशों के निवासियों का आवागमन जारी है। आपसी सद्भावना और पारस्परिक सहयोग में सदैव वृद्धि ही होती आई है। अतएव, नेपाल-भारत की मैत्री अनादि-अनन्त और स्वाभाविक है। जिसमें मिथिला की भूमिका सर्वाधिक अहम रही है।

आकाश में मेघ घुमड़ते हैं और कुछ क्षणों में फट कर बरस जाते हैं-लेकिन, आकाश की स्वच्छता पर कोई प्रभाव नहीं पड़ता। परिवर्तनशील संसार की चाल में चाल मिलाकर चलने से जीवन में कोई कठिनाई नहीं आती। प्रगति के लक्ष्य के अनुसार ही किसी भी देश में राजनीतिक तथा सामाजिक बदले-बदले होते हैं। लेकिन, युगानुकूल पग ही उठाए जाने चाहिए। जहाँ आकस्मिक परिवर्तन होते हैं वहाँ कलह की सृष्टि होती है-आपसी सहयोग ही नहीं। इसी के परिणामस्वरूप निकटवर्ती देशों के साथ मतभेद और समस्याएँ खड़ी हो जाती हैं।

जहाँ तक नेपाल-भारत-मैत्री की बात है, हमारे आकाश की स्वच्छता को कोई बादल कभी देर तक नहीं ढक सका है। एक ही सीमा से दोनों सटे हैं और पारस्परिक मैत्री-सम्बन्ध के माध्यम से विश्व के लिए पूर्णतया प्रेरणादायक रहे हैं। इतिहास साक्षी है कि नेपाल और भारत अभाव और आवश्यकता को सदैव परस्पर सहयोग के आधार पर पूरा करते आए हैं। नेपाल को विभिन्न क्षेत्रों में विकास के लिए भारत से प्राप्त आर्थिक-सहयोग दोनों देशों में विस्तृत वाणिज्य-व्यवस्था, नेपाल-भारत मैत्री की सुदृढ़ता में रत अनेक संस्थाएँ और उनके

महत्वपूर्ण कार्यकलाप, साहित्यिक एवं सांस्कृतिक सम्पर्क, दोनों राष्ट्रों के प्रमुख नेताओं के मैत्रीपूर्ण भ्रमण के साथ ही दोनों राष्ट्रों में पंचायत-व्यवस्था को जो सम्मान प्राप्त है-हमारी एकता इससे पुष्ट रहती है।

भारत नेपाल संबंध को मधुर बनाए रखने में मिथिला का महत्वपूर्ण योगदान है मिथिलावासी आन्तरिक रूप से भी निर्मल है छल-कपट का लेशतक नहीं है फलतः वे विविध संस्कृतियों को स्वीकार कर लेते हैं फिर नेपाल की संस्कृति ही है। इन दोनों के मध्य निकटता लाने में मिथिला की भूमिका को निम्न बिन्दुओं पर देख सकते हैं।

मिथिला और नेपाल की तराई की सामाजिक संरचना में ऐतिहासिक समानता एवं समरसता विद्यमान हैं। दोनों देशों की राजनीतिक सीमाएँ कभी भी मिथिला के सामाजिक एकता को भंग नहीं कर पाई। न केवल मैथिली भाषा की समानता अपितु खान-पान, रीति-रिवाज, रहन-सहन, विवाह-शाही, पर्व-त्यौहार आदि सामाजिक जीवन के किसी भी क्षेत्र में कभी कोई भेदभाव नहीं हो सका। 19वीं सदी से आज 21वीं सदी तक यह परम्परा अक्षुणधारा की भाँति सदा प्रवाहित होती रही है। सामाजिक एक्यभाव भारत-नेपाल सम्बन्धों को मजबूत सामाजिक आधार प्रदान करता है।

मिथिलावासी विविध प्रकार के साहित्यिक रचनाओं के माध्यम से नेपाल के और भी करीब रहे हैं प्राचीन काल से ही साहित्य ने मिथिला और नेपाल को सदैव बाँध रखा है। मिथिला के महान रचनाकारों के लिए नेपाल सदैव उर्वर साबित हुआ है। चाहे वे मध्यकालीन हों या आज के नाटककार महेन्द्र मलंगिया, इसी प्रकार मिथिला के ज्ञान के अक्षय भंडार को नेपाल ने सदैव संरक्षित किया। इस्लामी प्रसार के दौरान जब संस्कृत वाङ्मय भारत से विनष्ट होने लगे तो इसे नेपाल ने ही सुरक्षित रखा। यह साहित्य और ज्ञान का अटूट बंधन है जो मिथिला और नेपाल के बीच गहरे सम्बन्धों का बौद्धिक आधार प्रस्तुत करता है। इस बौद्धिक समन्वय का ही परिणाम है कि मिथिला और नेपाल

का जनमत सदैव भारत-नेपाल मैत्री का प्रबल पक्षधर रहा है। जिसमें मिथिला के बौद्धिक परंपरा की महती भूमिका से इन्कार नहीं किया जा सकता।

भाषागत एकता भी इनके दोनों राष्ट्रों के पारस्परिक एकता को बनाए रखने में महत्वपूर्ण योगदान दिया है। नेपाली व्यक्ति भी मैथिली से उतना ही लगाव रखते हैं जितना मिथिला से। यह न केवल 19वीं सदी में प्रचलित रही है। अपितु आज के वैश्वीकरण के युग में भी संचार के संबंध में भी मैथिली को अंगीकार करना इस बात को और भी पुष्ट करती है। भारत-नेपाल की एक बड़ी सीमा मिथिला क्षेत्र को स्पर्श करती है साथ ही रेल और अन्य यातायात सहज ही उपलब्ध हैं जिस कारण इनके पारस्परिक आदान-प्रदान का सिलसिला बना रहता है। इस भौगोलिक एकता ने ऐतिहासिक युगों में सांस्कृतिक एकता का पथ प्रशस्त किया। भाषा साहित्य ज्ञान और संचार ही नहीं अपितु कला के क्षेत्र में दोनों के बीच जबर्दस्त तादात्म्य कायम है। मिथिला चित्रकला जितना मिथिला क्षेत्र में लोकप्रिय है उससे जरा भी कम नेपाल में नहीं। विद्यापति के गीतों ने किर्तनियाँ नाचों ने लोक संगीत और लोकनाट्यों ने समान रूप से मिथिला और नेपाल को सदैव आप्लावित रखा है। मिथिला की लोक संस्कृति भारत-नेपाल सम्बन्धों को व्यापक सांस्कृति आधार प्रस्तुत करता है।

इससे एक कदम आगे बढ़कर कहा जा सकता है कि मिथिला और नेपाल के अंत: सम्बन्धों ने भारत-नेपाल मैत्री सम्बन्ध को आध्यात्मिक आधार प्रदान किया। एक तंत्र पीठ के रूप में मिथिला और नेपाल के बीच कोई विभाजक रेखा नहीं खींची जा सकती है। शैव और शाक्त धर्म ने मिथिला और नेपाल को अटूट आध्यात्मिक बंधन में बाँध रखा है। मिथिलावासी उसी श्रद्धा और विश्वास के साथ जनकपुर तथा पशुपतिनाथ की तीर्थयात्रा करते हैं, जिस रूप में नेपालवासी सिमरिया में मास और देवघर की तीर्थयात्रा करते हैं। वस्तुत: नेपाल और मिथिला की साझी धार्मिक चेतना ने भारत नेपाल सम्बन्धों को अध्यात्मिक पवित्रता प्रदान

किया है। यही कारण है कि चीन की कुटिल चालों और पाकिस्तान की साजिशों का भारत-नेपाल मैत्री सम्बन्ध पर कोई असर नहीं होता।

मिथिला की भू-पारिस्थितिकी ने भारत और नेपाल को सदैव निकटता बनाये रखने के लिए प्रेरित किया है। जिस प्रकार मिथिला और नेपाल का सामाजिक, सास्कृतिक अघ्यात्मिक और आर्थिक आधार प्रस्तुत करता है। भले ही सुगौली की संधि के द्वारा उपनिवेशवादियों ने मिथिला को दो भागों में विखंडित कर दिया हो, लेकिन वे मिथिला की आत्मा को खंडित करने में सूक्ष्म नहीं हो सके और यही मिथिला की एकात्मा भारत-नेपाल सम्बन्धों में सपंदित होती है, इसे एकता के सूत्र में बांधती है। नेपाल में भारत विरोधी भावनाओं पर काबू पाने में मिथिला के साथ नेपाल के ऐतिहासिक सरोकारों की महती भूमिका है। निस्संदेह मिथिला संस्कृति की आधार भूमि पर ही भारत-नेपाल सम्बन्धों का भव्य भवन खड़ा है।

संदर्भः

1. शिवदयाल अनूदित, ***अर्थशास्त्र***

2. http://in wikipedia.org/UNO (gone).

3. http://in wikipedia.org/wiki/five_principles of peaceful_coexistence

4. गिरिजां किशोर झा, ***मिथिला ओ नेपालक***, वाराणसी, 2008

5. बरिन्दर ग्रोवर, (सम्पा०), ***नेपाल-गवर्नमेन्ट एंड पॉलिटिक्स,*** नई दिल्ली, 2000

निष्कर्ष

प्रस्तुत पुस्तक भारत-नेपाल सम्बन्ध के आयाम (१८९६-१९५०) इतिहास के अध्येताओं के समक्ष कई प्रश्नों को उपस्थित करता है सर्वप्रथम तो यह सवाल पैदा है कि भारत और नेपाल के मध्य मिथिला की भौगोलिक, ऐतिहासिक एवं सांस्कृतिक अवस्थिति क्या है? फिर किस प्रकार अति प्राचीन काल से ही भारत और नेपाल के बीच एक मध्यवर्ती संस्कृति इकाई की भूमिका में विद्यमान मिथिला को १८९६ की सुगौली की संधि के द्वारा ब्रिटिश साम्राज्यवादी स्वार्थों की बलि चढ़ा, इसे दो फाँकों में विभाजित कर दिया गया? क्या असर पड़ा? मिथिला की ऐतिहासिक भूमिका हाशिए पर चली गई अथवा यह औपनिवेशिक काल में भी जारी रही: क्या इस विभाजन तथा औपनिवेशिक नेपाल नीति प्रभावित कर पायी उस संस्कृति समन्वय एवं संश्लेषण की अजल धार को, जो युगों-युगों से मिथिला तथा नेपाल के बीच प्रवाहित हो रही थी, अपितु भारत नेपाल सम्बन्धों के सामाजिक, आर्थिक, सांस्कृतिक एवं अध्यात्मिक आधार भी प्रस्तुत करते थे, वह कौन सा आकर्षण था जो भारतीय राष्ट्रीय आंदोलन में नेपाली नागरिकों को तो नेपाल के प्रस्तुत करते थे, वह कौन सा आकर्षण था जो भारतीय राष्ट्रीय आंदोलन में नेपाली नागरिकों को तो नेपाल के प्रजातांत्रिक संघर्ष में भारतीयों को सहभागिता के लिए उत्प्रेरित करता था और सर्वोपरि भारत तथा नेपाल के बीच भावनात्मक लगाव, ऐतिहासिक सह-सम्बन्ध एवं भौतिक सम्बद्धता से मिथिला का क्या था सरोकार-ये तथा इनसे जुड़े अन्य कई सवालों के उत्तर की तलाश करने की कोशिश प्रस्तुत पुस्तक में की गई है।

प्रस्तावना के बाद दूसरे अध्याय में भारत-नेपाल के अन्त: सम्बन्धों के इतिहास का सर्वेक्षण किया गया है। इस अध्याय में नेपाल के इतिहास के विवेचन से यह स्पष्ट होता है कि मिथिलावासी और भारतीय प्रायद्वीप के अन्य कई आर्य एवं आर्येत्तर समूहों के उपनिवेशन के परिणामस्वरूप हिमालय के पर्वतीय अंचलों और उसकी तलहटी में मिथिला के उत्तरी भाग में जनपदीय राज्य संरचनाओं का उदय हुआ, जिसे कलान्तर नेपाल प्रदेश की संज्ञा प्रदान की गई। मिथिला और भारत के अन्य हिस्सों से जातीय समूहों तथा लड़ाकू जनजातीय जत्थों के नेपाल आगमन का सिलसिला आधुनिक काल तक जारी रहा है, जिसके फलस्वरूप विभिन्न ऐतिहासिक कालखंडों में नेपाल की उपत्यका में न केवल राज्यों के उत्थान तथा पतन का दौर चलता रहा, बल्कि सांस्कृतिक संलयन की एक अनवरत प्रक्रिया भी जारी रही। भारतीय संस्कृति और धार्मिक आस्था एवं विश्वास और मिथिला पूरे ऐतिहासिक युग में नेपाल को परिलक्षित करता रहा। परिणामत: राजनीतिक विभेद के बावजूद नेपाल सदैव भारतीय सभ्यता का एक अभिन्न हिस्सा बन रहा, जिसमें मिथिला सांस्कृतिक एकीकरण का सूत्रधार था।

लेकिन जब भारत में ब्रिटिश ईस्ट इंडिया कम्पनी और नेपाल में गोरखा जातीय समूह प्रबल साम्रज्यवादी शक्ति के रूप में प्रगट हुए तो 11वीं सदी के प्रारंभ के साथ ही यह स्पष्ट हो गया कि दोनों ताकतों के बीच टकराहट होगी। खासकर अंग्रेजों की आर्थिक हिन्सा ने उन्हें नेपाल में हस्तक्षेप एवं प्रभाव क्षेत्र के विस्तार के लिए अभिप्रेरित किया। परिणामत: १८१४ में विधिवत आंग्ल-नेपाल युद्ध प्रारंभ भी हो गया, जिसका अन्त १८१६ की सुगौली की संधि के द्वारा हुआ। शोध प्रबन्ध के तीसरे अध्ययन में सुगौली की संधि से लेकर १९५0 तक भारत-नेपाल सम्बन्धों का अध्ययन किया गया है। सुगौली संधि के द्वारा जहाँ मिथिला के उत्तरी मैदानी हिस्से पर नेपाल का कब्जा हो गया वहीं पूर्वोत्तर भारत में बहुत बड़े पर्वतीय इलाके पर कम्पनी का कब्जा हो गया। नेपाल में अंग्रेज अभिभावक की भूमिका में आ गये और १९४७ तक अपने ही डंडे से नेपाल को हांकते रहे। लेकिन भारतीय और नेपाली जनमानस के

एकता के भाव को हुए मिथिला के विखंडन के बावजूद तोड़ नहीं पाये। यही कारण है कि नेपालियों ने न केवल भारतीय राष्ट्रीय आंदोलन में खुलकर हिस्सा लिया बल्कि मिथिला नेपाल के प्रजातंत्रवादियों का सुरक्षित आश्रय स्थल बन गया। जब १९४७ में भारत को आजादी मिली तो भारत ने न केवल खुलकर प्रजातंत्रवादियों की मदद की बल्कि राणाशाही के अंत और वैधानिक राजतंत्र की स्थापना में अहम भूमिका का निर्वाह भी किया।

शोध प्रबंध के चौथे अध्याय में भारत नेपाल सम्बन्धों के सामाजिक जीवन पर पड़ने वालों प्रभावों का विवेचन किया गया है जिससे यह जाहिर होता है कि अध्ययन अवधि में भारत का नेपाल के साथ बहतर सम्बन्धों के कारण मिथिला और नेपाल के बीच सामाजिक स्तर पर गहरा संवाद बना रहा। खान-पान, रीति-रिवाज, पर्व-त्यौहार, शादी-विवाह, आस्था-विश्वास, आवागमन आदि के मामलों में दोनों के बीच घनिष्ठ सम्बन्धों में एक दूसरें को प्रभावित किया। प्रादेशित विभाजन से बिल्कुल अप्रभावित मिथिला के दोनों भाग भले भौगोलिक विभाजन का दंश झेल रहे हों। सामाजिक एक्य भाव पर कभी कोई आँच न आयी और सदियों से चली आ रही सामाजिक समरसता अध्ययन अवधि में भी बनी रही।

प्रस्तुत अध्ययन के पाँचवें अध्याय में भारत नेपाल सम्बन्धों के आर्थिक जीवन पर पड़ने वाले प्रभावों का आकलन किया गया है सुगौली संधि के द्वारा अंतर्राष्ट्रीय सीमा निर्धारित कर दिये जाने के कारण व्यापार-वाणिज्य में हल्के व्यवधान के बावजूद मिथिला का नेपाल के साथ पारंपरिक व्यापारिक सम्बन्ध अध्ययन अवधि में भी बना रहा। सीमावर्ती क्षेत्रों की कृषि भी पूरे तौर पर अप्रभावित रही। प्रादेशिक विभाजन से न तो भू-स्वामित्व का कोई विवाद पैदा हुआ और न ही कृषि कार्य पारस्परिक सहयोग की परंपरा प्रभावित हुई। मिथिला और नेपाल के तराई क्षेत्र की साझी आर्थिक नियति ने बाढ़, सुखाड और बिजली संकट से मिथिला को उबारने के लिए भारत और नेपाल को

मिलकर उपाय ढूढ़ने के लिए प्रेरित किया। नदी घाटी परियोजनाओं की विद्यमान ऋृंखला भारत नेपाल सम्बन्धों का मिथिला को दिया जाने वाला शानदार उपहार माना जा सकता है।

भारत और नेपाल के बीच सामाजिक आर्थिक गठजोड़ ने मिथिला संस्कृति को गहरे तौर पर प्रभावित किया जिसका विवेचन छठे अध्याय में किया गया है। सांस्कृतिक समन्वय और संश्लेषण की जारी प्रक्रिया ने मिथिला लोक संस्कृति की जीवतंता, गतिशीलता तथा एकात्मकता को उत्प्रेरित किया। नाच तमाशा, गीत संगीत, जन आस्था, विश्वास, कला साहित्य तथा ज्ञान दर्शन के क्षेत्र में न केवल पुरानी परंम्पराएँ अक्षुण्ण बनी रही, बल्कि कतिपय नीवन तत्वों का समावेश भी हुआ। सामाजिक स्तर पर विद्यमान जीवन्त संवाद ने सांस्कृतिक जीवन को हमेशा स्पंदित-उद्वेलित किया। भारत और नेपाल की राज्य सीमाओं में विभाजित मिथिला की सांस्कृतिक एकता को भारत नेपाल सम्बन्धों से ऊर्जा एवं संरक्षण दोनों हासिल हुए।

वस्तुतः मिथिला ने भारत नेपाल सम्बन्ध का सामाजिक आर्थिक एवं सांस्कृतिक आधार प्रस्तुत किया जिसे प्रस्तुत अध्ययन के अंतिम सातवें अध्याय में सम्पूष्ट किया गया है। यह मिथिला की नेपाल के साथ भावनात्मक एवं अध्यात्मिक एकता थी, जिसने भारत नेपाल सम्बन्धों को प्रगाढ़ बनाया। यदि राजनीतिक स्तर की अपेक्षा सामाजिक, आर्थिक एवं सांस्कृति स्तर पर भारत का नेपाल के साथ सम्बन्ध कहीं स्थायी एवं प्रगाढ़ रहा है तो निश्चय ही इसकी आधार भूमि मिथिला के द्वारा ही विनिर्मित की गयी है।

निष्कर्षतः प्राचीनकाल से भारत-नेपाल सम्बन्धों में मिथिला की भूमिका सेतु और सूत्रधार की रही है। जिसकी सम्पूष्टि अध्ययन अवधि में भी होती है सुगौली संधि के बाद आजतक भौगोलिक विभाजन एवं विखंडन का दंश झेलने के लिए मिथिला भले ही अभिशप्त रहा हो। लेकिन मिथिला की इसी कुर्बानी की बुनियाद पर ही टिकी है, भारत-नेपाल सम्बन्धों की प्रगाढ़ता, स्थायित्व एवं भावनात्मक एकता।

परिशिष्ट

1. नेपाल का अंतर्राष्ट्रीय संबंध

ब्रिटिश भारत के समय में नेपाल का संबंध अंग्रेजी साम्राज्य तक ही सीमित था किंतु भारत ने अपनी स्वाधीनता प्राप्त करवाने के बाद तमाम देशों के साथ ही साथ नेपाल से भी कूटनीतिक संबंध स्थापित किए। परिणामस्वरूप १२ जुलाई, सन् १९४७ ई. को ब्रिटेन सरकार ने भी ब्रिटीश सरकार ने भी ब्रिटीश लीगेशन को दूतावास से परिणत करके नेपाल की सार्वभौम सत्ता स्वीकार की। इसके पहले नेपाल का अन्तर्राष्ट्रीय महत्त्व बहुत ही कम था ओर उसे नाम मात्र का स्वतन्त्र राष्ट्र मानकर ब्रिटिश भारत के इशारे पर चलने वाला एक छोटा सा देश माना जाता रहा। सन् १९३६ ई. में ब्रिटिश सरकार ने गोरखों की फौजी भर्ती के संबंध में राणा सरकार से एक संधि की थी।

भारत सरकार की ओर से सरदार सुरजीत सिंह मजीठिया, ब्रिटेन की ओर से मिस्टर फॉक्नर नेपाल में सर्वप्रथम राजदूत नियुक्त हुए। नेपाल सरकार के प्रतिनिधि की हैसियत से कमाण्डिंग जनरल सिंह शमशेर दिल्ली में ऐव शमशेर लंदन में सर्वप्रथम राजदूत नियुक्त हुए।

१३ फरवरी, सन् १९४९ ई. को नेपाल ने अपनी सार्वभौम सत्ता, आर्थिक आत्मनिर्भरता तथा शान्तिप्रिय शीलता प्रदर्शित करते हुए संयुक्त राष्ट्र संघ की सदस्यता प्राप्त करने के लिए सुरक्षा परिषद् में आवेदन-पक्ष दिया। ८ अप्रैल सन् १९४९ ई., को परिषद् ने नेपाल की दरख्वास्त को समिति के सुपुर्द कर दिया, जिस पर इस समिति ने अपनी तीन बैठकों

में गंभीरतापूर्वक विचार किया। २६ मई, सन् १९४१ई. को समिति के अध्यक्ष ने नेपाल सरकार से अतिरिक्त प्रमाण मांगे। नेपाल सरकार ने एक विस्तृत प्रतिवेदन भेजकर सुरक्षा परिषद् को इस प्रश्न पर विचार करने की अपील की। १९ मई, सन् १९४१, को राष्ट्र संघ में नेपाल को सदस्यता प्रदान करने के प्रश्न पर विचार हुआ किन्तु यूक्रेन तथा रूस के प्रतिनिधियों ने अपने विशेषाधिकार प्रयोग करके इस सवाल पर विचार हुआ किन्तु यूक्रेन तथा रूस के प्रतिनिधियों ने अपने विशेषाधिकार प्रयोग करके इस सवाल पर विचार करना रोक दिया जिसके फलस्वरूप नेपाल संयुक्त राष्ट्र संघ का सदस्य होने से वंचित रहा।

सरदार सुरजीत सिंह मजीठिया के बाद सर चन्द्रेश्वर नारायण सिंह नेपाल में भारत के राजदूत नियुक्त हुए। जनरल केशर शमशेर के स्थान पर जनरल शंकर शमशेर ब्रिटेन में राजदूत बनाए गये। चन्द्रशेखर प्रसाद नारायण सिंह के ही अवधि काल में नेपाल नरेश ने भारतीय दूतावास में शरण ली ओर राणा सरकार को विवश होकर त्रिभुवन वीर विक्रम को नेपाल का वास्तविक शासन मान लेना पड़ा।

६ दिसम्बर, सन् १९५१ ई. को नेपाल सरकार की ओर से कमाण्डिंग सिंह जनरल शमशेर के स्थान पर मेजर जनरल विजय शमशेर भारत में नेपाली राजदूत बनाए गए। कुछ दिनों के पश्चात् मिस्टर समरहेस नेपाल में ब्रिटिश राजदूत नियुक्त हुए। इसी दौरान में नेपाल और अमरीका के बीच मैत्री संधि हुई। नवम्बर, सन् १९५१ ई., में नेपाल को संयुक्त राष्ट्र की खाद्य कृषि संघ की सदस्यता मिली। नेपाल को कूटनीतिक संबंध स्थापित करने के फलस्वरूप अपने विकास के लिए मित्र राष्ट्रों से सहायता मिलने लगी और दुनिया के रंगमंच पर उसका अपना एक स्थान भी हो गया।

९ अक्टूबर, सन् १९५२ ई. को भालचन्द्र कृष्ण गोखले नेपाल में भारतीय राजदूत नियुक्त हुए। इनके काल में भारत और नेपाल के बीच तीन-चार महत्वपूर्ण संधियां हुई, जिससे नेपाल और भारत के पारस्परिक संबंध घनिष्ट होते गए।

२४ फरवरी, सन् १९५३ ई. को नेपाल और अमेरिका के बीच भी कूटनीतिक संबंध स्थापित हुआ और लंदन स्थित नेपाली राजदूत अमरीका तथा फ्रांस के भी राजदूत मान लिए गए। दिल्ली स्थित अमरीकी तथा फ्रांसीसी राजदूत नेपाल के भी राजदूत माने गए। इसी महीने में नेपाल को संयुक्त राष्ट्र संघ की शैक्षणिक, वैज्ञानिक, सांस्कृतिक संघ की तथा मई में विश्व स्वास्थ्य संघ की सदस्यता हुई और ये दोनों संघ नेपाल में भी अपनी योजनाएं कार्यान्वित करने लगे।

२९ दिसंबर, सन् १९५३ ई., में विजय शमशेर की आकस्मिक मृत्यु हो जाने से नेपाली राजदूत की जगह कुछ महीनों तक रिक्त ही रही जिसकी पूर्ति ६ जुलाई, सन १९५४ ई. को महेन्द्र विक्रम शाह द्वारा की गई।

सन् १९५४ ई. में भारत सरकार ने ब्रिटीश सेना के लिए गोरखा भर्ती के सभी फौजी अड्डे बंद कर दिए और नेपाल भारत और ब्रिटेन की सरकारों के बीच एक नयी संधि हुई जिसके फलस्वरूप भर्ती के अड्डे भारतीय भूमि से हटाकर नेपाल की भूमि पर चालू कर दिए गए। इसी वर्ष अक्तूबर में जनरल शंकर शमशेर के स्थान पर दमन शमशेर ब्रिटेन, फ्रांस और अमरीका के लिए नेपाली राजदूत नियुक्त हुए।

दिसंबर सन् १९५४ ई. में भालचन्द्र कृष्ण गोखले की अवधि पूरी होने के बाद भगवान सहाय नेपाल में भारतीय राजदूत मनोनीत हुए।

नवम्बर सन् १९५४ ई. में भाल के प्रधान मंत्री पण्डित जवाहरलाल नेहरू ने चीन की जो यात्र की उसका प्रभाव नेपाल की राजनीति पर भी पड़ा और नेपाल की सरकार तथा जनता सभी चीन से अच्छे सम्बन्ध स्थापित करने के पक्षपाती हो गये और यह आशा की जाने लगी कि शीघ्र ही दोनों के बीच कूटनीतिक संबंध स्थापित हो जायेगें।

नेपाल सरकार ने एक बार फिर से संयुक्त राष्ट्र संघ की सदस्यता प्राप्त करने का निश्चय किया है और इस बार इसमें कोई बाधा आने की संभावना नहीं है।

2. नेपाल का अन्तरिम (सं. 2007) शासन नियमावली

संवत् २००७ साल

स्वस्ति श्री गिरिराजचक्रचूड़ामणि नरनारायणेत्यादि विविधविरूद्रावली विराज-मानमानोत्रत ओजस्वीराजन्य, प्रोज्जवल, नेपालतारा ऊं रामपट्ट अतुलजयोतिर्मय त्रिशक्तिपट्ट अतिप्रबल गोरखादक्षिणबाहु, महाधिपति सर्वोच्च कमान्डर इनचीफ श्री- मन्महाराजाधिराज श्री श्री महाराज त्रिभुवन वीर विक्रम जंगबहादुर शाहबहादुर शमशेर जंगदेवानाम सदा समरविजयिनाम्।

हम श्री ५ महाराजाधिराज द्वारा मंत्रिमण्डल खड़ा कर अन्तरिम सराकर कायम की गयी और उक्त मंत्रीमण्डल से २००४ साल चैत्र १७ गते (३०-३-५१) को पास किया गया निम्मलिखित विधार हमारे भी मंजूर किए गये।

प्रस्तावना

श्री ५ महाराजाधिराज द्वारा संवत् २००७ साल फागुन ७ गते की घोषणा से अब से हमारी प्रजा का शासन उन्हीं लोगों द्वारा चुने हुए विधान परिषद् के बनाए हुए प्रजातन्त्रात्मक विधानानुसार होना चाहिए, ऐसी इच्छा और दृढ़ संकल्प प्रकट किया गया तथा उक्त विधान तैयार न होने तक मौसूफ को शासन-काल में सहायता और सलाह देने के लिए एक मंत्रिमण्डल की स्थापना होनी चाहिए, ऐसी इच्छा और दृढ़ संकल्प उक्त घोषणा द्वारा प्रकट किया गया, तथा उपर्युक्त घोषण द्वारा मौसूफ को कार्यसंपादन करने में मौसूफ को सहायता सलाह देने के

लिए एक मंत्रिमंडल निर्मित तथा नियुक्त किया गया, तथा इस अन्तर्कालीन समय में अंतरिम सरकार को एक किसी विधान और निश्चित नियम और सिद्धान्तानुसार काम करना आवश्यक भी होने से,

श्री ५ महाराजाधिराज द्वारा अपने मंत्रिमंडल के सलाह अनुसार निम्नलिखित ऐन मंजूर होकर जारी किया गया है।

भाग १

१. (क) इस ऐन का नाम 'नेपाल अंतरिम शासन विधान, २००७ रखा गया

(ख) यह ऐन २००७ साल चैत्र २९ गते में जारी किया गया है।

भाग २

राजनीति के निर्देशक सिद्धान्त

२. इस भाग में उल्लेख किये गये सिद्धान्तों से मुल्क में प्रवलित ऐन सवालों का खंडन नहीं किया जाएगा तथापि ये सब मुल्क के शासन में मूल सिद्धान्त होंगे। प्रचलित ऐन सवाल को भरसक शीघ्र और अब से बनने वाले ऐन को भी इन्हीं सिद्धान्तों में ढालना राज्य का लक्ष्य होगा।

३. राज्य जहां तक हो प्रभावपूर्ण रूप से राष्ट्रीय संस्थाओं में सामाजिक, आर्थिक और राजनीतिक न्यायपूर्ण हुए सामाजिक स्थापना और सुरक्षा कर जनता का कल्याण बढ़ाने की कोशिश करेगा।

४. राजनीति के लक्ष्य विशेषकर निम्मलिखित होंगे-

(क) जीवन निर्वाह करने के लिए पर्याप्त साधनों में नर-नारी सभी नागरिकों को समान हक दिलाना,

(ख) समुदाय की मौलिक संपत्ति को प्रमुख और नियंत्रण

सार्वजनिक हित-साधन में सर्वोत्तम सहायक होने के तौर पर विवरण करना

(ग) जनता की हानि होने की किस्म से धन और उत्पादन के साधन को एकीकरण न होने पाने के तौर से आर्थिक व्यवस्था चलाना,

(घ) स्त्री-पुरूष दोनों का समान कामों के लिए समान वेतन दिलवाना,

(ङ) मजदूर स्त्री-पुरूषों के स्वास्थ्य और बल तथा बालक-बालिकाओं को कच्ची उम्र का दुरूपयोग न होने देना और नागरिकों को अर्थिक परिस्थिति के कारण उनकों उम्र अथवा बल के प्रतिकूल रोजगार करने का बाध्य न होने देना,

(च) स्वार्थ-साधन तथा नैतिक और आर्थिक पतन से बाल्यावस्था और युवावस्था को सुरक्षित रखना।

५. राज्य ग्राम पंचायतों को खड़ा कर उन्हें स्वायत्त शासन संस्थाओं के रूप में काम करने का आवश्यक अधिकार देना।

६. राज्य देश की आर्थिक अवस्था और विकास के अनुसार काम पाने का हक, शिक्षा पाने का हक तथा बेकार, वृद्ध, बीमार, अंगहीन तथा और इसी तरह की अभावावस्था में सहायता पाने का हक दिलाने के लिए आवश्यक प्रबंध करेगा।

७. राज्य न्यायोचित और मानवोचित कार्याव्यवस्था स्थापित करने तथा प्रसूति-सहायता के निमित्त प्रबंध करेगा।

८. उचित ऐन अथवा आर्थिक संगठन द्वारा या और किसी तरीके से राज्य-कृषि, औद्योगिक या और सब प्रकार के श्रमजीवियां

की काम, जीवन-निर्वाह के लायक वेतन और जीवन का बढ़िया स्तर फुरसत तथा सामाजिक और सांस्कृतिक अवसर का पूर्ण उपभोग कर पाने की कार्यावस्था दिलाने का प्रयत्न करेगा।

९. राज्य नेपाल देश भर के नागरिकों के निमित्त एक ही तरह की दीवानी द्वैन जारी करने का प्रयत्न करेगा।

१०. राज्य विशेष ध्यान देकर निर्बल वर्ग के लिए शिक्षा और अर्थिक हित बढ़ाएगा तथा उनकी सामाजिक अन्याय और सब किस्म के शोषण से रक्षा करेगा।

११. कलात्मक या ऐतिहासिक महत्वपूर्ण प्रत्येक स्मारक या स्थान या वस्तु को चोरी करने, नष्ट होने, विरूप करने, बदलने, बिक्री करने व निर्यात करने इत्यादि जिस किसी से बचाना राज्य का कर्त्तव्य होगा।

१२. राज्य निम्नलिखित काम करने का प्रयत्न करेगा-

(क) अन्तर्राष्ट्रीय शान्ति और सुरक्षा बढ़ाना

(ख) राष्ट्रों के बीच न्याय तथा सम्मानपूर्ण संबंध कायम करना,

(ग) संगठित राष्ट्रों (राज्य राज्य के) के परस्पर सम्बंध में अंतर्राष्ट्रीय नियम संधि-बंधन के प्रति आदर बढ़ाना,

(घ) अंतर्राष्ट्रीय झगड़े को मध्यस्थ द्वारा निर्णय करने के लिए प्रोत्साहन देना।

१३. नेपाल राज्य के भीतर ऐन के आगे सभी को समान अथवा ऐन से होने वाली समान रक्षा जिसे किसी भी व्यक्ति को इंकार नहीं किया जाएगा।

१४. (क) राज्य धर्म, जाति, जात (वर्ण) लिंग, जन्म स्थान या ऐसे किसी विषय के आधार पर किसी नागरिक के प्रति भेदभाव नहीं करेगा।

(ख) परंतु राज्य स्त्री जाति या बालक वर्ग के लिए कोई खास व्यवस्था कर सकता है।

(छ) कोई पेशा, रोजगार, उद्योग या व्यापार करना।

१७. राज्य द्वारा निश्चय दिलाने की व्यवस्था

(क) कोई व्यक्ति भी उस समय में प्रचलित कोई ऐन विरूद्ध कुछ काम करने के सिवाय और किसी अपराध को दोषी नहीं माना जायेगा और अपराध करने के समय जारी किये हुए ऐन में निश्चित किये गये दण्ड से अधिक नहीं दिया जाएगा।

(ख) किसी व्यक्ति के ऊपर एक ही अपराध में एक बार से अधिक मुकदमा नहीं चलाया जायगा और दण्ड सजा नहीं दिया जाएगा।

(ग) किसी अपराध के दोषी व्यक्ति को अपने विरूद्ध गवाह होने के लिए बाध्य नहीं किया जायेगा।

१८. सार्वजनिक हित के हित अथवा सार्वजनिक शान्ति कायम रखने के लिए या राज्य-सुरक्षा के लिए सरकार द्वारा बनाये गये ऐन अथवा नियम से स्थापित की गई रीति के विपरीत किसी व्यक्ति की भी जान या व्यक्तिगत स्वतंत्रता नहीं छीनी जायेगी।

१९. (क) मनुष्यों की खरीद-बिक्री, और बेगारी प्रति तथा इसी प्रकार के जबर्दस्त काम कराने को मनाही किया गया है। किसी के द्वारा इसके विपरीत किया हुआ साबित होने पर कानून सजा होगी।

(ख) इन धाराओं में उल्लिखित बातों से लोक प्रयोजन के

निमित्त काम अनिवार्य करने में राज्य को बाधा अडंगा नहीं होगा। ऐसा करने में धर्म, जाति, जात (वर्ण) या वर्ग इत्यादि किसी बात के जरिये भेदभाव नहीं किया जायेगा।

२०. २४ वर्ष से कम उम्र के किसी भी बालक को करखाने या खान के काम से अथवा अन्य किसी जोखिम के काम में नहीं लगाया जा सकता है।

भाग ३

परिच्छेद २- कार्य का अधिकार

२१. (क) राज्य का कार्यकारिणी अधिकार श्री पांच महाराजाधिराज और मौसूफ के मंत्रीमंडल को सौंपा गया है। मौसूफ उक्त अधिकार बमोजिम काम करने के समय मंत्रियों की सलाह लेकर इस ऐन के अनुसार स्वयं मौसूफ के मातहत के कर्मचारियों द्वारा करेंगे।

व्याख्या- श्री ५ महाराजधिराज से किया जाएगा कहने का मतलब श्री ५ से मंत्री अथवा मंत्रियों की सलाह से किया जाने वाला समझना चाहिए।

(ख) ऊपर दफे में उल्लेख की गयी बातों की बाधा न पड़ने के तौर पर नेपाल की जंगी फौज का सर्वोच्च कमान्डर इन चीफ का पद श्री ५ महाराजाधिराज में व्यवस्थित रहा है। उक्त पद सम्बन्धी काम और कार्यों का संचालन, ऐन बमोजिम नियमित होगा।

२२. (अ) निम्नलिखित मुकदमों में किसी अपराध के दोषी ठहराये गये किसी व्यक्ति की दण्ड सजा माफ करना, विलम्ब करना, घटाना वा बदलना व मुलत्वी रखने का अधिकार श्री ५ महाराजाधिराज का होगा-

(क) सेना न्यायालय (कोर्ट मार्शल) में दण्ड सजा किया गया,

(ख) नेपाल के कार्यकारिणी अधिकार लागू होने के विषय संबंधी ऐन के विरोध में किये गये अपराध की दण्ड सजा दी गयी।

(ग) जान सजा का दण्ड किया गया।

(ब) दफा (१) के उपदफा (क) में उल्लेख किऐ गयी बातों से नेपाल को सशस्त्र सेना का जिस किसी आफिसर को एन से दिया गया सेना न्यायालय से किया गया दंडाहेश मुल्तवी रखने, माफी द्वने या बदलने के अधिकार में व्यस्था नहीं दी जायेगी।

२३. (क) श्री ५ महाराजाधिराज के शासन संबंधों किये जाने वाले कार्य-सम्पादन में सहायता सलाह देने के लिए एक मंत्रिमंडल रहेगा, जिसके प्रधानमंत्री मुख्य होंगे।

(ख) मंत्रियों द्वारा श्री ५ महाराजाधिराज को कोई सलाह दी गई है या नहीं और यदि दी गई है तो क्या सलाह दी गई यह बात किसी अदालत में भी नहीं पूछी जाएगी।

२४. मंत्रिमंडल सामूहिक रूप से श्री ५ महाराजाधिराज के प्रति उत्तरदायी होगा।

२५. (क) नेपाल सरकार की कार्यकारिणी संबंधी सभी काम श्री ५ महाराजाधिराज के नाम में किये जायेंगे।

(ख) श्री ५ महाराजाधिरोज के नाम में तैयार होकर कार्यन्वित किया गया आर्डर आदेश और अन्य अधिकार पत्र श्री ५ महाराजाधिराज में दिये गये नियम बमोजिम प्रमाणित किये जायेगें ओर इस तरह प्रमाणित किया गया आर्डर, उर्दी या अधिकार पत्र उचित है या नहीं ऐसी बातों में श्री ५ महाराधिराज से कार्यान्वित किया गया अथवा तैयार कराया आदेश वा अधिकार पत्र यह नहीं है कहकर सवाल-जवाब नहीं किया जाएगा।

(ग) नेपाल सरकार के काम कार्यवाहा अधिक सुगमता से चलाने के लिए वह कार्य मंत्रियों में विभाजित करने के लिए श्री ५ महाराजाधिराज से नियम और आदेश बनाया जाएगा।

२६. प्रधान मंत्रियों का कर्त्तव्य-

(क) नेपाल के शाससन संबंधी विषयों में मंत्रिमंडल द्वारा किया गया सभी निर्णय श्री ५ महाराजाधिराज के समझ पेश करना।

(ख) नेपाल के शासन-संबंधी विषयों में श्री ५ महाराजाधिराज से मांगी गयी हाल खबर मौसूफ के समक्ष पेश करना।

(ग) एक मंत्री से निर्णय किया गया परंतु मंत्रिमंडल से विचार किया गया कोई विषय श्री ५ महाराजाधिराज मंत्रिमंडल में विचार कराना चाहें तो मंत्रिमंडल में पेश करना।

आर्थिक विषय की कार्य-प्रणाली

२७. श्री ५ महाराजाधिराज से हरेक आर्थिक वर्ष के लिए नेपाल सरकार का अनुमान किया गया आमदनी खर्च का एक विवरण तैयार किया जाएगा। इस विवरण को वार्षिक आर्थिक विवरण वा बजट कहा जाएगा।

२८. यह विवरण श्री ५ महाराजाधिराज और मौसूफ के मंत्रिमंडल से मंजूर होने पर ही सुनिश्चित किया जाएगा।

२९. (क) जिस किसी समय में भी श्री ५ महाराजाधिराज में मंत्रिमंडल के सलाह अनुसार तत्काल ही कुछ करने की परिस्थिति आयी है ऐसा समझने से आवश्यक आर्डिनेंस जारी किया जा सकता है।

(ख) इस नियम अनुसार जारी किया गया आर्डिनेन्स मुल्क में जारी किये गए अन्य ऐन की तरह होगा परंतु ऐसी प्रत्येक आर्डिनेंस-

(अ) अब उप्रान्त से बनने वाला विधानानुसार रीतिपूर्वक बनायी गयी व्यवस्थापिका सभा की बैठने के तीन महीना पूरे हो जाने पर खारिज होगा।

(ब) श्री ५ महाराजाधिराज द्वारा उक्त आर्डिनेन्स मंत्रिमण्डल की सलाह से कभी भी खारिज किया जा सकता है।

परिच्छेद तीन- न्याय-प्रबंध

३०. (क) प्रधान न्यायालय मुल्क का सर्वोच्च न्यायालय होगा। उसमें एक प्रधान न्यायाधीश होगा।

(ख) प्रधान न्यायालय के प्रधान न्यायाधीश ओर प्रत्येक न्यायाधीश श्री ५ महाराजाधिराज द्वारा मंत्रिमंडल की सलाहकार नियुक्त किये जायेंगे और पैंसठ वर्ष की उम्र न होने तक वे अपने पद में रहेंगे।

प्रधान न्यायाधीश को छोड़कर अन्य न्यायाधीश को नियुक्त करने के समय प्रधान न्यायधीश से सलाह ली जायेगी।

न्यायाधीश श्री ५ महाराजाधिराज के समक्ष अपने हस्ताक्षर पत्र लिखकर पद त्याग कर सकते हैं।

(ग) नेपाल के नागरिक न होने पर और (अ) कम से कम १० वर्ष तक नेपाल में कोई इंसाफ करने के पद पर बहाल न होकर वा (ब) कम से कम १० वर्ष तक प्रधान न्यायालय में वकील न होकर कोई भी व्यक्ति प्रधान न्यायालय का प्रधान न्यायाधीश व न्यायाधीश के पद वद के लिए योग्य नहीं माना जायेगा। परंतु प्रधान न्यायालय का प्रधान न्यायाधीश वा न्यायाधीशों के पद में नियुक्त करने की लायक नेपाल के नागरिकता न मिलने की अवस्था में गैर नागरिक भी नियुक्त हो सकेगा।

(घ) प्रधान न्यायालय के प्रधान न्यायाधीश और अन्य न्यायाधीश श्री

५ महाराजाधिराज से मंत्रिमंडल की सलाह अनुसार निर्धारित तनख्वाह पायेंगे। उन्हें भर्ती होने के बाद उनका नियुक्ति शर्त इस तरह नहीं बदला जाएगा जिससे उन्हें बाधा पड़े।

(ड.) प्रधान न्यायालय का प्रधान न्यायाधीश और का न्यायाधीश खराब आचरण का वा आयोग्य ठहरने पर मंत्रिमंडल के कम से कम तीन खंड के दो खंड बहुमत से उनको खारिज होंगे अन्यथा नहीं।

३१. मामला मुकदमा संबधी कागज-पत्र मिसिल रखने का आफिस प्रधान न्यायालय होगा, न्यायालय की अवहेलना संबंधी सजा देने का अधिकार और उक्त आफिस का सभी अख्तियार इस प्रधान न्यायालय को होगा।

३२. प्रधान न्यायालय का अधिकार और कार्यप्रणाली ऐन बामोजि जब तक न बदली जायेगी तब तक पूर्ववत् रहेगी।

परिच्छेद ४ नेपाल का नियंत्रक (कण्ट्रोलर)

महालेखा परीक्षक (आडिटर-जनरल)

३३. (क) नेपाल में एक नियंत्रक महालेखा परीक्षक रहेगा, जिसका श्री ५ महाराजाधिराज मंत्रिमंडल की सलाह अनुसार नियुक्त करेंगे।

(ख) नियंत्रक महालेखा परीक्षक की तनख्वाह और नौकरी की अन्य शर्तें प्रधान न्यायालय के न्यायाधीश के मुताबिक होंगी।

३४. नेपाल सरकार का स्याहा श्रेस्ता, हर हिसाब श्री ५ महाराजाधिराज की स्वीकृति सहित नियंत्रक महालेखा परीक्षक द्वारा निश्चित किये गये रूप में रखा जाएगा।

३५. नेपाल सरकार का स्याहा श्रेस्ता, हर हिसाब संबंधित नियंत्रक महालेखा परीक्षक की रिपोर्ट श्री ५ महाराजाधिराज के समक्ष पेश होनी चाहिए।

भाग ४

३६. (क) मुल्क का ऐन, अभिलेख (रेकार्ड) और न्याय संबंधी कार्यवाही को सभी नेपाल में पूर्ण विश्वास और सम्मान दिया जाएगा।

(ख) नेपाल की अदालतों द्वारा किया हुआ अन्तिम फैसला आदेश ऐन बमोजिम सारे नेपाल में जहां कहीं भी कार्यान्वित होगा।

भाग ५

३७. नेपाल के लिए एक पब्लिक सर्विस कमीशन (लोक सेवा आयोग) रहेगा। उसमें एक सभापति और श्री ५ महाराजाधिराज से निश्चित किये हुए अन्य सदस्य भी रहेंगे।

३८. मंत्रिमंडल की सलाह के अनुसार श्री ५ महाराजाधिराज पब्लिक सर्विस कमीशन के सभापति और अन्य सदस्यगण की नियुक्ति करेंगे।

३९. पब्लिक सर्विस कमीशन के सभापति और सदस्यों के वेतन और नौकरी की शर्तें प्रधान न्यायालय के न्यायाधीशों के अनुरूप होंगी।

४०. (क) नेपाल सरकार की सभी जागरीरों, नौकरियों में नियुक्ति के लिए जांच करने का कर्त्तव्य पब्लिक सर्विस कमीशन का होगा।

(ख) निम्नलिखित विषयों में पब्लिक सर्विस कमीशन से सलाह लेनी पड़ेगी-

(अ) निजामती पद और नौकरी में नियुक्त करने के तरीके-संबंधी विषयों में,

(आ) निजामती नौकरी बदलने-बढ़ाने से संबधित उम्मीदवारी की योग्यता के विषय में,

(इ) नेपाल सरकार के निजामती जागीरदार के अनुशासन संबंधी सभी विषय और इससे संबंधित स्मृति-पत्र बिन्तपत्र उजुरी वा निवेदन-पत्र सहित सभी विषय में, और सरसल्लाह के निमित्त पेश किया गया तथा श्री ५ महाराजाधिरोज द्वारा सलाह मांगे जाने पर जिस किसी विषय में सलाह देने का काम पब्लिक सर्विस कमीशन का होगा। परंतु श्री ५ महाराजाधिराज से इस विषय में साधारण तौर से विशेषतः अमुक विषयों में अमुक परिस्थिति में पब्लिक सर्विस कमीशन से सलाह लेनी आवश्यक नहीं है कहकर नियम द्वारा निश्चित किये जाने पर वैसा ही होगा।

भाग ६

निर्वाचन (चुनाव)

४१. नेपाल के लिए एक विधान बनाने वाली विधान परिषद् का निर्वान करने के लिए भरसक जल्दी उचित परिस्थिति का सृजन करना अंतरिम सरकार का ध्येय होगा।

४२. (क) निर्वाचन के लिए मताधिकारियों की नामावली तैयार करने के काम की देख-रेख, नियंत्रण और निर्देश करना, निर्वाचन कराना, निर्वाचन संबंधी शंका और मुकदमा देखना तथा निर्वाचन अदालत नियुक्त करने का अधिकार देकर एक आयोग खड़ा किया जायेगा (जिसको इस ऐन में निर्वाचन आयोग कहा गया है।)

(ख) निर्वाचन आयोग में एक प्रधान निर्वाचन आफिसर और श्री ५ महाराजाधिराज से मंत्रिमंडल के सलाह अनुसार समय-समय में निश्चित किये गये अन्य निर्वाचन आफिसर होंगे। प्रधान निर्वाचन आफिसर और अन्य निर्वाचन आफिसर श्री ५ महाराजाधिराज मंत्रिमंडल के सलाह अनुसार नियुक्त करेंगे।

(ग) निर्वाचन आफिसरों की नौकरी की म्याद और शर्तें श्री महाराजाधिराज से तैयार कराया गया नियम बमोजिम होगा।

परंतु प्रधान निर्वाचन आफिसर और अन्य निर्वाचन आफिसर प्रधान न्यायालय रीति के न्यायाधीश जिस अवस्था में और जिस रीति से खारिज नहीं होंगे। भर्ती होने के बाद उनकी हानि होने के तौर पर उनकी नौंकरी की शर्तें नहीं बदली जायेगीं।

४३. इस निर्वाचन के लिए हरेक निर्वाचन-क्षेत्र में एक सामान्य मताधिकारों की नामावली रहेगी और धर्म, जाति, वर्ण, लिंग इत्यादि के भेदभाव में किसी भी आदमी का नाम उक्त नामावली में चढ़ने से वंचित नहीं किया जायेगा।

४४. यह निर्वाचन वयस्क (बालिग) मताधिकार के आधार पर होगा अर्थात् ५ महाराजाधिराज और मंत्रिमंडल से निश्चित की गई तिथि में कम से कम २१ वर्ष की उम्र वालों को और नियम के अनुसार निर्वाचन क्षेत्र में न ठहरने वाला, दिमाग बिगड़ा हुआ, अपराधी गैरकानूनी अनाचार करने पर अयोग्य माने गये व्यक्तियों के अलावा सभी नेपाल के नागरिकों के नाम नामावली में दर्ज करने योग्य होंगे।

४५. इस ऐन के सीमा के अंदर रह कर श्री ५ महाराजाधिराज और मंत्रिमंडल से निर्वाचन मताधिकार की नामावली तैयार करने का निर्वाचन-क्षेत्र की सीमा निश्चित करने का और विधान परिषद् उचित तौर से खड़ा करने का आवश्यक ऐन सवाल बनाये जायेंगे।

४६. (क) इस ऐन के मुताबिक निर्वाचन क्षेत्र की सीमा निश्चित करने का कोई ऐन वा नियम न्यायपूर्ण है या नहीं ऐसी बात का सवाल किसी अदालत में किया नहीं जा सकता है।

(ख) श्री ५ महाराजाधिराज और मंत्रिमंडल के बनाये गये नियमों में लिखे गये रीति अनुसार और निश्चित किये गये

आफिसरों के बाहेक और कहीं निर्वाचन संबंधी उजूर नहीं होगा।

७, संवत् २००४ (सन् १९४८) को नेपाल सरकार वैधानिक कानून खारिज किया गया है।

नोट- इस विधान में समय-समय पर संशोधन आदि भी हुए हैं जिससे इसका रूप परिवर्तित होता गया है।

3. आनरेबुल ईस्ट इण्डिया कंपनी व हिज़ हाइनेस महाराजाधिराज सुरेन्द्र विक्रमशाह बहादुर, नेपाल के राजा में संधि- १० फरवरी, १८५५

आनरेबुल ईस्ट इंडिया कंपनी व हिज़ हाइनेस महाराजाधिराज सुरेन्द्र विक्रमशाह बहादुर शमशेरजंग राजा नेपाल के मध्य संधि हुई जिसे एक ओर मेजर जनरल रैमसे, रेज़ीडेंट, जिन्हें मोस्ट नोबुल जेम्स एन्ड मार्क्विस ऑफ डलहौजी ने अधिकार दिया, तथा दूसरी ओर जनरल जंग बहादुर कुंवर राणजी-नेपाल के प्रधानमंत्री ने जिन्हें महाराजाधिराज सुरेन्द्र विक्रम शाह बहादुर जंग नेपाल के राजा ने अधिकार दिया, निष्पति की।

अभिधारा १- दोनों राज्य निम्नलिखित आदान-प्रदान का पालन करेंगे।

अभिधारा २- शासन किसी ऐसे व्यक्ति को जो मांगने वाले राज्य की प्रजा नहीं है, नहीं सौपेंगा।

अभिधारा ३- कोई राज्य किसी ऋणी या असैनिक या ऐसे व्यक्ति को जो अभिधारा ४ के अंतर्गत दोषों की सूची में नहीं आता हैम्, नहीं सौंपगी।

अभिधारा ४- ऊपर लिखी अभिधाराओं के अतिरिक्त, यदि कोई राज्य ऐसे व्यक्ति को मांगेगा, जो दूसरे राज्य की सीमा में होगा, और इन अपराधों को करेगा तो सौंप दिया जायेगा। अपराध ये हैं- हत्या, हत्या

का प्रयास, बलात्कार, अंगहीन करना, ठगी, डकैती, राजमार्ग पर चारी, विष देना, चोरी और आग लगाना।

अभिधारा ५- जिस राज्य में अभियुक्त का न्याय हो सकता है उसके भागने पर तथा पर्याप्त मिल जाने पर कि उसने अपराध किया है, वह पकड़ कर दूसरे राज्य को सौंपा जायेगा।

अभिधारा ६- कोई व्यक्ति जो नेपाल की प्रजा न हो, तथा रेज़ीडेंट की सीमा में रहता हो, उस सीमा में बाहर नेपाल की सीमा में ऐसा अपराध करे जो नोल राज्य द्वारा दंडनीय है, तो वह पकड़कर ब्रिटीश रेज़ीडेंट को न्याय के लिए सौंप दिया जायेगा। परंतु ऐसी दशा में नेपाल की प्रजा को नेपाल राज्य-दंड के लिए नहीं सौंपेगा। यदि कोई हिन्दुस्तानी व्यापारी जो नेपाल सीमा में रहता है, और रेज़िडेंसी सीमा से बाहर अपराध करता है, जो नेपाल राज्य में दंडनीय है, और रेज़ीडेंट सीमा में शरण लेता है, उसे नेपाल राज्य में न्याय व दंड के लिए सौंप दिया जायेगा।

अभिधारा ७- ऊपर वर्णित धाराओं में जो राज्य अपराधी को मांगेगा वहीं सारे व्यय उस कार्य में वहन करेगा।

अभिधारा ८- यह संधि उस समय तक चलेगी जब तक कोई किसी ओर का उच्च पदाधिकारी उसके समाप्त होने की सूचना न देगा।

अभिधारा ९- किसी संधि के प्रतिकूल होने के अतिरिक्त सभी वर्तमान संधियां मान्य समझी जायेंगी।

4. भारत सरकार और नेपाल सरकार के बीच शांति और मैत्री की संधि

भारत सरकार और नेपाल सरकार इस तथ्य का प्रस्वीकरण करते हैं कि सौभाग्यक्रम से दोनों देशों में शताब्दियों से प्राचीन बन्धन विद्यमान हैं। इन बंधनों को और अधिक प्राबल्य एवं विकसित करने की इच्छा से तथा दोनों देशों में चिरस्थायी शान्ति स्थापित करने के निमित्त, परस्पर शांति व मैत्री की संधि के प्रवृत्त करने में कृतसंकल्प होते हैं, और इसके निमित्त निम्न व्यक्तियों को पूर्णाधिकारी नियुक्त करते हैं, अर्थात्

भारत सरकार

परमश्रेष्ठ चन्द्रेश्वर प्रसाद नारायण सिंह नेपाल के भारत राजदूत

नेपाल सरकार

मोहन शमशेर जंग बहादुर राणा, महाराजा, प्रधानमंत्री तथा सर्वोच्च महासेनापति, नेपाल जिन्होंने एक दूसरे के अभिज्ञान पत्र परीक्षण किये और उन्हें अर्थात् और निर्दिष्ट श्रृंखलाबद्ध पाकर निम्न धाराओं में सम्मत हुए-

धारा १- भारत सरकार व नेपाल सरकार में चिरस्थायी शान्ति रहेगी। दोनों सरकारें एक दूसरे के सम्पूर्ण प्रभुत्व, प्रादेशिक अखण्डता और स्वतंत्रता को स्वीकार और सम्मान करने के लिए परस्पर सम्मत हैं।

धारा २- दोनों सरकारें किसी प्रतिवेशी राज्य के विपज्जनक संघर्ष या भ्रांति, जिसमें दोनों सरकारों के मैत्रीपूर्ण संबंध में विच्छेद की संभावना है, परस्पर सूचित करना अंगीकार करते हैं।

धारा ३- धारा १ में निर्देशित संबंधों को दृढ़ एवं समर्थन करने के लिए दोनों सरकारें परस्पर प्रतिनिधियों द्वारा कूटनीतिक संबंध अवस्थित करना अंगीकार करते हैं और इसके सुचारू रूप से कार्यान्वित होने के लिए आवश्यक कर्मचारी रख सकते हैं। अंगीकृत प्रतिनिधि और उनके कर्मचरीगण वे सब कूटनीतिक विशेषाधिकार और विमुक्ति उपभोग करेंगे जो सामान्यत: अन्तर्राष्ट्रीय विधान के अंतर्गत प्राप्त हैं, तथा ये किसी दशा में उनसे कम न होंगे जो राज्यों के उसी पद पर व्यक्तियों को प्राप्त हैं जहां शासन में परस्पर कूटनीतिक संबंध स्थापित हैं।

धारा ४- दोनों सरकार महावाणिज्यादूतों, वाणिज्यदूतों, उप-वाणिज्यदूतों, तथा अन्य वाणिज्यदूताभिकर्ताओं की नियुक्ति के लिए सम्मत है। जो परस्पर स्वीकृत प्रदेश के नगरों, पतनों तथा अन्य स्थानों में आवास करेंगे। महावाणिज्यदूतों, वाणिज्यदूतों, उप-वाणिज्यदूतों और वाणिज्यदताभिकर्ताओं की नियुक्ति के लिए वाणिज्यकर्ताओं या अन्य वैध प्राधिकरणों की व्यवस्था होगी। ये प्राधिकरण आवश्यकता पड़ने पर निर्गम देने देश द्वारा प्रत्याहारित हो सकते हैं, प्रत्याहार करने के कारण जब संभावित होगा निर्देशित कर दिये जायेंगे। ऊपर उल्लिखित व्यक्तियों को पारस्परिक अधिकारों, विशेषाधिकारो, मुक्तियों और विमुक्तियों का प्राधिकार होगा तो उसी पदवी के व्यक्तियों को अन्य राज्य में प्राप्त होंगे।

धारा ५- नेपाल सरकार भारत के प्रदेश द्वारा, अस्त्र-शस्त्र, युद्धोपकरण या युद्ध-सामग्री या साज जिसकी नेपाल की रक्षा के लिए आवश्यकता हो, प्रवेशन करने का स्वाधीन होगा। इस व्यवस्था को कार्य रूप देने की प्रणाली दोनों सरकारें आपस में सलाह द्वारा सम्पन्न करेंगी।

धारा ६- भारत और नेपाल में प्रतिवेशी मैत्री के चिन्ह स्वरूप दोनों शासन दूसरे राष्ट्रीयों को अपने प्रदेश में औद्योगिक और अर्थिक विकास में राष्ट्रीय व्यवहार प्रदान करेंगे और उस प्रदेश के विकास के लिए सुविधाएं और ---देंगे।

धारा ७- भारत सरकार व नेपाल सरकार प्रति व्यवहार के भित्ति पर एक देश के राष्ट्रीयों को दूसरे प्रदेशों में बसने की, सम्पत्ति के स्वत्वाधिकार की, वाणिज्य-व्यापार में योगदान की तथा इसी प्रकार के अन्य विशेषाधिकारों के लिए सम्मत होते हैं।

धारा ८- जहां तक इसमें उल्लिखित विषयों का संबंध हैं- यह संधि इसके पूर्व की समस्त संधियों, संविधाओं और अंगीकार पत्रों को रद्द करती है- जो भारत की ओर से ब्रिटिश सरकार और नेपाल सरकार में हुई थी।

धारा ९- दोनों सरकारों के हस्ताक्षर करने की तिथि से यह संधि लागू होगी।

धारा १०- इस संधि की क्षमता उस समय होगी जब तक कोई दल एक वर्ष की सूचना देकर उसे समाप्त नहीं कर देगा।

काठमाण्डू में ३१ जुलाई, १९५० को प्रतिलिपि में प्रस्तुत हुई।

चन्द्रेश्वर प्रसाद नारायण सिंह मोहन शमशेर जंग बहादुर राणा

भारत की ओर से नेपाल सरकार की ओर से

१५

भारत और नेपाल की सरकारों के बीच व्यापार और वाणिज्य की संधि (१९५०)

भारत और नेपाल की सरकारों ने अपने-अपने राज्य-क्षेत्रों के अंतर्गत एक दूसरे के व्यापार और वाणिज्य के सुविधाजनक विकास के लिए तथा उनकी अभिवृद्धि के विचार से एक व्यापार और वाणिज्य-संधि पर हस्ताक्षण करने का निर्णय किया है और इस उद्देश्य से क्रम से निम्नलिखित अधिकारियों को संधि-पत्र पर हस्ताक्षर करने की स्वीकृति प्रदान की है-

भारत सरकार की ओर से-

चन्द्रेश्वर प्रसाद नारायण सिंह, नेपालस्थित भारतीय राजदूत।

नेपाल सरकार की ओर से-

महाराज मोहन शमशेर जंग बहादुर राणा प्रधान मंत्री और नेपाल के प्रधान सेनापति।

इन महानुभावों ने एक दूसरे के प्रमाण-पत्रों की परीक्षा करके और उनकों नियमानुकूल पाकर निम्नलिखित बातों से सहमति प्रकट की हैं।

धारा १- भारत सरकार नेपाल सरकार को पूर्ण अधिकार देती है कि वह व्यापार के लिए भाव और तैयार सामान भारतीय राज्यक्षेत्र या बंदरगाहों से होकर बेरोकटोक नेपाल ले जाए, जेसा कि नीचे की २, ३ और ४ धाराओं में निहित है।

धारा २- दोनों सरकारों के बीच स्थिर नियम के अधीन, भारत सरकार को अपने किसी बंदरगाह पर उतरे माल को जो नेपाल को निर्यात के लिए होगा उसे नेपाल राज्य-क्षेत्र के अंतर्गत दोनों देशों के बीच ठहराए गए स्थानों को भेजना स्वीकार होगा। इस प्रकार के भेजे हुए माल में नेपाल सरकार को अपने किसी माल के खुलने का डर नहीं होगा और न उसे किसी भारतीय बंदरगाह पर कोई शुल्क देना पड़ेगा।

धारा ३- दोनों सरकारों के बीच सिर नियम के अधीन, नेपाल में उत्पन्न मालों को यदि भारतीय राज्यक्षेत्र से होकर नेपाल के अंतर्गत किसी एक निश्चित स्थान से दूसरे निश्चित स्थान को जाना है तो उसके लिए भी नेपाल को किसी प्रकार का आयात-कर या शुल्क नहीं देना पड़ेगा।

धारा ४- दोनों सरकारों के बीच स्थिर नियम के अधीन, नेपाल सरकार को यह अधिकार होगा कि वह अपने देश से बने या उत्पन्न माल को नेपाल के निश्चित स्थानों से ले जाकर भारत के राज्य-क्षेत्र या बंदरगाहों पर से विदेशों को निर्यात करे।

धारा ५- नेपाल सरकार को यह मंजूर है कि वह नेपाल के लिए बाहर से भारत होकर आने वाले माल पर या नेपाल से भारत के बाहर भेजे जाने वाले माल पर भारत में तत्काल प्रचलित दर के मुताबिल ही चुंगी स्थिर करेगी। नेपाल सरकार को यह भी मंजूर है कि नेपाल में उत्पादित या बनाये गये मालों पर जो भारत को भेजे जायें उतनी चुंगी लगे जिससे उनके भारत में विक्रय को धक्का न पहुंचे।

धारा ६- भारत और नेपाल की सरकारों को यह स्वीकार है कि वे एक दूसरे की अर्थ-व्यवस्था के लिए आवश्यक मालों को अपने-अपने देश में जहां तक संभव हो प्रदान करेंगी।

धारा ७- दोनों देशों को यह स्वीकार है कि वे एक दूसरे की व्यापारिक संस्थाओं आदि में संसर्ग बढ़ाने का प्रयत्न करेंगे और आवश्यक सामग्रियों के आयात-निर्यात के लिए सभी सुविधाएं देंगे। इसके अतिरिक्त दोनों सरकारों को यह भी मंजूर है कि वे एक-दूसरे के देश की व्यापारिक संस्थाओं को माल ले आने और ले जाने के लिए याातयात के सब से किफायत और सुविधाजनक साधनों का सौजन्य प्रदान करेंगे।

धारा ७- दोनों देशों को यह स्वीकार है कि वे एक-दूसरे की व्यापारिक संस्थाओं आदि में संसर्ग बढ़ाने का प्रयत्न करेंगे और आवश्यक सामग्रियों के आयात-निर्यात के लिए सभी सुविधाएं देंगे। इसके अतिरिक्त दोनों सरकारों को यह भी मंजूर है कि वे एक-दूसरे के देश की व्यापारिक संस्थाओं को माल आने और जाने के लिए यातायात के सब से किफायत और सुविधाजनक साधनों का सौजन्य प्रदान करेंगे।

धारा ८- एक-दूसरे देश के व्यावहारिक वायुयानों को साधारण अंतर्राष्ट्रीय प्रणाली के अनुसार एक-दूसरे देश के ऊपर उड़ने की अनुमति होगी।

धारा ९- जहां तक यहां जिक्र की हुई बातों का संबंध है, यह

संधि-पत्र ब्रिटिश सरकार द्वारा भारत की ओर से नेपाल के साथ की गई अब तक की संधियों, समझौतों और अन्य प्रकार के संधि-पत्रों को समाप्त करता है।

धारा १०- यह संधि, संधि-पत्र पर दोनों पक्षों पर हस्ताक्षर होने के दिन से तीन महीने बाद लागू हो जायेगी। प्रथमत: यह संधि दस वर्ष तक लागू रहेगी और उसके बाद यदि दोनों में से कोई पक्ष इसका अंत चाहेगा तो उसे इसके लिए एक वर्ष पूर्व लिखित सूचना भेजनी पड़ेगी। ऐसा न होने पर संधि की अवधि और दस वर्ष के लिए बढ़ जायेगी। इस संधि पर सन् १९५० की ३१ जुलाई को दोनों देशों के मनोनीत प्रतिनिधियों द्वारा हस्ताक्षर हुए।

ज्ञापन पत्र

(भारत और नेपाल सरकारों के बीच व्यापार और वाणिज्य संधि की धारा चार)

भाग 'अ'

संधि की धारा ४ में कल्पित व्यवस्था इस प्रकार होगी-

१. नेपाल में बने सामान या तैयार माल जो भारत में लाए जाएं किंतु जिनका अन्तत: निर्यात भारत के बाहर किसी देश को हो तो उस स्थिति में उक्त माल को भारत राज्य-क्षेत्र से गुजरने की पूर्ण सुविधा होगी। इस सुविधा के अंतर्गत भारतीय वहि:शुल्क, उपकर या उत्पादन-शुल्क में विमुक्ति भी निहित है। इसके अतिरिक्त उक्त माल के संबंध में भारतीय आयात-निर्यात नियंत्रण नियम के पालन की भी आवश्यकता नहीं होगी। यदि ऐसा हो कि माल बाहर भेजने वाला व्यक्ति या उसका कोई प्रमाणित अभिकर्ता:

(क) भारतीय स्थल वहि:शुल्क प्रवेश अड्डा को नियत फार्म में एक

घोषणा के रूप में दे दे कि जो माल वह नेपाल से भारत ले आया है वह भारत के बाहर किसी अन्य देश को निर्यात के निमित्त है;

(ख) मालों का विवरण एक नियत फार्म में देकर और उस विवरण-पत्र पर, जिसकी चार प्रतियां होनी आवश्यक है, एक इसी काम के लिए नियुक्त नेपाली अधिकारी का प्रति हस्ताक्षर कराकर यह लिखित स्पष्टीकरण दे दे कि वह माल को किन-किन प्रमाणित स्थल-मार्गों से ले जा रहा है, और भारत में बाहर किसी भारतीय बन्दरगाह से भेज रहा है, और

(ग) भारतीय कस्टम पण्य शुल्क के नियम के अनुसार जितना शुल्क उसके माल पर लगने की संभावना हो उसके बराबर की पूंजी जमा कर दे या किसी विश्वस्त बैंक से एक बॉण्ड प्रस्तुत करे जिसके अंदर जमानत की व्यवस्था हो, जो समय पड़ने पर उसे माल के किसी एक ऐसे अंश पर शुल्क देने को बाध्य करे जिसे ऊपर (ख) में कथित बंदरगाह का चुंगीघर किसी कारण से निकालने की आज्ञा न दे।

२. उपर्युक्त नियमों का पालन करने के उपरांत, मालों पर भारतीय स्थल वहि:शुल्क कार्यालय की सील लगाकर जैसा की ऊपर १ (क) में निर्दिष्ट है, उन्हें व्यापार करने वाले या उसके अभिकर्ता को विवरण-पत्र, जो नियमानुसार भरा हुआ और रजिस्ट्री किया हुआ होगा, की मूल प्रति के साथ दे दिया जायेगा। विवरण-पत्र की द्वितीय तथा तृतीय प्रतियां उसी समय और ऊपर के पैराग्राफ १ (ख) में निर्दिष्ट नियम के अनुसार उस भारतीय बंदरगाह के चुंगीघर को भेज दी जायेगी। जहां से माल को भारत से बाहर जाना है।

३. मालों के एक भारतीय बंदरगाह से किसी और देश को भेजे जाने वाले पहले बंदरगाह के चुंगीघर का अधिकार देखेगा कि

उन पर जो सीलें लगाई गई थीं वे साबूत हैं या नहीं और उनके सही होने पर यह प्रमाण-पत्र देगा कि माल बंदरगाह में जहाज पर चढ़ाए जाने के लिए जब लाये तो उनकी सीलें साबूत थीं। मालों के ठीक-ठाक भेजे जाने के बाद विवरण-पत्र की मूल प्रति उसके मालिक को एक प्रमाण-पत्र के साथ कि सामनों को पुनर्निर्यात हो गया वापस कर दी जायेगी जिससे कि वह उसे स्थल वहि:शुल्क कार्यालय के अधिकारियों को दिखा सके। विवरण-पत्र की दूसरी प्रति पृष्ठांकित होकर स्थल सीमा शुल्क कार्यालय को वापस हो जायेगी और तीसरी प्रति पृष्ठांकित होंने के बाद चुंगीघर में रिकार्ड के लिए रख ली जायेगी।

४. जमा की हुई पूंजी को वापस लेने के लिए पैराग्राफ १ (ग) के अंतर्गत दाखिल किये गये बॉण्ड को रद्द कराने के लिए माल बाहर भेजने वाले या उसके अभिकर्त्ता को चाहिए कि वह उक्त आशय का आवेदन पत्र दे जिसके साथ वह विवरण-पत्र की मूल प्रति को भी, जिस बंदरगाह से उसका सामान बाहर गया वहां के चुंगीघर से प्रमाणित कराकर कि माल का पुनर्निर्यात भारत के बाहर हो गया, साथ में नती कर दें। विवरण-पत्र के मूल को स्थल सीमा शुल्क कार्यालय के सामने माल भेजने के ६ महीने के भीतर या बंदरगाह के चुंगी अधिकारियों द्वारा प्रमाणित ऐसी बढ़ी हुई अवधि, जिसका बढ़ाना परिस्थिति वश अनिवार्य हो जाये के अंदर प्रस्तुत करना चाहिए।

५. जमा की हुई पूंजी की वापसी की अथवा बॉण्ड को रद्द करने की स्वीकृति देने के पूर्व स्थल सीमा शुल्क कार्यालय का सम्बन्धित अधिकारी माल भेजने वाले व्यापारी द्वारा प्रेषित विवरण-पत्र के मूल प्रति की सम्बन्धित चुंगीघर से प्राप्त विरण-पत्र की प्रति से तुलना करके अपने को संतुष्ट करता है।

भाग -'ब'

जहां तक संधि की धारा ४ का सम्बन्ध है-दोनों सरकारें नेपाल राज्य-क्षेत्र के अन्तर्गत निम्नलिखित रेल-केन्द्रों के निकटवर्ती प्रदेशों को मान्यता देती है-

(1) रक्सौल (2) जोगबनी (3) नेपालगंज (4) नौतनवा (5) जयनगर।

सज्ञापन पत्र पर हस्ताक्षर की तिथि ३९ जुलाई, १९५0 है और हस्ताक्षरकर्ता क्रमशः भारत और नेपाल की सरकारों की ओर से चद्रेश्वर प्रसाद नारायण सिंह और महाराज मोहन शमशेर सिंह जंग बहादुर राणा हैं।

संयुक्त राज्य सरकार और नेपाल सरकार के मध्य संधि हस्ताक्षरित ३0 अक्तूबर, सन् १९५0 ई०, काठमाण्डू

महा ब्रिटेन और उत्तरी आयलैंण्ड की संयुक्त राज्य सरकार और नेपाल सरकार ने प्रस्वीकृत किया है कि शांति, मैत्री और सद्भाव सौभाग्य क्रम से दोनों देशों में २ दिसम्बर, सन् १८१५ ई० से वर्तमान हैं।

इसका विमर्शन किया है कि दो स्वतंत्र राज्य, भारत और पाकिस्तान के प्रतिष्ठापैन से काठमाण्डू में 21 दिसम्बर, सन् 1614 ई० को संयुक्त राज्य और नेपाल सरकारों के मध्य हस्ताक्षरि संधि के कतिपय प्रावधान तथा प्राग्वर्ती संधियाँ प्रयोजनीय नहीं रह गई हैं-अभिवांछना की कि अब तक विद्यमान सम्बन्धों को और अधिक सबल और परिपुष्ट किया जाय; और इसलिए संकल्पन किया कि एक नवीन संधिकरण हो। निम्नलिखित स्वीकृत किये-

धारा 1- संयुक्त राज्य की सरकार और नेपाल सरकार के मध्य शाश्वत शांति और मैत्री रहेगी।

धारा 2 - दोनों प्रसंविदा पक्ष एक दूसरे की बाह्य एवं आन्तरिक स्वाधीनता को एवं मान्यता देना परस्पर स्वीकार करते हैं।

धारा 3 - संयुक्त राज्य की सरकार और नेपाल सरकार के मध्य शांति और मैत्री के घनिष्ट सम्बन्धों को निरापद और समुन्नत करने के विचार से दोनों देश एक दूसरे के यहां क्षमता-प्राप्त अन्तर्राष्ट्रीय प्रतिनिधि नियुक्त करेंगे, और सुचारु रूप से कार्य संचालन के लिए आवश्यक कर्मचारी रखेंगे।

धारा 4 – दोनों प्रसंविदा पक्ष अपनी दीर्घकालीन और स्नेहमयी मैत्री के अनुरूप तथा अन्तर्राष्ट्रीय विधि-विधानों के अनुसार परस्पर लाभदायक वाण्जियक सम्बन्धों को पोषित और विकसित करेंगे।

धारा 5 - (क) प्रत्येक प्रसंविदा पक्ष के राष्ट्रीयों को दूसरे प्रदेश में, जिन पर यह धारा लागू है, प्रवेश, यात्रा, निवास और छोड़ने के नियमो का पालन एवं समाधान करेंगे। प्रत्येक प्रसंविदा पक्ष के राष्ट्रीयों का, दूसरे राज्य में जिस पर यह धारा लागू है, अंतर्राष्ट्रीय विधि-विधानों के अनुसार व्यवहार और समादर होगा। उन्हें उस राज्य में, व्यक्तिगत, सम्पत्ति और अधिकारों और उन सब विषयों पर जिनका संबंध वाणिज्य से उद्योग से का व्यापर करने से है।। स्वामित्व और विन्यास करों के संग्रह तथा कर संग्रह की प्रयोजनीयता में किसी विदेशी को राष्ट्रीय से कम सुविधाजनक व्यवहार नहीं मिलेगा।

(ख) इस संविदा के प्रयोजन के लिए, जहां तक संयुक्त राज्य सरकार का किसी विदेशी का राष्ट्रीय के साथ व्यवहार का प्रश्न है, विदेश से अभिप्राय उस किसी देश से है जो निम्न तालिका में अंकित नहीं है-

महा ब्रिटेन और उत्तरी आयरलैण्ड का संयुक्त राज्य

कनाडा

आस्ट्रेलिया का समधि-राज्य?

न्यूजीलैण्ड

दक्षिणी अफ्रीका का संघ

भारत

पाकिस्तान

श्रीलंका

वर्तमान संधि के हस्ताक्षरित होने के दिन से संयुक्त राज्य सरकार, आस्ट्रेलिया का समाधिराज्य, न्यूजीलैण्ड और दक्षिणी अफ्रीका का संघ और आयरलैण्ड का गणराज्य अन्तर्राष्ट्रीय संबंधों के राज्यों के लिए उत्तरदायी है।

(ग) इस धारा के प्रावधान अभी आगे नेपाल सरकार को उन लाभों के मिलने में लागू न होंगे, जो संलग्न देशों से सीमांत क्रय-विक्रय द्वारा प्राप्त हों।

धारा ६- (क) धारा 5 के प्रावधान का प्रयोग इन पर होगा-

1. संयुक्त राज्य सरकार के संबंध में, महाब्रिटेन और उत्तरी आयरलैण्ड और किसी राज्य में जिसमें धारा 5 के प्रावधान का प्रसार इस धारा के खण्ड (ख) के अनुसार किया गया है।

2. नेपाल सरकार के संबंध में, नेपाल की।

(ख) वर्तमान संधि के हस्ताक्षरित या पुष्टीकरण के समय से या उसके पश्चात् संयुक्त राज्य सरकार अधिसूचना द्वारा नेपाल की सरकार को घोषित करेगी कि धारा 5 उन राज्यों में लागू होगी जिनके अन्तर्राष्ट्रीय संबंधों के लिए संयुक्त राज्य उत्तरदायी है, और धारा 5 अधिसूचना के प्राप्त होने के समय से उसके उल्लेखित राज्यों में प्रसारित होगी।

(ग) इस धारा के खण्ड (ख) के अंतर्गत घोषणा के बाद संयुक्त राज्य सरकार धारा 5 को उन राज्यों पर भी प्रसारित कर सकती है जिनके अन्तर्राष्ट्रीय संबंधों के लिए वह उत्तरदायी है और वह नेपाल सरकार को अधिसूचना द्वारा घोषित कर सकती है

कि धारा 5 अधिसूचना में उल्लेखित किसी राज्य के लिए प्रसारित न होगी, और अभिधारा 5 अधिसूचना के प्राप्त होने के समय से उस राज्य में लागू नहीं होगी।

धारा-7 वर्तमान संधि में राष्ट्रीय शब्द का अर्थ संयुक्त राज्य के संबंध में यह है-

1. संयुक्त राज्य और मंडलों के नागरिकों जो अपनी नागरिकता की व्युत्पत्ति इस धारा में लागू संबंध से प्राप्त करते हैं।
2. सब ब्रिटिश रक्षित व्यक्ति जो धारा 5 में लागू राज्यों के संबंध से मर्यादित हैं।
3. यदि दक्षिणी रोडेशिया पर यह धारा प्रसारित की जाए तो दक्षिणी रोडेशिया के नागरिक।

धारा ८- 21 दिसम्बर 1935 के पूर्व की समस्त संधियों अभियुक्तियां और संविदा जो संयुक्त राज्य सरकार और नेपाल सरकार के मध्य निस्पादित हुई और इस तिथि को हस्ताक्षिर काठमाण्डू में संधि उस तिथि से समाप्त हो जायेगी जिस तिथि से यह संधि लागू होगी, जहां तक संयुक्त राज्य और नेपाल से इसका संबंध है।

धारा 9- वर्तमान संधि का पुष्टीकरण होगा और संधि उस तिथि से लागू होगी जब से पुष्टीकरण विलेखों का आदान-प्रदान होगा। काठमाण्डू में पुष्टीकरण विरोध शीघ्र आदानित-प्रदानित होगा।

धारा 10- वर्तमान संधि अनिश्चित काल तक लागू रहेगी। प्रसंविदा पक्ष में किसी के दूसरे को एक वर्ष की लिखित अधिसूचना देने पर समाप्त हो सकेगी। अपनी सरकारों द्वारा प्राधिकारित निम्न हस्ताक्षरितों ने वर्तमान संधि अंग्रेजों और नेपाली में हस्ताक्षरित की है। दोनों मूल वचन प्राधिकारित है, शंका उठने पर अंग्रेजी के मूल वचन अभिभावी होंगे। 30 अक्टूबर सन् 1950 में हुई।

5. भारत-नेपाल प्रत्यर्पण की संधि

भारत सरकार और नेपाल सरकार दोनों देशों के बीच अपराधियों के प्रत्यर्पण को नियमानुसार स्थिर करने के इच्छुक हैं, और प्रत्यर्पण की नवीन संधि को स्थिर करने के लिए निम्न व्यक्तियों को पूर्ण अधिकारी नियुक्त करती है-

परमश्रेष्ठ भालचन्द्र कृष्ण गोखले, नेपाल में भारत के राजदूत और माननीय श्री मातृका प्रसाद कोईराला, नेपाल के प्रधानमंत्री जो एक दूसरे के अभिज्ञान-पत्र परीक्षण कर उन्हें यथार्थ व श्रृंखलाबद्ध पाकर निम्न धाराओं में सम्मत हुए।

धारा 1- दोनों सरकारें परस्पर स्वीकार करती हैं कि वे अपराधी या दण्डित व्यक्ति जो एक सरकार के प्रदेश में अपराध कर दूसरी सरकार के प्रदेश में पाये जायेगें, अपनी सरकार को सौप दिये जायेंगे इसकी परिस्थितियाँ तथा नियम उस संधि में निर्देशित हैं।

धारा 2- कोई सरकार उस व्यक्ति को माँग करने वाली सरकार को नहीं सौंपेगी यदि वह उसका राष्ट्रीय नहीं है। इस धारा में छूट उन व्यक्यिों के संबंध में होगी जिन्होंने अभिधारा 3 के खण्ड में निर्देशित अपराध किये हैं।

धारा 3- इस संधि के अनुसार निम्न अपराधों के लिए प्रत्यप्रण लागू होगा-

1. हत्या या प्रयास या हत्या करने के षड्यंत्र

2. वध-वर्जित संदोष मानव-हत्या;

3. घोर उपघात;

4. बलात्कार;

5. डकैती;

6. राजपथ पर लुठन;

7. हिंसा के साथ लुठन;

8. चोरी या सेंध लगाना;

9. गृहदाह;

10. सशस्त्र सेना से पलायन;

11. निष्क्राम और प्रवेश्य वस्तुओं की रोक के नियमों के विरूद्ध अपराध;

12. जन अधिकारियों द्वारा छल हरण;

13. गुरूतर चोरी तथा चोरी की वह दशा जिसमें हिंसा का व्यवहार हो या जहां चोरी किये माल का मूल्य पांच सौ रूपये से अधिक हो और पशु-हरण

14. अपरहरण या बालापहरण;

15. कूटकर्म और उसका व्यवहार जो कूट है, मुद्रा कूटकरण या उसमें अपरिवर्तन, कूटकरण या आपरिवर्तित मुद्रा का प्रचार या प्रचलित करना;

16. लोक सेवक द्वारा उत्कोच लेना; और

17. खण्ड (1) से (13) में निर्देशित अपराधों के लिए दण्ड पाने पर भोगने की दशा में रक्षण से भागना।

धारा 4- किसी भी दशा में कोई सरकार उस अपराधी व्यक्ति को

सौंपने के लिए बाध्य न होगी जब तक उसके लिए उस सरकार द्वारा प्रार्थन न की जायेगी जिसके प्रदेश में अभिकथित अपराध किया गया है, तथा ऐसे अपराधिक प्रमाणों के आधार होंगे जो उस देश के नियमों के अनुसार जहां अपराधी पाया जाये उसका बोध न्यस्त होगा और वहां अपराध करने पर वह दोषी माना जाता हो।

धारा 5- कोई सरकार उस व्यक्ति को समर्पण करने का बाध्य न होगी यदि उसका अपराध राजनीतिक रूप का होगा, या यदि वह इसे प्रतिपादित कर देगा कि उसके समर्पण की माँग राजनीतिक अपराध में दण्ड देने के लिए की गई है।

धारा 6- यदि कोई व्यक्ति दूसरी सरकार में प्रत्यर्पण के अपराध में दण्ड भोग चुका है और छूट गया है या दंडित है या विचाराधीन है तो किसी सरकार में प्रत्यर्पण का अपराध नहीं माना जाएगा।

धारा 7- यदि कोई व्यक्ति जिसके प्रत्यार्पण की एक सरकार माँग करती है और वह दूसरी सरकार के प्रदेश में किसी अन्य अपराध के लिए विचारधीन है तो विचार समाप्ति तक उसका उदर्पण स्थगित कर दिया जाएगा।

धारा 8- समर्पित व्यक्ति किसी दशा में भी उस सरकार के प्रदेश में किसी अन्य अपराध के लिए रोक या विचार के लिए उपस्थित नहीं किया जाएगा जहां समर्पित किया गया है। यह केवल प्रत्यर्पण के अपराध के लिए हो होगा, या जब तक वह उस देश में प्रत्यर्पण न करें जहां से वह सौंपा गया था।

धारा 9- पलायनकारी व्यक्ति के गिरफ्तार होने के दिन से दो मास तक यदि उचित प्रमाण उसके प्रत्यर्पण के नहीं मिलते हैं या सरकार द्वारा अनुमति दिये गये समय के भीतर तक वे नहीं मिलते हैं या उस न्यायालय में जहां प्रमाण उपस्थित करने हैं उसे छोड़ देगा।

धारा 10- इस संधि के अंतर्गत गिरफ्तारी के रोकने के अथवा

समर्पण के तमाम व्यय वही सरकार करेगी जो सौंपने की प्रार्थना करेगी।

धारा 11- यह संधि इन विषय पर समस्त पूर्व संधियों, संविधाओं ओर अंगीकार पत्रों को रद्द करती है।

धारा 12- यह संधि बिना अनुमोदन के स्वाक्षर करने के दिन के एक महीने बाद लागू समझी जायेगी और एक वर्ष की सूचना देकर कोई दल इसे समाप्त कर सकेगा।

काठमाण्डू में 2 अक्टूबर 1953 को प्रतिलिपि में प्रस्तुत हुई।

6. नेपाल के महाराजाधिराज

द्रव्य शाह	:	१५५९-१५७०
पुरन्दर शाह	:	१५७०-१६०५
छत्र शाह	:	१६०५-१६०६
राम शाह	:	१६०६-१६३३
डम्बर शाह	:	१६३३-१६४२
कृष्ण शाह	:	१६४२-१६५८
रूद्र शाह	:	१६५८-१६६९
पृथ्वीपति शाह	:	१७१६
नरभूपाल शाह	:	१७१६-१७४२
पृथ्वीनारायण शाह	:	१७४२-१७७४
सिंह प्रताप शाह	:	१७७४-१७७७
रण बहादुर शाह	:	१७७७-१७९९
गीर्वाण युद्ध विक्रम शाह	:	१७९९-१८१६
राजेन्द्र वीर विक्रम शाह	:	१८१६-१८४७
सुरेन्द्र वीर विक्रम शाह	:	१८४७-१८८१
त्रैलोक्य वीर विक्रम शाह	:	१८८१
पृथ्वी वीर विक्रम शाह	:	१८८१-१९११
त्रिभुवन वीर विक्रम शाह	:	११ दिसम्बर १९११

श्रोत-ग्रन्थ-सूची

(क) मूल स्त्रोत

(1) नेपाली अभिलेख (स्त्रोतः राष्ट्रीय अभिलेखागार, नई दिल्ली)

1. इतिहास-प्रकाशः — दो भाग (१९५५-५६ तथा १९५६- ५७)।

2. इन्द्रजी, बी० तथा व्युलर, जी०: इन्सिक्रप्शन्स् फ्रॉम नेपाल, आई० ए०, ९ १८८0। पृ० १६३ अ०।

3. ----होली, आर०: नेपालीज इन्सिक्रप्शन्स् इन गुप्त कैरेक्टस। रोम, १६५६।

4. ---बैण्डल, सीः ए जर्नी ऑफ लिटेरेरी एण्ड आर्क्योलोजिकल रिसर्च इन नेपाल एण्ड नॉर्दर्न इण्डिया, डयूरिंग दि विण्टर ऑफ १८८६।

5. --लेवी, सिल्वांः ल नेपाल, सतूद हिस्टरीक दुन रोयन हिन्दू, ३, पेरिस, १९०८ आसियेने इन्स्क्रिप्शन्स् टु नेपाल जे. ए. भाग

6. बज्राचार्य, गौतमवज्रः पूर्णिमा, त्रैमासिक, काठमांडो, ९ पृ. ४९-११४।

7. तिवारी, रामजी इत्यादि (सम्पादक): 'अभिलेख संग्रह' भाग १, ५, ९ (इतिहास संशोधन मण्डल, काठमांडो)।

8. तूची, जी.: प्रीलीमिनेरी रिपोर्ट ऑनटू साइण्टिफिक एस्पेडीशन्स् इन नेपाल, रोम १९५६।

9. बैण्डल, सीः ऑन सम नेपालीज क्वायन्स् इन दि लाइब्रेरी ऑफ दि जर्मन, ओरिण्टल सोसाइटी, जे. डी. एम. जी., ६३, पृ. ६५५-२।

10. मैक्डावल, डी. डब्ल्यूः दि क्वायनेज ऑफ इन्श्येण्ट नेपाल, जे.एन.एस.आई. २१, पृ. ३९अ.।

11. वाल्श, इ. एच.: दि क्वायनेज़ ऑफ नेपाल, जे. आर. ए. एस. १९०८, पृ० ६६८-७०५, ११२२-३६।

12. होर्नलेः नोट्स ऑन सम नेपालीज क्वायन्स्, पी.ए.एस.बी. १८८८, पृ० ११४ अ.।

3. साहित्यिक वंशावालियाँ (स्रोतः केन्द्रीय पुस्तकालय, नई दिल्ली)

13. किर्क्पाट्रिकः एन एकाउण्ट ऑफ दि किंग्डम ऑफ नेपाल बीग दि सब्स्टेन्स्

ऑफ आव्जर्वेशन्स् मेड ड्यूरिंग एक मिशन टुदैटकन्ट्री इन दि ईयर १७९३, लन्दन १८११।

14. बैण्डल, सी.: केटेलाग ऑफ बुद्धिस्ट संस्कृत मैन्युस्क्रिप्ट्स एट कैम्ब्रिज, कैम्ब्रिज, १८८३

15. राइट, डी.: हिस्ट्री ऑफ नेपाल ट्रान्स्लेटिड फ्राम दि पारबतिया, कैम्ब्रिज १८७७ तथा कलकत्ता, १९५८।

16. लेवी, सिल्वा: ल नेपाल, ३ भाग १९०५।

17. शास्त्री, एच.पी.: केटेलाग ऑफ दि पाम लीफ एण्ड सेलेक्टिंग पेपर मैक्युस्क्रियण्ट्रय बिलोगिंग टु दि दर्बार लाइब्रेरी, नेपाल कलकत्ता, १९०५।

(४) साहित्य : चीनी एवं तिब्बती ग्रन्थ

18. ताकाकुसु, जे. ए.: एरिकार्ड ऑफ दि बुद्धिस्ट रिलीजन एज प्रेक्टिस्ड इन इण्डिया एण्ड दि मलय आर्किलागा, लेखक ईचिंग ऑक्सफोर्ड १८१६

19. बील. एस.: सी.यू.की. बुद्धिस्ट रिकोर्ड्स् ऑफ वेस्टर्न वर्ल्ड, हुएनत्सर्ग के मूल चीनी ग्रनी से अनूदित, २ भाग, लन्दन १९०६।

20. वाटर्स, टी.: आन युवान, च्वांग्स, ट्रेवेल्स् इन इण्डिया, २ भाग, देहली १९६१।

21. शीपन्नेर, ए. (संपादक): हिस्टरी ऑफ बुद्धिजम इन इण्डिया ले. नारायण, मूल पाठ, सेन्टपीटर्सबर्ग, १८६९।

22. पिटैक, एल.: एस्टडी ऑफ दि क्रौनीकिल्स् ऑफ लद्दाख, आई. एच. क्यू., १५, सप्लीमेण्ट।

(५) साहित्यः संस्कृत ग्रन्थ

23. अर्थशास्त्र: वाचस्पति गरोला द्वारा सम्पादित, वाराणसी, १९६२

24. आर्य मंजु श्रीमूलकल्पः त्रिवान्द्रम संस्कृत सीरिज ३, गणपति शास्त्री द्वारा सम्पादित, त्रिवान्द्रम, १९२५।

25. एन इम्पीरियल हिस्ट्री ऑफ इण्डिया, स. के. पी. जायसवाल, लाहौर, १९६४।

26. मनुस्मृति

27. राजतरंगिणी: रामतेज शास्त्री द्वारा सम्पादित, वाराणसी, १९६०।

28. हर्षचरित: पी. वी. काणे द्वारा सम्पादित, बम्बई १९१८।

29. ई. बी. कॉवेल तथा एफ. डब्ल्यू. कॉवेल का अनुवाद, दिल्ली, १९६१।

(ख) आधुनिक-ग्रन्थ

(१) यात्रा-विवरण और इतिहास ग्रन्थ

30. ओल्ड फील्ड, एच. ए.: स्केचिज फ्राम नेपाल, २ भाग, लन्दन १८८०।

31. किर्कपाट्रिक: एन एकाउण्ट ऑफ दि किंग्डम ऑफ नेपाल, लन्दन १८११।

32. पिटेक, एल.: मेडीवल हिस्टरी ऑफ नेपाल (लग ७५०-१४८०), रोम, १९५८।

33. रेग्मी, डी. आर.: एन्श्येण्ट नेपाल, कलकत्ता, १९६०।

34. नेपाल, एतूद हिस्टरीक दुन रोएन हिन्दू, ३ भाग, पेरिस, १९०९।

35. --टण्डन, पर्सिवल: नेपाल, २ भाग, लन्दन, १९२८।

36. हैमिल्टन, एफ.: एन एकाउण्ट ऑफ दि किंग्डम ऑफ नेपाल एण्ड ऑफ टेरिटरीज एनेक्स्डटु दिस डोमीनियन बाई दि हाउस ऑफ गोरखा, इडियनबर्ग १८१९।

(२) सहायक-ग्रन्थ

37. --ल्तेकर, ए. एस: क्वायनेज ऑफ दि गुप्त एम्पायर, वाराणसी, १९५७।

38. --लन जे.: केटेलाग ऑफ दि क्वायन्स् ऑफ गुप्त डायनेस्टीज़ एण्ड ऑफ शशांक, किंग ऑफ गौड (इन दि ब्रिटिश म्यूजियम) लन्दन, १९१४।

39. अमरीश, एस.: दि आर्ट ऑफ नेपाल, १९६४।

40. गोयल, एस. आर.: ए हिस्टरी ऑफ दि इम्पीरियल गुप्तज, इलाहाबाद, १९६6।

41. गुप्त एवं समकालीन राजवंश: इलाहाबाद, १९५९।

42. नेपाल, यू.एन.: कन्ट्रीब्यूशन टु दि हिस्टरी ऑफ हिन्दू रेवेन्यू सिस्टम, कलकत्ता, १९२९।

43. चट्टोपाध्याय, एस.: अर्ली हिस्ट्री ऑफ नॉर्थ इण्डिया, कलकत्ता, १९५८।

44. चटर्जी, गौ. श.: हर्षवर्धन, इलाहाबाद, १९३८।

45. चटर्जी, सु. कु.: भारतीय आर्यभाषा और हिन्दी, दिल्ली, १९५७।

46. जायसवालप, के.पी.: हिन्दू पोलिटी, बंगलोर, १९४३।

47. झा, डी. एन.: रेवेन्यू सिस्टम ऑफ पोस्ट मौर्य एण्ड गुप्त टाइम्स कलकत्ता, १९६७।

48. दासगुप्त, एस.बी.: एन इण्ट्रोडक्शन टु तान्त्रिक बुद्धिज्म कलकत्ता, १९५०।

49. पाठक, एल. ए.: ए स्टडी ऑफ दि क्रोनीकल्स् ऑफ लद्दाख, कलकत्ता १९३९ (आई.एच.क्यू. १३ व १५ में सप्लीमेंटरी रूप में प्रकाशित)।

50. फिक, आर.: दि सोशल आर्गनाइजेशन इन नार्थ-ईस्ट इण्डिया इन बुद्धज्म टाइम्स कलकत्ता, १९२०।

51. प्रकाश बी.: आस्पेक्ट्स ऑफ इण्डियन हिस्टरी एण्ड सिविलजेशन, आगरा, १९६५।

52. फ्लीट, जे. एफ.: इन्स्क्रिप्शस् ऑफ दि अर्ली गुप्त-- एण्ड देयर सक्सेसर्स परिशिष्ट १८८८।

53. ब्साक, रा. गो.: हिस्टरी ऑफ नॉर्थ ईस्टर्न कलकत्ता, १९३४।

54. बेन्स, ए.: एथनोग्राफी, स्ट्रास्बर्ग १९१२।

55. ब्राउन, पी.: इण्डियन आर्किटेक्चर, १, --- १९४९।

56. ---, जो. डब्ल्यू.: गोरखनाथ एण्ड दि कनफटा योगीज, कलकत्ता, १९३८।

57. भण्डारकर आर.जी.: वैष्णाविज्म, शैविज्म एण्ड माइनर रिलीजस सिस्टम्स् (हिन्दी) वाराणसी १९६७।

58. मजूमदानर, आर. सी. एवं: दि क्लासिकल एज, बम्बई, १९५०।

59. --ल्कर, ए. डी.: दि एज ऑफ इम्पीरियल कन्नौज, बम्बई।

60. --, एस.के.: इकोनोमिक लाइफ ऑफ नार्दर्न इण्डिया इन दि गुप्त पीरियड, कलकत्ता, १९५८।

61. ---, योगन्द्र: एन अर्ली हिस्ट्री ऑफ वैशाली, दिल्ली, १९६२।

62. ---हल, डब्ल्यू. डब्ल्यू.: दि आइफ ऑफ दि बुद्ध, लंदन, १८८४।

63. ---, एच. सी.: दि डायनेस्टिक हिस्टरी ऑफ नार्अर्न इण्डिया, १ भाग, पृ. १८५-२३४।

64. चौधरी, एच. सी.: पोलीटिकल हिस्टरी ऑफ एन्श्येण्ट इण्डिया कलकत्ता, १९५३।

65. डेविड्स, टी. डब्ल्यू: बुद्धिस्ट इण्डिया, लन्दन, १९०३।

66. ---, वी.सी.: सम क्षत्रिय ट्राइब्स ऑफ एन्श्येण्ट इण्डिया, कलकत्ता, १९२४।

67. ---, एल.ए.: बुद्धिज्म ऑफ टिबेल आर लामाइरज्म, लंदन, १८९५।

68. वैद्य, सी.बी.: हिस्टरी ऑफ मेडीवल हिन्दू इण्डिया, भाग- २, पूना १९२१।

69. शर्मा, जे.पी.: रिपब्लिक्स इन एन्श्येण्ट इण्डिया, लीडेन, १९६८।

70. शास्त्री, के. ए. नीलकण्ठ: कॉन्प्रेहेन्सिव हिस्टरी ऑफ इण्डिया, भाग- २ बम्बई, १९५१।

71. शास्त्री, के. ए. नीलकण्ठ: एज ऑफ नन्दज एण्ड मौर्यज, बनारस, १९५२।

72. सरकार, दि. च.: सेलेक्ट इन्स्क्रिप्शन्स, कलकत्ता १९६५,

73. स्नेलग्रोव, डी. एल.: बुद्धिस्ट हिमालय, आक्सफोर्ड, १९२७,

74. स्मिथ, डी. एल.: अर्ली हिस्टरी ऑफ इण्डिया, १९५७,

(3) शोध निबन्ध

75. इन्द्रजी, भ.ला.: सम कन्सीडरेशन्स ऑफ दि हिस्टरी ऑफ नेपाल, आई. ए. १३, १८८४, पृ. ४११-२४।

76. कुक, डब्ल्यू: नेपाल, ई. आर. ई., खण्ड ९।

77. गोखले, बी.जी.: दि ओरिजिन ऑफ दि इम्पीरियल गुप्तज, जे.बी.बी.आर.ए.एस. २७, पृ. २७५ अ.।

78. घोषाल, यू.एन.: सम हिन्दू फिस्कल टर्म्स डिस्कस्ड, पी.ओ.सी., २, पृ. २०५।

79. चटर्जी, एस. के.: किरात जन कृति, जे. ए. बी. (एल.) पृ. १७० अ.।

80. चट्टोपाध्याय, के.पी.: एन एस्से ऑन दि हिस्टरी ऑफ नेवारी कल्चर, जे.ए.एस.बी., १९।

81. चतुर्वेदी, पशुराम: गुरू गोरखनाथ का समय निरूपण, गोपीनाथ कविराज अभिनन्दन ग्रन्थ, पृ. ३०५-९४।

82. चौधरी, रा. कृ.: जिष्णुगुप्त ऑफ नेपाल (सि. ६४३-६४ ए.डी.) जे.बी.ओ.आर. २२, पृ. १५७-२६४।

83. दीक्षित, एम.जी.: ए कापर क्वायन ऑफ दि नेपालीज किंग अंशुवर्मा, जे. एन.

एस. आई. २५, १९६३ पृ. २४५-७।

84. नोली, आर.: टू न्यू नेपालीज इन्स्क्रिप्शन्स् ईस्ट एण्ड वेस्ट, ८, भाग- २, पृ. १९२-३।

85. पिटेक, एल.: दि क्रोनोलाजी ऑफ दि अर्ली इन्स्क्रिप्शन्स् ऑफ नेपाल, ईस्ट एण्ड वेस्ट १२ भाग ४, दिसम्बर, १९६१।

86. पन्त, दिनेशराज: मानदेव कुन वंश का हुन्? 'पूर्णिमा' १, अंक १, पृ. १-२।

87. पन्त, नयराज: लिच्छविकालकों पंचागको एक झलक, पूर्णिमा, १, अ. ३, पृ. १-१३।

88. पन्त, नयराज: वैदिक संख्योच्चारणपद्धति र त्यसअनुसारको लिच्छविकालकों संख्यालेखन पूर्णिमा १, पद्धति, अ. ४, पृ. १ अ।

89. पन्त, नयराज: लिच्छविकालका अभिलेखमा पाइएका संवत्का अंकका प्रतिलिपि, पूर्णिमा १, अंक १, पृ. १-९।

90. फ्लीट, जे. एल.: क्रोनोलाजी ऑफ दि स्लर्स ऑफ नेपाल आई.ए. पृ. ३४२ अंक।

91. बैण्डल, सी.: ए हिस्टरी ऑफ नेपाल एण्ड सर्राउडिंग किंग्डम्स् (१०००-१६००,

जे.ए.एस.बी., ७२, पृ. १-३२) (एच.पी. शास्त्री के कैटेलाग ऑफ पामलीफ एण्ड सेलेक्टिड पेपर मून्युस्क्रिष्ट्स बिलोंगिग टु दि. दर्बार लाइब्रेरी, नेपाल' में ऐतिहासिक भूमिका के रूप में पुनः प्रकाशित)।

92. ब्राउन, जे.: लीजेण्ड्स ऑफ खोतन एण्ड नेपाल, बी.एस.ओ.ए.एस. १२, खंड २, पृ. ३३३ अं.)

93. ब्युलर जी.: भगवनलाल इन्द्रजीज सम कन्सीडेरेशन्स आन दि हिस्टरी आन नेपाल, आई. ए. १३, पृ. ४११-२०।

94. मजूमदार, आर.सी.: क्रोनोलाजी ऑफ दि अर्ली किंग्स ऑफ नेपाल, बी.सी. लाहा, वॉल्यूम १, पृ. ६२६-४।

95. : एराज इन नेपाल, जे.ए.एस, १, पृ. ४७ अं।

96. : वांग-हुएन् त्जेज इण्डियन केम्पेन, जे.आर.ए.एस.बी. (एल) १९ पृ. ३७ अ.।

97. : एस्ट्रोनामिकल डाटा इन एन्श्येन्ट इन्स्क्रिप्शन्स, जे.बी.आर.एस.

98. मुकर्जी, डी.एन.: दि डेट ऑफ दि सो कोल्ड हर्ष एरा, एन. आई. ऐ. १९४०-४८, पृ. २४४-५४

99. : ले. मिशन्स् दे वाड. हुएन् त्जे दाल इन्द, जे.ए. १९००, १५, पृ. २९१-३४१

100. बज्राचार्य, गौतमबज्र: नेवारीभाषा को तामाड. भाषा तथा लिम्बू भाषासंगको सादृश्य, पूर्णिमा १, अंक २, पृ. ४३-९।

101. : प्राचीन मूर्तिकलाको विषयमा, पूर्णिमा, १, भाग- ३, पृ. १४ अ.

102. : वृजिकररथ्या पूर्णिमा, २, अंक, पृ. ७-१४।

103. बज्राचाय्र, धनवज्र: श्री कलाहाभिमानीराजा, पूर्णिमा, १, भाग-२, पृ. ३-७ै

104. : नीलवाराहीकों जिष्णुगुप्त को पालाकों अप्रकाशित अभिलेख, पूर्णिमा, ४ अंक १, पृ. ६-८।

105. : लिच्छविकालका तीन अप्रकाशित अभिलेख, पूर्णिमा ४, अंक ३, पृ. ३२८-३२।

106. : लिंच्छविराजा मनुदेव, पूर्णिमा ४, अंक ४, पृ. ४४३-४।

107. : शड्.खमूल सिकबहीको अभिलेख, पूर्णिमा ५, अंक-१, पृ. ७६-८१।

108. : लिच्छविकालका अप्रकाशित तीन अभिलेख, पूर्णिमा २, अंक २, पृ. ११-३१।

109. बज्राचार्य, धनब्रज: लिच्छविकालका अप्रकाशित तीन अभिलेख, पूर्णिमा

110. : लिच्छविकालका केही अभ्सिलेखहरू, पूर्णिमा ४, अंक २, पृ. ११५-१३०। ४ अंक- ३, पृ. ३५६-६४, अंक २, पृ. १०२-७।

111. : सांगाकों अंशवर्माकों शिलालेख, पूर्णिमा २, अंक-३, पृ. ७-२२।

112. : थानकोटको भीमार्जुनदेव र जिष्णुगुप्त को शिलालेख, पूर्णिमा २, अंक ४, पृ. १-६

113. : लिच्छविकालकों इतिहासमा किरता कालको प्रभाव, पूर्णिमा ५, अंक २, पृ. १-८।

114. : लिच्छविकालकों न्याय व्यवस्था को एक झलक, पूर्णिमा ४, अंक ४, अंक ४, पृ. ३४५-५५।

115. : लिच्छविकाल को लौकिक जीवनमा गोष्ठी को स्थान, पूर्णिमा ४, अंक १, पृ. १-६।

116. : लिच्छविकाल धार्मिक संघ पूर्णिमा ४, अंक-२, पृ. १०६-११५।

117. : लिच्छविकालका पांचबटा अप्रकाशित अभिलेख, पूर्णिमा ३, अंक १, पृ. १-१०।

118. बज्राचार्य, धनब्रज : बलम्बुको गणदेव रभैमगुप्तको अभिलेख, पूर्णिमा ३, भा. २, पृ. १-८।

119. : थपाधी को शिवदेव र अंशुवर्माको अप्रकाशित अभिलेख, पूर्णिमा ३० भाग ३, पृ० ६-११।

120. : नेवारी भाषाकों तामाङ् तथा लिम्बु भाषासंगकों सादृश्य, पूर्णिमा १, भाग- १, पृ. ४३-९।

121. : लिच्छविकालका शासन सम्बन्धी पारिभाषिक शब्द को व्याख्या पूर्णिमा ३, भाग- २, पृ. ९-१, पृ. ६-११।

122. : लिच्छविकालमा चलेको पांचाली (पंचायत) शासनपद्धति को परिचय, पूर्णिमा २, भाग- ३, पृ० १-१६।

123. शंकर, के. जी.: अर्ली क्रोनोलोजी ऑफ नेपाल, आई. एच. क्यू. ११, पृ० ३०४ अ.।

124. श्रेष्ठ, बी. एन. एवं: क्वायनेज ऑफ जिष्णुगुप्त ऑफ नेपाल, जे. राजभंडारी, डी.डी. एन. एस. आई. २८, पृ. ९६-८।

(४) अंग्रेजी-साहित्य

125. J. Filliozat, (tr.) P.Spratt, Political History of India from the Earliest Times to the 7th

Century A.D., Calcutta, 1957

126. C.C. Davies, Historical Atlas of the Indian Peninsula, London, 1956

127. B. Subba Rao, The Personality of India, 2nd edn., Baroda, 1958

128. D. P. Agarwal, Copper Bronze Age, New Delhi, 1971.

129. B & R Allchin, The Rise of Civilization in India and Pakistan, Cambridge, 1982

130. Walter A. Fairservis jr. The Roots of Ancient India, New York, 1971

131. Ghosh, City in Early Historic India, Simla, 1973

132. D. H. Gordon, The Prehistoric Background of Indian Culture, Bombay, 1958

133. J. Marshall, Mohenjo-Daro and the Indus Civilization, 3 vols. London, 1931

134. S. Piggott, Prehistoric India, 2nd edn. Baroda, 1958

135. REM wheeler, Early India and Pakistan, London, 1959

136. REM wheeler The Indus civilization, 3rd edn, Cambridge, 1968

137. REM wheeler Civilization of the Indus valley

and Beyond, London, 1966

138. Jogiraj Basu, India of the age of the Brahmanas, Calcutta, 1969

139. E. Benveniste, (tr.) E Palmer, Indo-European Language and Subjects, London, 1912

140. A. Macdonell & A. B. Kieth, Vedic Index of Names and Subjects, London, 1912

141. E. J. Rapson (ed), Cambridge, History of India. Vol I, bridge,1922

142. R. S. Sharma, Material Culture and Social Formations in Ancient India, Delhi, 1983

143. R. S. Sharma Origin of the state in India, Bombay, 1989

144. Vibha Tripathi, The Painted grey Ware - An Iron Age Culture of Northern

145. B. N. Dutt, Studies in Indian Social Polity. Calcutta, 1944

146. J. Allan, T. W. Haig and HH Dodwell, thecambridge Shorter history of India, Part I - Ancient India, Delhi, 1958

147. L. Basham (ed.), A Cultural History if India, Oxford, 1975

148.	The wonder that was India, London, 1954
149. D. M. Bose & Others.	Concise History of Science in India, New Delhi, 1971
150. J. Filliozat, (tr) P. Spratt,	Political History of India from the Earliest Times to the 7th century AD Calcutta, 1957
151. A. Ghosh,	An Encyclopedia of Indian Archaelogy, Two Vols, New Delhi, 1989
152. D. N. Jha,	Ancient India: An Introductory Outline, New Delhi, 1977
153. D. D. Kosambi,	An Introduction to the Study of Indian history, Bombay, 1956
154. D. D. Kosambi,	The culture and civilization of *Ancient India* in historical Out line. London, 1965
155. HC Raychaudhari,	Political history of Ancient India, 7th edn., Calcutta, 1972
156. HG Rawlinson,	Political History of Ancient India, edn, Calcutta, 1972
157. K A Nilakanta Sastri	Advanced History in Ancient India G Srinivasachari, 2nd edn., Delhi, 1968
158. RS Sharma,	Aspects of Political Ideas and

	Institutions in Ancient India, 2nd edn, Delhi, 1968
159.	Perspectives in Social and Eco nomic history of early India, UNESCO Publication, Tokyo, 1985
160. Romila Thapar,	A history of India, Vol. I. Penguin, 1966
161. RS Tripathi,	History of Ancient India, Delhi, 1960
162.CH Phillips (ed.)	Historians of India, Pakistan and Ceylon, London, 1961, Prob-lems of Historical Writing in India, Delhi, 1963
163. PC Chaudhary,	History of Civilisation of the People of Assam to the 12th Century AD, Gauhati, 1959
164. RC, Majumdar (ed),	History of Bengal, Dacca, 1943
165. Niharranjan Ray,	Bangalir Itihas (in Bengali), Calcutta, 1947
166. N. K. Sahu (ed),	History of Orissa, Vol. I, Calcutta, 1956
167. S. Beal (tr),	The Life ofhiuen Tsiang, Oxford, 1970
168. R. S. Tripathi,	History of Kanauj, Banaras, 1937, Reprints)

169. T. Watters edited by — Travels in India 2 Vols, London, 1904-05T. W. Rhys Davids & S. W. Bushell, on Yuan Chwangs

170. R.S. Sharma, — " Problems of Transition from Ancient to Medieval in Indian history", The Indian historical Review, Vol. I, No I, Delhi, 1974

171. R.S. Sharma — Social Changes in Early Medivieal India (Circa AD 500-1200), The first Devraj Chanana Memorial Lecture, Delhi, 1969

172. R.S. Sharma — Indian Feudalism (Circa 300-1200), Delhi, 1980

173. R.S. Sharma — Urban decay in India (c.300-c.1000), Delhi, 1987

174. M. Hiriyanna, — Outlines of Indian Philosophy, London, 1970

175. D. D. Kosambi, — The Culture and Civilization of Ancient India in Historical Outline, London, 1965

176. RS Sharma, — Material Culture and Social Formations in Ancient India, Delhi, 1983

177. D. M. Bose & others. — Concise History of Science in India, New Delhi, 1971

178. D. P. Chattopadhyaya, What is Living and What is Dead 1937 in Indian Philosophy, New Delhi, 1976

179. History of Science and Technology in Ancient India, The Beginnings, Calcutta, 1986.

****